Achim Dirk Heinze

Kinder zuerst

Weshalb unsere Kinder
bessere Schulen brauchen

© Titelbild: cglade – istockphoto.com

Die Deutsche Nationalbibliothek verzeichnet diese Publikation in der Deutschen Nationalbibliografie; detaillierte bibliografische Daten sind im Internet über http://dnb.d-nb.de abrufbar.

ISBN 978-3-98572-012-5 (Print)
ISBN 978-3-98572-013-2 (ePDF)

Onlineversion
Nomos eLibrary

1. Auflage 2021
© Academia – ein Verlag in der Nomos-Verlagsgesellschaft mbH & Co. KG, Baden-Baden 2021. Gesamtverantwortung für Druck und Herstellung bei der Nomos Verlagsgesellschaft mbH & Co. KG. Alle Rechte, auch die des Nachdrucks von Auszügen, der fotomechanischen Wiedergabe und der Übersetzung, vorbehalten. Gedruckt auf alterungsbeständigem Papier.

Besuchen Sie uns im Internet
academia-verlag.de

„Wenn man ein Kind fragt, ob es gerne jeden Tag in die Schule geht, und die Antwort lautet: „Aber natürlich", dann ist es zweifelhaft, ob die Antwort stimmt. In vielen Fällen stimmt sie sicher nicht."

Erich Fromm[1]

Inhaltsverzeichnis

1.	Einleitung	12
	1.1 Mina, ihr großes Talent und die Schule	12
2.	Das können Kinder und junge Menschen	16
	2.1 Die tatsächlichen Talente	16
	2.2 Kinder sind anders	20
3.	Die Schulzeit	26
	3.1 Testeritis und fehlende Objektivität	26
	3.2 Belohnung und Konditionierung	30
	3.3 Die Störfaktoren des Lernens	33
	3.4 Soziale und psychische Probleme	36
	3.5 Die Inklusion	38
	3.6 Die Einschulung	41
	3.7 Der Übertritt: Leistung und ihre Beurteilung	45
	3.8 Eine neue Inflation (zu) guter Noten	48
	3.9 Die Folgen für das Studium	51
	3.10 Kein gutes Zeugnis	52
	3.11 Echte Eliten	53
	3.12 Das Lob der Schule: Nur die Besten?	56
	3.13 Ein Lern- und Lebenskonzept	58
4.	Das Lernen und die Didaktik	68
	4.1 Was lernen wir?	68
	4.2 Gut gewählte Lerninhalte?	71
	4.3 Die Bildungskultur der Postmoderne im Land der Dichter und Denker	74
	4.4 Humankapital: Lehrsituationen und Lerngeist	75
	4.5 Lesen und Sprache	77
	4.6 Das anspruchsvollste Schulfach: der Musikunterricht	79
	4.7 Der Religionsunterricht	82
	4.8 Die Geschichte der Geschichte	85
	4.9 Geschichtlicher Analphabetismus	87

4.10	Ein unterschätztes Schulfach: der Sportunterricht	89
4.11	Das vergessene Thema: die Verkehrserziehung	91

5. Die Unterrichtsmethodik: Das Wie des Lehrens und Lernens — 102

5.1	Die aktuellen Rahmenbedingungen	102
5.2	Die Strukturierung des Lehrens	105
5.3	Freies Denken	107
5.4	Verschiedene Lerntheorien	111

6. Digitalisierung: Friss oder stirb! — 118

6.1	Der letzte Schrei	118
6.2	Ein blinder Fleck	120
6.3	Vom Geigenkoffer zum Tablet Case	124
6.4	Der Weisheit letzter Schluss?	126
6.5	Digitale Dinosaurier: Rettung in der virtuellen Welt?	128
6.6	Spätanaloge Torschlusspanik	132

7. Das Los der Lehrkräfte — 142

7.1	Das Lehrer-Schüler-Verhältnis	142
7.2	Die Rolle der Schüler	144
7.3	Förderliche Eigenschaften der Lehrkraft	145
7.4	Die verschiedenen Lehrertypen	148
7.5	Dominante Charaktere in der heutigen Pädagogik	150
7.6	Die Angst vor dem freien Lernen	157
7.7	Die Freiheit der Lehrkraft	159
7.8	Der berufliche Aufstieg und ein systemstabilisierender Selbstverstärkungsmechanismus	160
7.9	Vertikale Hierarchien, Solidarität und Teamwork	163
7.10	Entmenschlichte Hierarchie	165
7.11	Schulkarrieren	167
7.12	Die Lehrerversorgung und das gedeckelte Aquarium	168
7.13	Mangel als Norm	170
7.14	Die Lehrerausbildung: Auch Erwachsene werden in der Schule geprüft	174

8. Die hohe Lehre der Wissenschaft — 184

8.1	Verbotene Welten oder die Erosion von Wissen?	184
8.2	Die freie Lehre	186

8.3	Der Konformismus postmoderner Wissenschaft: Statistik über alles	189
9.	**Lösungen für eine neue kindgerechte Bildung**	**194**
9.1	Schule als sozialer Lernort für eine entfremdete Gesellschaft	194
9.2	Zurück zur Pädagogik: ein dynamischer Bildungsbegriff	196
9.3	LEA: Die Lehrer-Eltern-Allianz	201
9.4	Gemeinsam statt gegeneinander	204
9.5	Die Schulen den Schülern	206
9.6	Kinder rechnen sich nicht: Droht bald ein Mac School?	210
9.7	Demokratieerziehung und politische Bildung	213
9.8	Wechselseitig gefühlter Liebesraub	216
9.9	Die Überforderung der Kinderseele	219
9.10	Für die Kleinen nur das Beste?	221
9.11	Einmal für immer	223
9.12	Ganzheitliche Bildung	225
10.	**Anhang**	**240**
10.1	Die lyrische Geschichte der Pädagogik	240
10.2	Über den Autor	243
10.3	Vom Schüler zum Lehrer und zurück	246
10.4	Der Reichtum des Lebens als Aufgabe	248
10.5	In eigener Sache	249
10.6	Hinweise und Dank	250

„Jedes Kind ist gewissermaßen ein Genie und jedes Genie gewissermaßen ein Kind."

Arthur Schopenhauer[2]

1. Einleitung

"Wir missachten die Möglichkeiten des Kindes."[3]

1.1 Mina, ihr großes Talent und die Schule

Mina ist zehn Jahre alt und geht in die vierte Klasse der Grundschule. Neben ihren sportlichen Hobbys liest sie gerne, mag Tiere und die Natur und spielt sehr gut Cello. Ihren Mitschülern gefällt es immer besonders gut, wenn sie „den Ländler" vorspielt. Das nervt Mina aber, weil dieses Stück alles andere als schwierig ist und sie das schon vor drei Jahren spielen konnte. Bei „Jugend musiziert" trägt sie viel anspruchsvollere Stücke vor.
Mina tut sich auch in der Schule nicht schwer – sie fällt ihr sogar ziemlich leicht!
Doch das Lernen in der Schule bereitet ihr keine Freude: die Rechnungen im Mathe-Buch hat Mina schnell gemacht; auch die Lückentexte im Deutsch-Arbeitsheft erledigt sie im Handumdrehen und vor dem Tablet zu sitzen, das ist für sie etwas völlig Langweiliges.
Besonders gut gefallen hat ihr in diesem Schuljahr, als sie im Sachunterricht ihr Lieblingstier beschreiben durfte: dabei blühte sie richtig auf und schrieb gleich ein kleines Büchlein – samt selbst aufgenommener Tierbilder – aber solche Aufgaben kommen nur sehr selten vor. Deshalb geht Mina zwar immer pflichtbewusst in die Schule, aber gerne geht sie nicht.

Wer als junger Mensch das Lernen als etwas Gewinnbringendes für sich entdeckt hat, wird immer weiterlernen wollen. Wer hingegen nicht zum Lernen hingeführt wurde, wird in der Folge vom Lernen nicht mehr allzu viel wissen wollen. Doch nur „wer tiefer irrt, der wird auch tiefer weise."[4] Halten wir also an dieser Stelle gleich fest: Wir müssen nicht schneller, sondern tiefer lernen!

Deutschland hatte im internationalen Vergleich lange Zeit eines der besten Bildungssysteme weltweit. Dass dies inzwischen nicht mehr der Fall ist, dürfte spätestens seit der ersten veröffentlichten PISA-Studie allgemein bekannt sein: Von den Spitzenplätzen sind wir ins untere Mittelfeld abgerutscht und – wie wir alle wissen – auch dort geblieben.

Wir sollten uns aber an uns selbst messen, den Wert unserer schulischen Gegenwart – anhand unserer im Bildungssektor durchaus vorbildlichen

1.1 Mina, ihr großes Talent und die Schule

Vergangenheit – erkennen und unsere Bildungsschwerpunkte wieder auf die Zukunft ausrichten! Um dieses Ziel zu erreichen, könnten wir die Qualität der Bildung beispielsweise am Fortschritt und an der Qualität unserer Wirtschaftsleistung messen – das Ergebnis dieses Vergleiches lautet derzeit allerdings: zwischen der Wirtschaftskraft und der Bildungsleistung Deutschlands besteht ein fundamentaler Unterschied; zudem wird diese Kluft eher noch größer statt kleiner.

Man müsste in einem wirtschaftlich prosperierenden Staat doch eigentlich annehmen und davon ausgehen können, dass das Verhältnis „Schulleistung zur Wirtschaftsleistung" wenigstens gleichbleiben sollte. Tatsächlich müsste in einer sich fortschreitend entwickelnden Gesellschaftskonzeption sowohl ein großes Interesse als auch ein Recht auf eine immer besser werdende Ausbildung und vor allem Bildung – quantitativ wie qualitativ – bestehen, als diese noch der Vorgängergeneration zukam; schulisch fortschreitende Evolution sollte eine Selbstverständlichkeit sein, denn nur so kann auch zukünftig weiterer intellektueller (und damit auch ökonomischer!) Fortschritt erzielt werden!

Sinnvolles und erfolgreiches Lernen zu ermöglichen, ist grundsätzlich keinesfalls ein Problem der Schulen allein, „sondern vielmehr eines der Gesellschaft und der von ihr getragenen Kultur. Nicht die Lehrpläne bringen Finnland den ersten Platz in der PISA-Studie bzw. bedingen unser unterdurchschnittliches Abschneiden, sondern die Art, wie man in Finnland miteinander umgeht (sehr freundlich) und wie man dort in Lehrer investiert (sehr viel)."[5] Die Überlegenheit anderer europäischer Staaten in der Bildung resultiert also keineswegs aus einer engagierten Bürokratie, sondern demgegenüber vielmehr aus besserer Charakterbildung: „Die PISA-Studie ist weniger ein Spiegel der Situation der Schulen, als viel eher ein Spiegel des Zustandes der Gesellschaft."[6] Es wäre daher ein Fehler, „allein die Schulen für das ungünstige Abschneiden deutscher Schüler im internationalen Vergleich verantwortlich zu machen."[7]

Wir begnügen uns heute in unserer Gesellschaft allerdings schon damit, wenigstens dieselben Rahmenbedingungen der jüngeren Vergangenheit für die Gegenwart und für die nahe Zukunft halbherzig zu fordern; Schulkinder bekommen dennoch immer weniger zugeteilt: Wahlfächer entfallen beispielsweise in der tatsächlichen Stundentafel, selbiges gilt für die musische, künstlerische und freiheitlich-demokratische Bildung. Man kann aber „die Organisation unserer Industrie und Politik nicht ändern, wenn man nicht auch gleichzeitig die Struktur unseres Bildungswesens und unseres kulturellen Lebens ändert."[8] Schule und Gesellschaft bedingen sich also wechselseitig: jeder sollte dabei für den anderen da sein!

1. Einleitung

In den letzten Jahren haben sich darüber hinaus auch die sozioökonomischen Rahmenbedingungen drastisch verändert – unabhängig von unserer schwindenden Wertschätzung von Kindern und ihrer Zukunft. Die allgemeine Erosion des Lebendigen trifft allerdings die Jüngsten in unserem Gesellschaftssystem am stärksten: die Kindheit ist mittlerweile nicht nur digitalisiert, verkürzt bzw. verändert worden, sondern vielmehr weitgehend verloren gegangen und damit zeitlich wie strukturell unter einen sehr großen Druck geraten. Insbesondere die vorrangige bis ausschließliche Orientierung am Wirtschaftsdenken und eine ideologische Verinnerlichung des Marketing-Charakters haben bei uns die Sozialbereiche, wie besonders das Gesundheits- und Bildungswesen, weit ins Hintertreffen geraten lassen. Wenn nun zu wenig Geld für die schulische Bildung ausgegeben wird, dann bedeutet dies im Klartext, dass uns Kinder nicht viel wert sind – und dies ist damit letztlich auch immer ein Ausdruck der Tatsache, dass wir uns selbst nicht viel wert sind.

Anmerkungen

1 Fromm, E.: Die Furcht vor der Freiheit München 2011, 16. Aufl., S. 147 Ernst Bloch wird hierbei noch deutlicher: „Das Leid in der Schule kann widerlicher sein als später irgendein anderes, das des Gefangenen ausgenommen." Bloch, E.: Das Prinzip Hoffnung Band 1 Frankfurt am Main 2019, 11. Aufl., S. 23
2 Schopenhauer, A. zit. nach Pawlak, M.: Zitate von A bis Z Herrsching 1989, S. 122
3 Gruen, A.: Der Verlust des Mitgefühls München 2016, 11. Aufl., S. 93
4 Hauptmann, G. zit. nach Pawlak, M.: Zitate von A bis Z Herrsching 1989, S. 388
5 Spitzer, M.: Lernen Gehirnforschung und die Schule des Lebens Heidelberg 2006, Nachdruck 2014, Vorwort S. 4
6 Spitzer, M.: Lernen Gehirnforschung und die Schule des Lebens Heidelberg 2006, Nachdruck 2014, S. 396
7 Spitzer, M.: Lernen Gehirnforschung und die Schule des Lebens Heidelberg 2006, Nachdruck 2014, S. 450
8 Fromm, E.: Wege aus einer kranken Gesellschaft. München 2014, 8. Aufl., S. 296

„Im Leben lernt der Mensch zuerst gehen und sprechen. Später lernt er dann stillzusitzen und den Mund zu halten."

Marcel Pagnol[1]

2. Das können Kinder und junge Menschen

"Life isn't about finding yourself or about finding anything – life is about creating yourself."[2]

2.1 Die tatsächlichen Talente

"Wir tun alles, um dem Willen des Kindes keinen freien Lauf zu lassen."[3]

Die heutige junge Generation kann erwiesenermaßen in bestimmten Bereichen schneller denken und reagieren als diejenige vor ihr. Was ihr hingegen fehlt, ist das Agierende, das Schaffende und das Kreative – die Möglichkeit zur persönlichen Reife und Vervollkommnung. Fallen diese produktiven Eigenschaften nun aber weg, dann bleibt man als Mitglied einer weitgehend kybernetisch instrumentalisierten Menschengeneration letztlich immer auf die Hilfe anderer angewiesen – angesichts der allgegenwärtigen Entwicklung werden dies mehr und mehr digitale Hilfsmittel sein.

Das Hauptziel unserer zunehmend anti-intellektueller werdenden Ausbildung ist es inzwischen geworden, die Schüler als möglichst passgenaues Produkt dem Arbeitsmarkt feilzubieten. Dieser Prozess verläuft oft genug in einer Konkurrenz gegenüber anderen Mitbewerbern und manifestiert sich dabei als mehr oder minder harter Wettbewerb: einerseits ausgedrückt durch negative Sanktionen, wie etwa die schulische Leistungsselektion und eine dabei funktionelle Stigmatisierung durch Notenstufen, aber auch durch die demgegenüber gegenteilig erscheinende Variante: ein überzogenes Herausstellen der Bestleister bis hin zu gewollt öffentlichkeitswirksamen Ehrungen. Doch die Grundhaltung, welche sich hinter dem gezeigten Konkurrenzdenken und seinen Manifestationen verbirgt, ist keine förderliche: „Eine Gesellschaft, die ihre Kinder dazu benutzt, um sich erfolgreich zu fühlen, kann nicht lebensfähig sein. In den Schulen werden Kinder dazu angetrieben, sich anderen überlegen zu fühlen."[4] „Die Schulausbildung ist auf die Ausbildung des Intellekts ausgerichtet, und im sozialen Umfeld erfährt einer den anderen als Konkurrenten im Leistungswettkampf um gute Schulnoten."[5]

In der postmodernen Welt startet die Erosion des Lebenstriebs bereits dann, wenn die gesellschaftlich-institutionelle Durchdringung des noch unfertigen Menschen beginnt. Im Alter von acht Jahren weiß ein in der westlichen Hemisphäre aufwachsendes Kind bereits genauestens, was gesagt werden darf und wie man sich taktisch klug zum eigenen Vorteil verhalten sollte. Trotzdem gibt es noch immer bzw. bereits in diesem Alter schon viele starke und mutige Kinder, die ihre charakterlichen Prinzipien stets über den möglichen eigenen Vorteil stellen. An solchen jungen Menschen könnten wir Erwachsenen uns allesamt ein Beispiel nehmen:

Eine Schülerin einer dritten Klasse, die auf der Gitarre die zweite Stimme spielt, singt zugleich die erste lautstark mit: Das ist tatsächliches Multitasking in Reinkultur. Wie viele Erwachsene wären dazu wohl in der Lage?

Ein Schüler liest schon in der zweiten Klasse 1000 Seiten starke Bücher – wie z.B. Harry Potter. Ein anderes Kind in dieser Klasse schafft in einem Lernprogramm, für welches man als Voraussetzung dementsprechend viele Bücher sinnverstehend lesen muss, weit über 300 Bücher pro Schuljahr.

Eine Schülerin zeichnet alles, was sie erlebt, in ein Skizzenbuch: Sie fotografiert sozusagen mit der Hand. Dabei wäre dieses Buch als Ergebnis eigentlich gar nicht mehr notwendig, da das Skizzieren einen äußerst erfolgversprechenden Lernprozess des Aneignens darstellt.

Eine Schülerin meint über ein für sie neues Musikstück, das sie vom Blatt spielt, und für welches sie „ex Ärmulo" einen Notensatz für weitere Mitspieler notiert: „Das ist doch einfach nur eine Sexte darüber!" Dieses neunjährige Kind notiert anschließend sogleich noch eine dritte Stimme – nur, wie man am Schluss etwas disharmonisch auf eine Auflösung hindrängt, ist ihr noch nicht bekannt – obwohl sie dies nach kurzer Erklärung sogleich versteht.

Ein Schüler der vierten Klasse rechnet im Kopf sogar viel schneller als seine Lehrkraft.

Eine Schülerin schreibt in der dritten Jahrgangsstufe bereits äußerst lesenswerte mehrseitige Aufsätze „aus einem Guss", welche man in ihrer literarischen Qualität durchaus als Kinderbuch veröffentlichen könnte.

„O du Kindermund, o du Kindermund,
Unbewusster Weisheit froh,
Vogelsprachekund, vogelsprachekund,
Wie Salomo!"[6]

Im Lernbereich Werkhören des Musikunterrichts wird die Moldau von Friedrich Smetana durchgenommen. Das Leitmotiv des Stückes ist an die Melo-

die des Kinderliedes „Alle meine Entchen" angelehnt. Da das Motiv mit parallelen Mollakkorden begleitet wird, fällt diese Ähnlichkeit selbst dann nur wenigen Hörern auf, wenn man die Melodie isoliert. Dazu wird die Tonfolge zur Originalkomposition mitgesungen.
Gegen Ende der Stunde beim Feedback, wo es hauptsächlich um die emotionale Aufnahme des Werkes geht, meint ein Kind mit ziemlicher Entrüstung: Sie fände es eigentlich unverschämt, dass jemand etwas verwendet, das es bereits gibt und was ein anderer schon erfunden hat: Nicht auszudenken, was das für eine schöne Welt wäre, wenn alle Menschen so denken würden wie dieses Kind!

Ein Schüler der dritten Klasse wirft beim Sportfest mit dem 80-Gramm-Ball fast vierzig Meter weit.

In einer spanischen Stierkampfarena: „Es wurden Szenen vom Kampf gezeigt, und inmitten dieser Szenen sah man im Publikum ein Kind, das weinte und von seiner Mutter aus der Arena geführt wurde. Das Kind war offenbar der einzig normal empfindende Mensch unter den Tausenden in der Arena. Wie ist es möglich, dass unter den Tausenden von Zuschauern nur ein einziger Mensch, ein Kind, die Lage richtig beurteilt und angemessen reagiert auf das, was es sieht?"[7]

Besonders solche Menschen, wie in den erwähnten Beispielen, müssten von unserer Gesellschaft in weit stärkerem Umfang als gegenwärtig gefördert werden. Denn Kinder haben tatsächlich viel mehr „auf dem Kasten", als ihnen viele von uns zutrauen bzw. als manche dies wahrhaben wollen. Was könnten Kinder und Jugendliche doch alles leisten, wenn sie von Beginn an in eine förderliche und ihre Lebensinteressen in den Mittelpunkt stellende Anreizumwelt gesetzt würden!

Kinder kommen demgegenüber aber heutzutage manchmal nur dann zu ihrem „Recht", wenn beispielsweise von „Störern" gesprochen wird. Im positiven Sinne jedoch, dass einmal die Ideen, die Vorlieben und auch die großartigen kreativen Leistungen der Kinder nachgefragt, aufgespürt und gefördert werden – wie oft (bzw. selten) kommt dies in unserer postmodernen Bildungsrealität wirklich vor? Wir sollten daher dem freien Denken viel mehr Raum geben, denn schon die nüchterne quantitative Zahl belegt eine überaus positive Leistungsbilanz von Kindern, wenn man z.B. die Wachzeit als Kriterium der Leistung heranzieht. Kinder leisten hier im relativ gemessenen Vergleich weitaus mehr als Erwachsene: Sie stehen zeitiger und vitaler auf, sind aktiver und nutzen ihre Zeit um ein Vielfaches mehr – wenn wir sie nicht gerade vor dem TV-Gerät parken oder den elektronischen Spielgeräten zur nutzlosen Selbstbeschäftigung überlassen.

2.1 Die tatsächlichen Talente

Wir Erwachsene könnten uns so manches Mal ein gutes Beispiel an der ursprünglichen wie natürlichen Motivation und Leistungsbereitschaft aller Kinder nehmen: Sie können und wollen tatsächlich viel mehr leisten als wir ihnen gemeinhin zutrauen!

Selbstverständlich gibt es dabei auch Einschränkungen, denn ihr Leistungsvermögen zeigt sich noch nicht gleichmäßig linear und ist auch nicht ausgewogen in sämtlichen Bereichen gleichermaßen zu finden: Die kindliche Intelligenz ist zwar einerseits schon sehr weit entwickelt, Kinder benötigen andererseits aber auch das Reich der Fantasie zur Kompensation. Das für die Kindesentwicklung erforderliche Spiel etwa darf daher keinesfalls als Hemmnis der Lernleistung missverstanden werden, da dieses vielmehr als einer ihrer Bedinger fungiert. Selbst so etwas, wie das banal wirkende Versteckspiel, ist elementar bedeutsam für die kindliche Entwicklung, um sich als eigenständiges Individuum zu erfahren.

Erwachsene wiederum lernen in einem anderen Sinne leichter, weil sie bereits über vielfältige Erfahrungen, wie z.B. erworbene Sprachstrukturen verfügen: Wer bereits drei Sprachen beherrscht, wird auch eine vierte problemlos erlernen; denn der diesbezüglich lernerfahrene Mensch hat bereits deutlich mehr automatisiert und leitet deshalb informell und unbewusst aus bekannten Beispielen weitere Regelhaftigkeiten ab. Eine Sprache zu erlernen, bedeutet schließlich nicht, diese im Translator-Modus Wort für Wort bzw. Satz für Satz mechanisch zu übersetzen, sondern sich stattdessen in diese einzufühlen und ihr Wesen zu verstehen. Aus diesem Grund bringt bekanntlich ein Auslandsaufenthalt die Sprachkompetenz voran wie kaum etwas anderes. Ansonsten hieße es lediglich: gelernt – ja, verstanden – nein!

„Das Wertvollste im Leben ist die Entfaltung der Persönlichkeit und ihrer schöpferischen Kräfte."[8]

„Viele nehmen an, sie hätten überhaupt keine schöpferischen Kräfte, die von ihnen realisiert werden könnten. Dieser Trugschluss ist eine irrige Meinung, die von unserem deterministischen Weltbild vermittelt wird. Das Genie, die schöpferische Persönlichkeit gilt als Ausnahme. Muss man ein Genie sein, um seine schöpferischen Kräfte voll zu entfalten?"[9] Geschehen kann jegliche menschliche Entfaltung – sei es bei Kindern oder Erwachsenen – immer nur unter freiheitlichen Bedingungen als notwendiger Voraussetzung. Jeder Mensch besitzt schließlich eine ganz bestimmte und individuell einzigartige Persönlichkeit. Deshalb erkennen wir andere Menschen oft auch nach Jahrzehnten sofort wieder – anhand ihrer typischen Haltung, den individuellen Bewegungen und den spezifischen Eigenarten;

damit verhält es sich im Inneren allerdings nicht viel anders als beim Äußeren, denn wir zeichnen uns als Menschen auch durch eine starke Differenziertheit aus: den Reichtum an Anlagen, die so großen Unterschiede der individuellen Persönlichkeiten und zugleich im Gegensatz zu anderen Lebewesen eine lange frühkindliche Abhängigkeit.[10]

2.2 Kinder sind anders

„Es ist nur eine Welt möglich, eine durchaus gute. Alles, was in dieser Welt sich ereignet, dient zur Verbesserung und Bildung der Menschen."[11]

So kreativ und bildungshungrig sich Kinder einerseits zeigen, so schwierig ist für sie die Verarbeitung vieler neuer gesellschaftlicher Reize – besonders derjenigen, welche überfordernd oder im Sinne einer Abstumpfung wirken und welche im sozial-emotionalen Bereich auftreten. So leiden Kinder entwicklungsbedingt sogar regelmäßig unter existenziellen Ängsten um ihren Körper und um die Sicherheit der Liebe ihrer Eltern.[12] Auch ein häufiger Wechsel der Bezugspersonen sowie ein Zuviel an Umgebungswechseln und Sinneseindrücken können von ihnen nicht verarbeitet werden.[13] „Am schwersten belastend sind Ängste, die zu früh in der Kindheit erlebt werden, in einem Alter, wo das Kind noch keine Abwehrkräfte gegen sie entwickeln konnte."[14]

Ein Erwachsener hingegen hat weitaus mehr Antwortmöglichkeiten auf Ängste. Diese mitteilen zu können, ist immer das erste Mittel der Wahl, wenn es darum geht, eine Form des therapeutischen Umgangs zu finden. Kindern ist dies in ihren ersten Lebensjahren noch nicht möglich; daraus resultiert in der Folge eine Anhäufung von Ängsten – wie man dies auf Erwachsenenseite nur von sehr einsamen Menschen kennt bzw. in offen repressiven Gesellschaftsformen vorfinden kann. Ausgelöst werden kindliche Ängste durch Frustrationen, wie z.B. Hunger, Kälte oder Schmerzen; aber auch durch die Störung des eigenen Rhythmus bzw. der Integrität des Lebensraumes, durch Überlastungssituationen, mögliche Reizüberflutungen, die Überfremdung des Selbstseins und durch zu viel überrennende Nähe. Eine Priorisierung der elementar bedeutsamen Reize und die entsprechenden Verhaltensantworten werden bei solchen Störeinflüssen jedoch nicht erlernt.

Dem Maskottchen eines europäischen Schulprojektes – einer Stoffpuppe – fehlte die Pupille eines Auges. Ein Jahr lang war dies keiner einzigen Lehrkraft aufgefallen, die damit hantierte: nicht in der Heimatschule und auch

> *nicht in den europäischen Partnerländern. Es dauerte geschlagene zwölf Monate bis dies der erste Erwachsene bemerkte.*
> *Von Kindern hingegen wurde dieses Fehlen sofort erkannt. Wie man das feststellen konnte? Auf einer ein Jahr alten Schülerzeichnung des Maskottchens fehlte diese Pupille bereits.*

Dies ist ein weiteres Beispiel dafür, dass Kinder weitaus mehr sehen und vieles anders betrachten als Erwachsene – nämlich viel genauer und kritischer. Da sage noch einer, Erwachsene wären Kindern überlegen bzw. Kinder seien nur „unfertige Menschen": Kinder sähen angeblich noch schlecht, hörten schlecht und was sonst noch alles: mitnichten! Tatsächlich sind wir Erwachsenen es, die nicht mehr genau hinblicken und mit unserer oberflächlichen Lebensweise das Wesentliche nicht mehr erkennen können! Erwachsene sollten sich also stets ein besonderes Beispiel an Kindern nehmen; vor allem dann, wenn man einmal bedenkt, wie schnell Personen in öffentlichen Positionen narzisstisch gekränkt sind oder auch dann, wenn man beobachtet, wie empfindlich sich Erwachsene in manchen Sportarten geben – ihre kindliche Tapferkeit muss wohl im Laufe der „Weiterentwicklung" weitgehend verloren gegangen sein.

> *Es ist manchmal schier unglaublich, wie tapfer Kinder sind. Ein acht Jahre altes Mädchen hatte sich eine wirklich große und weit auseinanderklaffende Wunde an der Stirn zugezogen. Diese sah wirklich schlimm aus und dürfte sich auch dementsprechend schmerzhaft angefühlt haben. Doch das betreffende Kind hatte diese Verletzung weggesteckt, weil es keinen Grund zum Ausleben eines Verletzt-Seins gab, da das Kind Wichtigeres vorhatte und sich weiterhin seinen aktuellen Lebensinteressen zuwenden wollte.*

Zum Thema „Kinder sind anders" an dieser Stelle ein kleiner Gedankensprung – hin zum Beispiel des schulischen Deutschunterrichts: Denn wie angesichts des über uns hereingebrochenen digitalen Computerzeitalters zu erwarten war, musste es dabei nach anfänglicher Leugnung früher oder später auch einmal den Schriftsprachgebrauch treffen – sodass das Resultat lautet: Heute wird in den Schulen im Allgemeinen weitaus weniger produktiv schriftlich verfasst als dies noch vor zehn oder zwanzig Jahren der Fall war. Die Folge: „Schriftliche Arbeiten sind oft von einer erschreckenden Schwäche gekennzeichnet, eigene Gedanken auszudrücken oder Argumente vorzubringen."[15] Diese reduzierende Entwicklung wirkt vor allem deshalb so fatal, weil kein anderer Lernbereich dafür so gut geeignet ist, um die Individualität, die Kreativität und die Produktivität zu fördern wie dieser.[16]

2. Das können Kinder und junge Menschen

Angesichts zahlreicher Beispiele kindlicher Vorbilder müssen wir Erwachsenen uns wohl eingestehen: Derzeit entgleitet uns offenbar der Blick auf die Kinder in einem schon seit Längerem nicht mehr gekannten Ausmaß. Es fehlt dabei auch zunehmend an Hintergrundwissen, um das Beobachtete folgerichtig zu deuten. Dabei wäre die Psychologie (und dabei insbesondere die Psychoanalyse) mehr als nur eine essenzielle Hilfswissenschaft für die Pädagogik: beide könnten so erfolgreich Hand in Hand gehen! Das Verhältnis von Psychoanalyse und Pädagogik wurde immerhin bereits vor einhundert Jahren als eines beschrieben, welches dem Verhältnis von Botanik und Gartenbaukunst gleichkommt.

Die Psychologie wird allerdings im bildungspolitischen wie privaten Alltag lediglich stark veroberflächlicht eingesetzt – wenn überhaupt! So wird beispielsweise Jean Piagets Phasentheorie in der pädagogischen Ausbildung weitgehend verkürzt auf den Materialeinsatz gelehrt – also verdinglicht – und motivational-inhaltlich zu wenig berücksichtigt; Moshé Feldenkrais ergeht es mit seiner Philosophie des ungezwungenen und freien Menschseins nicht viel anders – auch er wird auf bestimmte methodische Übungen zur Therapie reduziert.

Was es nun aber tatsächlich bedeutet, Kinder zu verstehen bzw. gar zu erkennen, dass dieses Verständnis aus der Erwachsenensicht nur langsam wachsen und nie zur vollständigen Gestalt reifen kann – dieser Umstand bleibt uns aus einem Mangel an echtem Interesse an Kindern nach wie vor weitgehend verborgen. Man unterhält sich selbst in Fachkreisen stattdessen lieber formaldidaktisch darüber, ob es nun Sensu- oder Sensomotorik heißen würde oder ob diese oder die andere Lernmethode nun die bessere wäre. Tatsächlich aber sollten wir sinnvollerweise darüber nachdenken, was etwa die Erkenntnis Piagets für die Pädagogik ausmacht, wenn man beispielsweise feststellt, dass sich Kinder besonders für Gegenstände interessieren, auf welche sie durch ihre eigene Bewegung eine Wirkung ausüben können.

Wohin die Reise jedoch geht, wenn man nur ausbildet und keine echte Bildung mehr vermittelt, ist offensichtlich: zu narzisstisch regressiver Egozentrik, zu einer Trias bestehend aus Konsumorientierung, Kommerzentgrenzung und Kapitalsehnsucht bzw. zu einer Auslese nach willkürlich und subjektiv gesetzten Kriterien einer vom Menschlichen entfremdeten Didaktik; gesamtgesellschaftlich nimmt man zudem weitgehend unbewusst Kurs in Richtung Autokratie statt Demokratie: „Demokratie setzt Bildung voraus – wie sollte man sich sonst eine eigene Meinung bilden?"[17] Es bleibt dabei lediglich zu hoffen, dass wir möglichst spät dort ankommen, wo wir alle nicht hinwollen! Ändern können wir die eingeschlagene Richtung nämlich nur dann, wenn wir allesamt dazu bereit werden, radikal von der Wurzel ausgehend über uns selbst nachzudenken und unsere Kinder am Leben orientiert wachsen zu lassen.

Anmerkungen

1. Pagnol, M. zit. nach Pawlak, M.: Zitate von A bis Z Herrsching 1989, S. 209
2. Dylan, B. zit. nach Classic Rock 3/2020, S. 115
3. Gruen, A.: Der Verlust des Mitgefühls München 2016, 11. Aufl., S. 31
4. Gruen, A.: Wider den Terrorismus Stuttgart 2015, 2. Aufl., S. 37 „Auf viel subtilere Weise als in Südafrika (gemeint ist die dortige Apartheit – der Verf.) wird durch unser Schulsystem ein Ausleseprozess geduldet und gefördert." Lauster, P.: Lassen Sie der Seele Flügel wachsen Wege aus der Lebensangst Reinbek bei Hamburg 2003, S. 166
5. Lauster, P.: Die Liebe Psychologie eines Phänomens Reinbek bei Hamburg 2003, S. 89
6. Rückert, F.: Aus der Jugendzeit In: Müller-Alfeld, T. und Kraft, H. (Hrsg.) Das Buch der Lyrik Darmstadt 1954, S. 267
7. Nürnberger, C.: Die Machtwirtschaft Ist die Demokratie noch zu retten München 1999, 2. Aufl., S. 195
8. Einstein. A. zit. nach Lauster, P.: Lassen Sie der Seele Flügel wachsen Wege aus der Lebensangst Reinbek bei Hamburg 2003, S. 167
9. Lauster, P.: Lassen Sie der Seele Flügel wachsen Wege aus der Lebensangst Reinbek bei Hamburg 2003, S. 167 „Wer diese Möglichkeiten nicht erhält, wird unterdrückt, im schlimmsten Fall in den Selbstmord getrieben." Lauster, P.: Lassen Sie der Seele Flügel wachsen Wege aus der Lebensangst Reinbek bei Hamburg 2003, S. 168
10. Vgl. Riemann, F.: Grundformen der Angst München 2017, S. 200f.
11. Fichte, J. G.: Die Bestimmung des Menschen Stuttgart 1997, S. 177
12. Vgl. Moser, H.: Einführung in die Medienpädagogik Aufwachsen im Medienzeitalter Opladen 1995, S. 150
13. Vgl. Riemann, F.: Grundformen der Angst München 2017, S. 43
14. Riemann, F.: Grundformen der Angst München 2017, S. 18
15. Winterhoff, M.: SOS Kinderseele München 2013, 4. Aufl., S. 179
16. Denn ein Genie setzt sich bestimmt nicht vor den Bildschirm in die erste Reihe: nicht als Schulkind, nicht beim Beiwohnen an Mutproben bzw. nicht beim Mobbing Jugendlicher und auch nicht als medial erwachsener TV-Konsument.
17. Spitzer, M.: Die Smartphone Epidemie Gefahren für Gesundheit, Bildung und Gesellschaft Stuttgart 2019, 3. Aufl., S. 231

„Man soll nie vergessen, dass die Gesellschaft lieber unterhalten als unterrichtet sein will."

Türkisches Sprichwort[1]

3. Die Schulzeit

Die Schule „produziert Fachidioten statt Persönlichkeiten."[2]

3.1 Testeritis und fehlende Objektivität

„Prüfungen sind gesellschaftlich institutionalisierte Rituale. Erst wenn man ihre Anforderungen erfüllt, wird man als verantwortliches und kompetentes Mitglied in die Gemeinschaft aufgenommen."[3]

Die Schule galt noch vor einer Generation als eine alle Sinne fördernde Lernwerkstatt – heute ist sie stattdessen zu einer oftmals überforderten Reparaturwerkstatt geworden: Ohne Jugendsozialarbeiter geht es inzwischen nicht mehr, Schulpsychologen und Mobile Sonderpädagogische Dienste sind gefragt wie nie; Kinder werden beinahe wie am Fließband auf Teilleistungsstörungen getestet, Begriffe wie ADS, die Legasthenie, ein Hyperkinetisches Syndrom, der Autismus und sogar das Asperger-Syndrom sind im allgemeinen Sprachgebrauch mittlerweile ebenso präsent wie die Logopädie, Ergotherapie, Kinderpädiatrie oder psychologische Verhaltenstherapie. „Sahen Grundschullehrer vor 20 Jahren in ihrer Klasse einen kleinen Teil auffälliger Kinder, während der Rest sich auf einem altersgemäßen Entwicklungsniveau befand, so haben sich heute oft die Verhältnisse umgedreht."[4]

Werfen wir deshalb in den folgenden Kapiteln einen prüfenden Blick auf diese Zeit der mannigfaltigen und beständigen Prüfungen: Timms-Studie, PISA-Tests oder IGLU-Analyse; unzählige Untersuchungen drängen – seit es so einfach geworden ist, Datensätze von Computerprogrammen auswerten zu lassen – auf den Bildungsmarkt. Sie treten stets mit dem Ziel auf, möglichst auffallende und dabei (wenn auch eher selten) betont positive oder (wie meist doch eher) überraschend negative Ergebnisse zu liefern. Solche Beispiele machen dann im wahrsten Wortsinne Schule und „vergiften" schnell einmal die Atmosphäre im Bildungsland, weil von publizistischer Seite sofort nach Schuldigen gesucht wird; statt eines vernunftorientierten Denkens wird dann von politisch verantwortlicher Seite eine oftmals hektische Agitation ergriffen, die mehr Schaden anrichtet als nutzt.

Oft bedingen solche zur erhofften Abhilfe übergestülpten Normprüfungen ohnehin lediglich ein Testen um des Testens willen, welches Kindern und ihrer Situation tatsächlich gar nicht dient; sondern allenfalls denjenigen, die sich mit dem Design und der Vermarktung solcher Tests auf dem Rücken von Kinderseelen publizistisch profilieren wollen.

„Wie ungebildet muss man eigentlich sein, um sich so einen Bildungstest auszudenken?"[5]

Parallel dazu wurden aber auch in den Schulen selbst vielerlei Tests etabliert. Die meisten solcher Tests jüngeren Datums messen sogenannte Kompetenzen und nicht mehr vorrangig das Wissen: Wer als Testteilnehmer pflichtschuldig nach Schema F vorgeht, wird dabei belohnt. Wer jedoch schon in der Lage ist, dialektisch zu denken, wird diesbezüglich gnadenlos ausgebremst. Entsprechende Fragebögen für Kinder sind darüber hinaus oft auf einem wenig den Intellekt und in keiner Weise das produktive Denken ansprechendem Niveau erstellt; intelligente und intellektuelle Kinder werden hierbei schon allein aus provokativ verstandener Unterforderung heraus nicht immer mitspielen wollen: Sie werden dabei zum Teil verstandesmäßig derart vorgeführt, dass sie manchmal sogar die erforderliche Minimalleistung verweigern und den entsprechenden Test sabotieren. Dafür erhalten sie dann ein schlechtes Ergebnis. Tatsächlich hat in so einem Fall allerdings nicht der Schüler, sondern der Test versagt – schließlich besagen die wissenschaftlichen Gütekriterien, dass ein Test das messen muss, was er zu messen vorgibt. So manche Testfrage erinnert allerdings eher an die banalen Halbzeit-Quizfragen von Fußballübertragungen, wo die Alternativantwort derart absurd gewählt wird, dass wirklich jeder auf die richtige Lösung kommen muss. „Sogar vom neunzehnten Jahrhundert bis heute scheint die Dummheit zugenommen zu haben – wenn man darunter das Gegenteil von Vernunft und nicht von Intelligenz versteht. Unter uns sind viele mit einem hohen Intelligenzquotienten, aber die Intelligenztests messen nur unsere Fähigkeit, etwas auswendig zu lernen und Gedankenverbindungen rasch herzustellen"[6] sowie das Performen im Test, also Nervenstärke und die sogenannte Test-Intelligenz. Je intelligenter aber im wahren Sinne ein Mensch ist, „desto mehr verknüpft er seine Erfahrungen, spekuliert er über Gründe und Hintergründe, legt sich Erklärungen zurecht."[7]

„Was von Pisa langfristig bleibt, wird einmal die Erinnerung an eine Zeit sein, die dem Messbarkeitswahn unterlag."[8]

3. Die Schulzeit

Ein standardisierter Test war einem de facto hochbegabten Drittklässler schlichtweg zu banal. Der Schüler hatte einige Aufgaben erst nach der Ermahnung durch die aufsichtführende Lehrkraft bearbeitet. Ein vom Test nicht intendiertes diagnostisches Fazit lautet folglich: zu intelligent für unser Mainstream-Schulsystem, das offenbar die höher Begabten übergeht.

Die Intelligenz gilt als eine unserer sensibelsten Leistungsfähigkeiten; wenn sich ein Mensch z.B. in seiner Lernumgebung nicht wohlfühlt, dann hält er seine Intelligenz zurück, verweigert die von der aktuellen Umgebung eingeforderte Leistung oder flüchtet sich in Albernheiten. „In seinen Fähigkeiten übersehen zu werden, nicht zeigen zu können, was man zu leisten vermag, ist gerade für Jugendliche und junge Erwachsene besonders kränkend."[9] Wenn die Genies von unserem Bildungssystem übergangen bzw. damit sogar indirekt ausgesondert werden, dann darf folglich aus einer hohen Begabung in psychologischer Hinsicht durchaus ein gewisses Verweigerungsrecht abgeleitet werden, wenn die Unterforderung für den betreffenden Menschen unerträglich zu werden droht; denn „unser Schulsystem fragt leider nicht, welche Fähigkeiten der Einzelne hat oder was ihm liegt, sondern es geht darum, alle möglichst reibungslos durch die gleichen Prüfungen zu schleusen."[10] „Soweit im heutigen Deutschland solche Universalgenies wie Alexander von Humboldt oder Johann Wolfgang von Goethe noch geboren werden, erlangen sie ihr breites Bildungswissen bestimmt nicht mehr im staatlichen Schulsystem, das heute entsprechende Angebote gar nicht mehr macht."[11] Auch im immer noch hoch gepriesenen Internet werden sie das den Denkern eigentümliche ganzheitlich orientierte Weltverständnis ebenso wenig erlernen können, weil bekanntlich der Anteil phänotypischer Intelligenz aufgrund einer sich radikal anregungsarm entwickelnden und stattdessen lediglich zum Konsum anleitenden Umwelt drastisch abnimmt. Genotypische Intelligenz als vererbter Anteil bzw. die genetischen Voraussetzungen werden damit wieder bedeutsamer. Diese Schwerpunktverschiebung gab es in der Menschheitsgeschichte bereits mehrfach – die Motive waren dabei allerdings andere: Der Drang zur Überbetonung hereditärer Funktionen beruhte nicht selten auf einer unbewussten Scheu vor den Konsequenzen, welche sich als hohe Aufgaben und große Anforderungen stets zwangsläufig für die Erziehung in der Praxis ergeben.[12]

Eine imaginäre Trennlinie verläuft heute folglich zwischen fundierter und kritischer Theorie einerseits bzw. oberflächlicher utilitaristischer Praxis auf der anderen Seite. Wer dabei im Alltag Testverfahren unkritisch einsetzt, stellt sich auf die Seite einer reinen Anwender-Praxis. Die Intelligenz und der Charakter von Menschen aber werden „durch die ständig zunehmende Rolle von Tests standardisiert, welche den Mittelmäßigen und das Wagnis Vermeidenden vor den Originellen den Vorrang einräumen."[13] Standardisierte Prüfungsverfahren orientieren sich zudem an einem Durchschnittslevel – ausgeglichen soll dieses dann in manchen Fällen dadurch werden, dass bei der Durchführung und Korrektur besonders strenge formale Maßstäbe angelegt werden. Eine solche kompensatorische Maßnahme entfernt den betreffenden Test jedoch noch weiter von seinem eigentlichen Testziel – der Inhalt tritt folglich immer mehr gegenüber dem Formalmodus zurück. Wenn beispielsweise ein Proband bei einer unbekannten Aufgabe, die zu Testbeginn auftritt, frühzeitig resigniert und im weiteren Testverlauf bei der Beantwortung deshalb versagt, dann ist das Testurteil, dass er einen bestimmten Testinhalt, der in einem späteren Testabschnitt auftritt, nicht beantworten konnte, schlichtweg eine unrichtige Interpretation. Tatsächlich sollte deshalb jeder Test stets überprüfen, ob die abgefragten Lerninhalte beherrscht werden – und nicht vorrangig die Fragemethoden!

Landeseinheitliche Jahrgangsstufentests in der Grundschule im Lernbereich Lesen/Textverständnis. Schnell stellt sich bei der Durchführung heraus: einige Kinder kennen bereits die zu bearbeitende Geschichte. So etwas darf doch nicht vorkommen – damit sind jedenfalls keine objektiven Testergebnisse zu erzielen!

Die Reliabilität wird neben einer ohnehin schwierigen Durchführungsobjektivität bei Massentests unter lokalen Bedingungen zum zweiten großen Unsicherheitsfaktor. Denn ein auftretender Test-Zynismus ist besonders bei jugendlichen und erwachsenen Schülern ein Faktor, der die Aussagekraft von standardisierten Norm-Tests (welche die Individualität – die besonders von den kreativ-intelligenteren Menschen gezeigt wird – weitgehend ignorieren) zusätzlich in Frage stellt. So sind beispielsweise Multiple-Choice-Aufgaben dafür ungeeignet, den Intellekt eines Menschen zu erfassen. Dennoch zeigt der postmoderne Trend in diese Richtung: Wollen wir zukünftig wirklich die schulische Leistungserhebung auf Führerscheinprüfungsniveau? Soll die humanistische Bildung jetzt zur Fahrschule werden?[14]

Es sei zudem daran erinnert: In der Natur und unserer Phylogenese hing das Überleben des Menschen davon ab, dass er etwas Brauchbares fand und nicht davon, dass er aus etwas Gegebenem auswählte. Denn die „Intelligenz ist – abgesehen von der angeborenen Fähigkeit – weitgehend eine Funktion der Unabhängigkeit, des Mutes und der Lebendigkeit; Dummheit ist ihrerseits ein Resultat der Unterwürfigkeit, der Angst und des inne-

3. Die Schulzeit

ren Ausgestorbenseins. Um das allgemeine Niveau der Dummheit zu reduzieren brauchen wir nicht mehr „Intellekt", sondern eine andere Art von Charakter: Menschen, die unabhängig und unternehmungslustig sind und das Leben lieben."[15] Der selbstverschuldete Anteil eines solchen Schicksals der jeweiligen Menschen, die sich kaum mehr weiterentwickeln, besteht somit nicht darin, dass sie unbegabt geboren wurden, sondern, dass sie ein Leben lang absichtlich stehenbleiben. Die Schere der Intelligenzentwicklung öffnet sich also auch im Erwachsenenalter (und besonders dort!) ständig weiter. Jemand mit einem niederen Bildungsabschluss kann einen anderen Menschen mit höherer Schulqualifikation ohne Weiteres überholen, wenn er sich als Erwachsener eigentätig interessiert und weiterbildet.

17 Kinder in einer Klasse werden bei einem School-Ranking auf 100 Prozent hochgerechnet und die entsprechenden Resultate anschließend veröffentlicht. Derartige Formen des Extrapolierens sind allerdings unwissenschaftlich und nichts anderes als ein sensationsheischender Populismus. Denn diese Zahl an Kindern gibt es in Wirklichkeit gar nicht. Es sind bei Weitem nicht einhundert – noch nicht einmal ein Fünftel davon: ein Kind macht bereits sechs Prozent aus. Wozu soll so etwas eigentlich dienen? Etwa dazu, zu skandalisieren, auf sich aufmerksam zu machen und damit unnötigerweise Verunsicherung und Verwirrung zu stiften?

3.2 Belohnung und Konditionierung

„Fast alle modernen Techniken der sozialen Konditionierung wurden zunächst anhand von Tierexperimenten aufgestellt. Ebenso die Methoden der sogenannten Intelligenztests."[16]

Betrachten wir dazu ein Beispiel: Eine Schar Krähen findet sich tagtäglich an Schultagen auf einem Pausenhof ein, sobald die Kinder diesen verlassen und ihre Essensreste dort zurückgelassen haben: Diese Krähen gelten als konditioniert; der Lärm der Kinder (welcher Vögel eigentlich abschrecken sollte) lockt die Vögel an – sie sitzen daher schon rechtzeitig auf nahe gelegenen Bäumen in Wartestellung; das akustische Signal „Kinderlärm" wird vom neutralen Reiz zum Auslöser für die Nahrungsaufnahme (mit dem Speichelfluss als Zeichen der Verdauungstätigkeit). Ein Vogel hat wohl einmal durch Zufall diesen Zusammenhang entdeckt, die anderen beobachteten ihn und imitieren nun sein Verhalten.

Was aber geschieht an den Wochenenden bzw. während der ein- oder zweiwöchigen Ferien? Wenn sechs Wochen Sommerferien fehlende Nahrungsbereitstellung bedeuten, müssten sich die Vögel doch demzufolge ein solches über vierzig Tage immer wieder aufs Neue erfolglose Verhalten längst abtrainert haben. Doch sie versuchen es trotz aller Nahrungskarenz immer wieder! Rabenvögel gelten darüber hinaus als intelligente Tiere – warum aber behalten sie etwas so lange Zeit bei, das gar nicht mehr funktioniert? Die Antwort ist eindeutig: Weil die Konditionierung, welche auch bei uns Menschen das selbstständige Denken überlagern kann, als äußerst persistent gilt.[17] Wenn wir Menschen uns nun beispielsweise durch den Konsum konditionieren lassen, so verlieren wir dabei nicht nur unsere individuelle Entscheidungsfreiheit, sondern folglich auch unser Denkvermögen: unser Selbst wird fremdgesteuert. Doch der postmoderne Mensch verhält sich inzwischen dominant auf diese Weise dressiert – er kann sich sogar selbst konditionieren.

Dieser unseren Tests immanente verkürzte Ansatz und Ausgangspunkt eines Lernverständnisses gemäß klassischer bzw. operanter Konditionierung lässt allerdings das Produktiv-Schöpferische sowie das Innovativ-Gestalterische außen vor. Die stattdessen das erwünschte Verhalten einfordernde unmittelbare Belohnung ist darüber hinaus generell kein guter Lernweg, welchen man weiter fördern oder gar initiieren sollte. Denn „der Behaviorismus trennt das Verhalten des Menschen vom Menschen. Er untersucht nicht den sich verhaltenden Menschen, sondern er untersucht das Produkt; das Produkt ist Verhalten."[18] Es ist zwar so, dass – wie der sogenannte Garcia-Effekt belegt – beispielsweise ein Nahrungsmittel, das einmal Übelkeit ausgelöst hat, langfristig abgelehnt wird und somit eine einzige (frühe) Erfahrung für ein Vermeidungsverhalten ausreicht. Dennoch hat sich die Konditionierung inzwischen vielfach zur Verhaltensbeeinflussung und Therapie als ungeeignet erwiesen: So wurden Versuche, Sexualstraftätern bei sexueller Erregung unangenehme Reize zuzuspielen, um ihren phallischen Reiz zu „de-konditionieren", letztlich wieder als wirkungslos verworfen.[19] Es gab Zeiten, besonders in den 1970-Jahren, als nicht wenige Psychologen und Hirnforscher glaubten, dass man alles an- und dementsprechend wieder wegkonditionieren könne.[20]

Zudem führt die konditionierte Lernentwicklung eher zur Ausprägung eines autoritären Charakterbegriffes und weniger zu einem freiheitlich-demokratischen Denken – ganz besonders gilt dies für eine Digitalisierung, die sich zur Digitatur macht. Um die Zweitklassigkeit des konditionierenden Lernens zu verdeutlichen, möchte ich noch ein aufschlussreiches Beispiel anführen, welches jeder von uns kennen dürfte: Man hat seine (Sonnen-)Brille verlegt. Um diese wieder zu finden, gibt es grundsätzlich zwei Möglichkeiten:

3. Die Schulzeit

– Diese sogleich zu suchen.
– Nachzudenken, wo diese sein könnte.

Meistens wird damit begonnen, mehr oder minder hektisch an die Plätze zu gehen, wo sie normalerweise läge: etwa im Auto, auf dem Schrank oder im Etui. Dort ist sie aber bestimmt nicht – sonst hätte man sie schließlich gar nicht erst suchen müssen. Doch erst jetzt beginnen die meisten Suchenden in einem zweiten Schritt nachzudenken, wo man diese zuletzt benutzt hatte. Manche denken nur kurz an, dann ist das aufzubauende Gedankengebäude des Rekonstruierens, wo man sich z.B. vorgestern aufgehalten hatte, zu anstrengend – und es wird nochmal vor Ort gesucht: nicht selten zum zweiten Mal dort, wo man eigentlich schon geschaut hatte; nur vielleicht etwas genauer. Obwohl man bereits weiß, dass diese erneute Suche auch nicht zum Erfolg führen wird, wählt man dennoch diesen Weg der konditionierten Erfahrung, die schon so oft (als die Brille nicht gesucht, sondern nur geholt und genommen wurde) Erfolg versprochen hatte. Man wird aber schlussendlich – will man die Brille wirklich finden und nicht auf den Zufall hoffen – deshalb nicht umhinkommen, nun doch die betreffenden Abläufe der letzten Tage zu rekonstruieren. Warum dann aber nicht gleich von Anfang an den Weg des Denkens wählen?

Wir kommen in der Zusammenfassung zu der Erkenntnis, dass das Nachdenken (also die Kognitionspsychologie) gegenüber der behavioristischen (Selbst-)Konditionierung) immer den erfolgversprechenderen Weg zum Ziel darstellt; zudem bietet dieser ein nachhaltiges Lernen – denn beim nächsten Mal können wir auf die eingeübte Fähigkeit eines Vergegenwärtigen des Geschehens erneut zurückgreifen. Besonders solche Werte, wie etwa den Respekt und die Empathie kann man umso wirkungsvoller bei Lernenden etablieren, je mehr diese um den Zweck und das Ziel des Verhaltens wissen.[21]

„Nach kurzen Lernphasen, etwa beim Pauken für eine Prüfung, machen wir relativ schnell große Fortschritte, weil wir vorhandene Synapsenverbindungen demaskieren und stärken. Doch wir vergessen das Gepaukte auch schnell wieder, da diese Verbindungen flüchtig sind und ebenso schnell wieder verschwinden, wie sie gekommen sind."[22] Das Gegenteil eines umgangssprachlich sogenannten „Bulimie-Lernens" (ein bloßes Lernen für den Moment: „rein und wieder raus") und der Sinn allen Lernens ist das Entwickeln von Fertigkeiten, einem mühelosen Können. Jüngere Klavierspieler beispielsweise, die zwar talentiert sein mögen, denen es aber noch an Internalisierung, Ganzheit und integrierender Übung fehlt, müssen den gesamten Oberkörper zum Spiel einsetzen. Gut (und richtig!) geübte Pianisten hingegen benötigen die eigentlich überflüssigen Stützmuskeln und ihre Gehirnareale zum Performen nicht mehr. Wenn sie spielen, sind daran weitaus weniger Gehirnzellen beteiligt. Erfahrene und gut geübte Musiker brauchen nicht einmal ein Klavier, um ein neues Musikstück einzuüben; sie gehen es im Kopf durch und spielen mit ihrem Gehirn. Auch das Blindschach ist eine hervorragende Übung für fortgeschrittene und am Lernen interessierte Menschen. „Je besser wir eine Tätigkeit beherrschen, desto effektiver nutzen wir unsere Gehirnzellen."[23]

3.3 Die Störfaktoren des Lernens

„Die zentrale Problematik ist unsere generelle Ablehnung des Lebendigen in unseren Kindern."[24]

„Ein gut funktionierendes, dressiertes Kind ist natürlich für die Eltern bequemer und für die weitere Umwelt ein Vorführkind, an dem sich die Erziehungsmethoden der Eltern stolz aufweisen lassen."[25] Als vorbildlich im Sinne des Schulsystems gelten uns heute vor allem Kinder, welche sich still beschäftigen können. Doch „das einzige Verhaltensproblem, das es zu erklären gilt, ist die Inaktivität, nicht die Aktivität."[26]

Die Hyperaktivität bzw. ADHS gelten inzwischen als therapiebedürftige Erkrankungen, welche mit Medikamenten behandelt werden, die selbst für Erwachsene auf den Sport-Dopinglisten stehen. Inzwischen nehmen auch „Schüler, die nicht unter dem Aufmerksamkeitsdefizitsyndrom ADS leiden, Stimulanzien ein, um ihre Lernfähigkeit zu verbessern."[27] „Problematisch ist beispielsweise die Tatsache, dass bislang wenig bis gar keine Erfahrungen bezüglich langfristiger Auswirkungen der Kinder vorliegen."[28] Medikamente, welche schnell angst- und spannungslösend wirken, werden von behandelnden Ärzten als ein erster Beitrag zur Entlastung bei psychischen Problemen von Kindern verordnet. „Leider haben sie zumeist den Nachteil, dass sie ausgesprochen schnell in die Abhängigkeit führen. Ein wesentlicher Aspekt ihres hohen Suchtpotenzials liegt in der zuverlässigen Wirkung dieser Substanzen."[29] Inzwischen hat es sich auch allgemein herumgesprochen, dass berühmte Personen der Menschheitsgeschichte, wie etwa Albert Einstein, Wolfgang Amadeus Mozart und angeblich sogar Mahatma Gandhi an ADS gelitten haben sollen. Das mag manche Eltern, die in Kinderarztpraxen mit dieser Diagnose konfrontiert werden, vielleicht sogar trösten – sofern das alles überhaupt stimmt.[30]

Nach einer meist sehr kurzen Probierphase alternativer Methoden und spätestens dann, wenn dank Ritalin eine Verbesserung der Schulnoten in

Aussicht gestellt wird, landen fast alle bei diesem Medikament – schließlich geht es unbewusst immer um den Übertritt an die höhere Schule. Doch sogar die erhoffte Karriere als (bisher verkanntes) Genie wird mit der Medikation verbaut, weil schließlich die Impulsivität, die Kreativität und die Genialität von Ritalin unterdrückt werden und – wie man sich leicht denken kann – die Einsteins und Co. eben noch keine Produkte aus dem Hause Novartis konsumierten! Mittlerweile hat sich auch das Klischee vom unruhigen und umtriebigen Jungen überlebt – es sind mittlerweile auch oft Mädchen, die mit Ritalin und Co. zum Funktionieren gebracht werden sollen. Eine Schulkindheit aber, die Kinder medikamentös zum Funktionieren bringen muss, funktioniert nicht.[31]

Äußerlich und oberflächlich betrachtet erscheinen viele der mit Psychopharmaka behandelten Kinder als geheilt, weil die Symptome damit unterdrückt werden. „Das führt zu Aussagen, wie jener einer Grundschullehrerin: „Seit Harald diese Medikamente nimmt, ist er im Unterricht bedeutend ruhiger geworden und arbeitet besser mit. Das ist wirklich eine gute Sache!" Im Hinblick auf die Ruhe im Unterrichtsraum mag das im ersten Moment stimmen. Für das betroffene Kind und seine weitere Entwicklung ist diese Sichtweise fatal, handelt es sich dabei doch immer häufiger um eine massive Selbsttäuschung. Hintergrund der Unruhe vieler Kinder in der Schule ist eben nicht eine hirnorganische Störung, sondern eine Entwicklungsstörung im Bereich der Psyche."[32] Bereits „das Streben nach einem Gefühl, etwas gut gemacht oder geschafft zu haben, ist ein starker emotionaler Gegenpart zu schnellen Ablenkungen und Reizbefriedigungen."[33]

„Nachdem es leider gelungen ist, einen erheblichen Teil unserer Kinder und Jugendlichen mit Ritalin und ritalin-ähnlichen Substanzen abzufüttern, obwohl die Ursachen des Aufmerksamkeits-Defizits-Hyperaktivitäts-Syndroms zu einem nicht geringen Teil durch fehlende körperliche Bewegung, hohen Bildschirmkonsum, falsche Ernährung und einen Mangel an guter Betreuung im Kindesalter bedingt sind, sollte verhindert werden, dass nach den Kindern und Jugendlichen als nächstes nun die Belegschaften in den Betrieben psychopharmakologisch abgefüttert werden, anstatt dort für ausreichend gute Arbeitsbedingungen zu sorgen."[34] Denn Psychopharmaka stellen bei der Bekämpfung psychosomatischer Symptome oder bei Angstneurosen allenfalls eine kurzfristige Notlösung dar. Sie nehmen dem Konflikt zunächst die Schärfe, der zu Grunde liegende Kern jedoch bleibt unbehandelt.[35]

Eine effektive Arbeit mit verhaltensauffälligen Kindern oder Jugendlichen ist im Wesentlichen nur dann gewährleistet, wenn sich die betreffenden Eltern dazu bereit erklären, ihre eigenen Beziehungsanteile in den Behandlungsprozess mit einzubringen. Ansonsten bleiben das Kind bzw. der Jugendliche alleinige Symptomträger für ein in sich krankmachendes Familien- und Erziehungssystem. Es ist auch im Hinblick auf das Verhalten in der Schule von hoher Bedeutung, die gesamte Familie miteinander ins Gespräch zu bringen.[36] Denn alle Erziehung hat sehr viel mit Beziehung zu tun – erstere erfolgt stets auf der Grundlage letzterer.

Ich selbst durfte schon erleben, wie an ADHS erkrankte Kinder mit Computerspielen therapiert wurden. „In einer europaweiten Studie fand man allerdings heraus, dass bei Kindern mit emotionalen Schwierigkeiten die frühzeitige Vermittlung (der digitalen Technik – der Verf.) nach hinten losgehen kann."[37] Mit Werbe-Schlagzeilen, wie etwa „Games, die helfen können: Spielerisch zu weniger Stress und mehr Konzentration", werden Eltern bewusst im Dienste des Konsums in die Irre geführt.[38] Dazu passt leider auch, dass heutzutage im häuslichen Bereich Medien sehr oft als Babysitter eingesetzt werden, denn die analoge Erziehung kostet Zeit und Energie: Aber hat man sich denn nicht gerade deshalb für eigene Kinder entschieden, damit die freie Zeit mit ihnen gemeinsam erlebt werden kann? „Wenn Kinder immer mehr Zeit wie hypnotisierte Kaninchen vor Bildschirmmedien verbringen, dann dürfte es auch nicht verwundern, wenn sich ihr natürlicher Bewegungsdrang an anderer Stelle als störende Hyperaktivität äußert."[39]

Die Corona-Krise schien der Durchdigitalisierung von Kindheit den entscheidenden Schub verliehen zu haben. Doch Kinder können nicht einen (Home-)Schulvormittag lang lernbereit vor einem Bildschirm sitzen – das ist eine Frage der Aufmerksamkeit; und wir alle wissen, dass man beim Fernsehen nichts lernt: Nach einer Sendung ist man so unwissend wie zuvor – nur die Emotionen wurden angesprochen. Fragen Sie einfach eine Person, die z.B. während ihrer Arbeitszeit das Radiogerät laufen hat, wie übermorgen das Wetter wird. Sie wird es ihnen nicht genau sagen können, obwohl sie halbstündlich die entsprechende Vorhersage gehört hat. Laptops statt Lehrkräften „einzustellen", ist somit gewiss die billigste Lösung, aber eben auch die schlechteste. Solche Ideen sind getragen von der unbewussten Auffassung, wirtschaftlich zu denken, somit die Kosten gering zu halten und zudem etwas zu fördern, was Steuereinnahmen bringt, also nach ökonomischem Denken als Gewinn verstanden werden kann – wenn auch nur als ein sehr kurzfristiger und ohnehin kein tatsächlicher, denn auch das Geld für die Digitalisierung kommt aus dem Staatshaushalt. Zudem können die schulischen Inhalte an Attraktivität nicht mit den sonstigen Unterhaltungsinhalten der Bildschirmmedien mithalten. Das

3. Die Schulzeit

verhält sich nicht anders als beim Vergleich von Lernprogrammen und Computerspielen. Die erste Begeisterung darüber, dass „die Lehrerin im Fernsehen ist", verflog schnell wieder: Kinder brauchen echte Lehrer und keine auf Bildschirmen abgebildeten: Corona wird wieder gehen, aber die Bildschirme dürfen nicht bleiben – Kinder verdienen Besseres als einen sich digital anbiedernden Hybridunterricht!

> *„Je weniger gebildet ein Mensch ist, desto mehr schadet ihm digitale Informationstechnik. Daher schaden Computer an Schulen vor allem den schwächeren Schülern."*[40]

> *Um zur bildungsfernen Familie zu werden, braucht es keine Migrationshintergrund, sondern nur ein Smartphone. Kinder, welche viel Zeit an ihren Smartphones verbringen, leiden bereits nach einem Jahr häufiger unter Hyperaktivität und Schlafstörungen.*[41]

Heute erscheinen angesichts einer nicht mehr zu verhehlenden Phlegmatisierung der postmodernen Gesellschaft die Aktiven im Feld der Bewegungsarmut so manches Mal schon fast als die Kranken. Tatsächlich krank aber ist jemand, der morgens nicht mehr mit Schwung aufstehen kann, sondern sich apathisch im Bett wälzt; ein Mensch hingegen, der stete Ziele verfolgt, kennt keinen Grund, sich stillzuhalten und seine Zeit totzuschlagen. Das ist bei Kindern nicht viel anders, denn sie sind schließlich ebenso Menschen wie wir Erwachsenen – und durchaus voll entwickelte! Wir aber betrachten und titulieren sie gerne als „Zögling", „kleiner Mann" oder auch einmal als „halbe Portion". Moralisch in Ordnung ist das nicht – man spricht schließlich einem Ü30-Menschen auch nicht Teile seiner Persönlichkeit ab, weil er sich bereits im Degradationsstadium befindet.

3.4 Soziale und psychische Probleme

> *„In Deutschland, wie auch in anderen Wohlstandsländern, wächst eine Generation von Schülern heran, in der überdurchschnittlich viele Kinder wirken, als seien sie (lern-)behindert, obwohl sie mit vollkommen normaler Intelligenz ausgestattet sind. Es ist ihre mangelnde psychische Reife, die verhindert, dass sie diese Intelligenz ausschöpfen."*[42]

„Kinder mögen erzogen worden sein, sie mögen vielleicht sogar eine überdurchschnittliche Intelligenz besitzen und kognitiv gute Leistungen erbringen. Trotzdem kann es sein, dass sie im emotionalen und sozialen Bereich auf dem Niveau von kleinen Kindern verbleiben."[43] Wird es

3.4 Soziale und psychische Probleme

seitens der Lehrkraft regelmäßig erforderlich, Arbeitsaufträge mehrfach wiederholen zu müssen, dann handelt es sich möglicherweise um ein solches Schulkind mit gewichtigen psychischen Anteilen eines Kleinkindes, welches versucht, die Lehrkraft entsprechend seinem regressiven Weltbild zu steuern. Die Lehrkraft wird von ihm immer noch in einer relevanten Hinsicht als Gegenstand betrachtet; das kindliche Nachfragen dient weniger einer oft hineininterpretierten Aufmerksamkeitssehnsucht, sondern ist vielmehr dem Umstand geschuldet, dass hier zwei Weltbilder aufeinander treffen. In den allermeisten Fällen handelt es sich bei den hier diskutierten Verhaltensauffälligkeiten bzw. -störungen schließlich nicht um kindlichen Unwillen, sondern vielmehr um ein Unvermögen auf Grund einer jeweils fehlenden psychischen Entwicklung: Wegen „unbewusster Beziehungsstörungen vieler Erwachsener den Kindern gegenüber findet die Entwicklung der Psyche bei immer mehr Kindern nicht mehr statt."[44] Sofern möglich, sollten Kinder und Jugendliche deshalb immer zuerst verhaltenstherapeutisch behandelt werden.[45] Allerdings darf damit nicht eine Verhaltenstherapie gemeint sein, die es zum Ziel hat, den betreffenden Patienten lediglich wieder zurück in die Spur zu bringen; schließlich muss immer auch die Spur selbst in Frage gestellt werden: „Meine Arbeit mit schwererziehbaren Jugendlichen in Deutschland hinterließ Zweifel, dass es gerade die besten sind, die scheitern; nicht wegen ihrer „Verdorbenheit", sondern wegen der Hölle, die Homo normalis als „Anpassung an Kultur und Zivilisation" bezeichnet."[46] Denn „lebhafte, impulsive, motorisch-vitale, aggressiv-expansive Kinder werden naturgemäß öfter gerügt, gebremst und strenger gezügelt als stille Kinder; bleibt es nicht beim Rügen, kommt es zur Androhung des Liebesentzuges oder zu Strafen, werden die Folgen entsprechend schwerer sein."[47] Wenn dann zu allem Überfluss – wie es aus der Not heraus immer wieder geschieht – noch mit etwas gedroht und bestraft wird, das gar nicht zu halten ist, dann geht dabei viel Glaubwürdigkeit verloren. Einmal mehr gilt auch hier folgender erziehlicher Grundsatz: Verspreche nichts (und drohe ebenso mit nichts), was du nicht halten kannst!

Besonders Erziehungsberechtigte aber freut ein sich schnell einstellender und gut evaluierbarer therapeutischer „Erfolg", der sich in einer deutlichen Verbesserung der Schulnoten niederschlägt (die leider informell oft das evaluierende Erfolgskriterium darstellen). Das Argument der Notenverbesserung bleibt sogar bei manifesten Verhaltensproblemen so omnipotent, dass es stets alle anderen Kritikpunkte aussticht: „In der Schule wollen sie gute Noten bekommen, als Erwachsene wollen sie immer erfolgreicher sein, sie wollen zu Geld kommen."[48] Doch früh manifestier-

3. Die Schulzeit

te Charakterstörungen stellen die schadhaftesten Entwicklungshemmnisse dar:

> *„Nur, wenn er´s mir nicht kaputtmacht!" – antwortet ein Kind in der fünften Klasse, als die Lehrerin dieses bittet, seinem wieder genesenen Banknachbarn das Heft zu borgen, um einen Eintrag nachzuschreiben.*

Wer hier nicht genauer Bescheid weiß, mag vermuten, dass der Nachschreibende möglicherweise ein als unordentlich verrufenes Kind sei und jemand aus der Schulklasse diesem deshalb nicht gerne etwas ausleihen möchte – so denken allerdings Erwachsene, nicht aber Kinder! Der wahre Grund hingegen liegt vielmehr im Charakter des Gebers bzw. Nicht-Gebers: Bereits als Kind liegt in diesem Fall eine ausgeprägte Verlustangst vor; etwas aus der eigenen Hand zu geben oder gar zu verschenken – das fällt einem solchen hortenden Charakter sehr schwer.[49]

> *„Antisemitismus, Mobbing und Gewalt gegen Juden an Berliner Schulen. Weil sie nicht an Allah glaube, sei ein jüdisches Mädchen aus der zweiten Klasse von muslimischen Schülern angegriffen worden. Die Schülerin sei sogar mit dem Tod bedroht worden. Es sei kein Einzelfall."*[50]

> *„Leider gibt es aber auch zunehmend schlimme Vorfälle an sozialen Brennpunktschulen, die Beispiele für eine nichtexistierende oder gescheiterte Integration sind, etwa Bandenkriege zwischen verschiedenen ethischen Gruppen."*[51]

> *„Privilegiensicherung, Elitedenken und Protektionismus sind letztlich Eigentore, denn sie gefährden den sozialen Frieden."*[52]

3.5 Die Inklusion

> *„Die Gesellschaft muss lernen, jeden so zu akzeptieren, wie er ist. Deshalb brauchen wir weder Integration noch Inklusion."*[53]

Die echte Inklusion, d.h. die zwanglose und natürliche Eingliederung behinderter Menschen in die „normale" Gesellschaft, stellt einen lange Zeit vernachlässigten Baustein unserer Gemeinschaft dar. Besonders in Regelschulen und Kitas fehlte es – als die Inklusion gemäß Europarecht in den Ländern erstmals umgesetzt werden musste – an genügend ausgebildetem und bezahltem Fachpersonal. Man wird allerdings auch weiterhin den Eindruck nicht los, diese benachteiligten Kinder werden heute erneut, nachdem man sich bei der Umsetzung dieses vorgegeben Schrittes medienwirksam als sozial orientiert in Szene setzen konnte, fast schon wieder übersehen. Man denkt offenbar kaum mehr an diese Personengruppe, da man ihr personell nicht mehr Aufmerksamkeit als bisher zukommen lässt. Öffentlichkeitsorientierte Scheinlösungen nach dem Motto: „Wir machen das alles schon, bei uns ist jeden Tag Inklusion", können demgegenüber ebenso wenig überzeugen. Es geht schließlich nicht mehr um das Ob, sondern vor allem um das Wie! Die Inklusion sollte schon aus diesem Grund – wie auch von ihrem Wesen her – alles andere als ein Modethema sein, sondern vielmehr ein „Dauerbrenner" bleiben: nicht etwas, das eingeführt wird und dann einfach von selbst so weiterlaufen soll – wie so vieles andere, das mit der Zeit jedoch langsam aber sicher wieder „einschläft".[54]

Darüber hinaus fällt auf: Wenn nur etwa jede fünfte Schule eine spezialisierte und sogenannte Inklusionsschule ist, dann werden Kinder schon deshalb mit dem Besuch dort separiert und gehen erneut nicht mit ihren Nachbarskindern aus derselben Wohnstraße in eine Regelklasse. Das ist dann aus sozialen Gründen auch nicht viel besser, als Kinder auf eine eigens dafür vorhergesehene Fördereinrichtung zu schicken; echte Inklusion jedoch findet nur dann und dort statt, wenn und wo Kinder auf exakt dieselbe Schule gehen können, welche sie auch ohne Behinderung besuchen würden (namentlich ihre Sprengelschule), und wenn dasselbe soziale Umfeld und der gemeinsame Freundeskreis trotz Behinderung bestehen bleiben.

Wenn nun aber die Inklusion de facto nur mit wenigen Stunden pro Kind realisiert werden soll, dann hilft es wenig, sich als Bildungseinrichtung einen sozial klingenden Namen, wie z.B. „St. Inklusius", zu verpassen. Es geht schließlich immer um die Inhalte – also um das, was tatsächlich beim einzelnen Kind ankommt! Stundenzuweisungen für Kinder sind und bleiben zunächst immer das augenfällige Maß der Inklusionsqualität, denn nur so kann echte Inklusion funktionieren: Jedes inklusiv beschulte Kind benötigt eine eigene Betreuungsperson und dies im Umfang sämtlicher Wochenstunden, was gegebenenfalls auch den Schulweg umfassen sollte! Gemäß Angaben des Bayerischen Lehrerinnen- und Lehrerverbandes sehen vier von fünf Lehrkräften die Notwendigkeit, dass Inklusionsklassen personell doppelt besetzt werden müssen. Die Bewertung der tatsächlichen Inklusionssituation in der Praxis durch Lehrkräfte wird gemäß der Befragung betroffener Lehrkräfte allerdings mit den Prädikaten „mangelhaft" bzw. „ungenügend" beschrieben.[55] Viele Lehrkräfte sind deshalb gegen die Inklusion aufgebracht worden, weil sie diese nur als Billigmodell erfahren haben. So wird der dem Lehrerpersonal berufsmotivational innewohnende pädagogische Impetus einmal mehr ins Gegenteil verkehrt.

3. Die Schulzeit

> *Die Betreuerin eines inklusiven Kindes informiert die Klassenlehrkraft: „Heute habe ich den Ludwig aus deiner Klasse gesehen, wie er auf meinem Dominik losgegangen ist; richtig eingedroschen hat er auf ihn. Da hab´ ich ihn mir vorgeknöpft und ihn einmal richtig durch die Mangel gezogen – nur, dass du Bescheid weißt!"*

Bemerkenswert ist in vorstehendem Beispiel das Sich-Einstellen von wechselseitigen Übertragungsphänomenen: Kinder, die mit einer ihnen speziell zugeordneten und auf sie bezogenen Förderlehrkraft arbeiten dürfen, orientieren sich oftmals sehr stark an dieser: Das ist verständlich. Der umgekehrte Fall, dass diese Betreuerin auch eine innige Beziehung zum Kind aufbaut, welche sich so äußern kann, dass dieses Kind gegenüber anderen Schülern oder auch gegenüber der Klassenlehrkraft übermäßig in Schutz genommen wird, kommt ebenso vor; in jedem Fall zeigt dies, dass das Phänomen der Übertragung hier eine ähnliche Rolle spielt wie dieses aus therapeutischen Sitzungen bekannt ist.

Ein tatsächlich weitaus größeres Problem im Zusammenhang mit Fördermaßnahmen stellt jedoch die mediale Ausschlachtung des Bildungssektors dar: Begriffe wie die Inklusion oder die Digitalisierung, werden inzwischen so oft durch die „mediale Mühle" gedreht und in oberflächlicher Weise „behandelt", dass viele Menschen bei jeder weiteren Erwähnung sofort aufstöhnen und weghören. Doch nur dann, wenn die Inklusion inhaltlich wie personell so ernst genommen wird, wie dies eigentlich selbstverständlich sein sollte, kann diese zu allgemeiner Akzeptanz kommen. Sollte dieses Ziel verfehlt werden, weil man es (zunächst) mit einer kleinen Lösung im Sinne eines sparsamen Personalschlüssels versuchen wollte, dann dürfte der unvermeidlich entstehende Schaden weitaus größer als der mögliche Nutzen ausfallen und denjenigen Recht geben, die dem gemeinsamen Lernen aller skeptisch gegenüberstehen.

Auf welche Seite man sich nun schlagen mag – die Inklusion zeigt uns jedenfalls auf, dass die Selektionsmentalität eine verkehrte ist: Wie passt es beispielsweise zusammen, dass geistig behinderte Kinder in die nächsthöhere Klassenstufe aufsteigen, lernschwächere Kinder aber die Jahrgangsstufe wiederholen müssen und ihre Freunde verlieren – was besonders das sozial gewichtige Argument für die inklusive Beschulung aller Kinder darstellt. Die echte Inklusion bedeutet und beinhaltet somit auch, auf ein Repetieren zu verzichten! Ansonsten entstünde doch der Eindruck, dass eine Gesellschaft, die in ihrem konkurrenzhaften und marketingverorteten Privatwirtschaftsgebaren alles andere als sozial ist, stärker behinderte Kinder dafür instrumentalisiert, doch noch als wenigstens etwas sozial zu erscheinen.

3.6 Die Einschulung

Mittlerweile muss häufig fast das komplette erste Schuljahr dafür geopfert werden, Kinder in einer Klasse wenigstens halbwegs so weit zu bringen, dass überhaupt inhaltlich Unterricht gemacht werden kann.[56]

Das traditionelle Einschulungsalter mit rund sechs Jahren ist keine willkürlich zu setzende Amtsbestimmung, sondern kann sinnigerweise nur eine auf vor allem die Erkenntnisse der Entwicklungs- und Lernpsychologie zurückgreifende Folge kindlicher Bedürfnisse sein und muss damit – wie alles andere auch – unmittelbar beim Kind ansetzen![57] Ein Kind weiß bereits zuvor durch ein Lehren aus Trial and Error und der entsprechenden Erfahrung, was als richtig und was als falsch gilt. Dass eine Institution, wie die Schule, nun die Instanz einer Vater-Imago übernehmen kann, setzt allerdings die Fähigkeit voraus, eine übergeordnete Gewissensinstanz zu erkennen und anzuerkennen. Viele Eltern wissen dabei aus Erfahrung, dass bei ihren Abc-Schützen der Klassenlehrer gewissermaßen das Gesetz verkörpert: Was dieser sagt, das gilt; konfliktierende Anweisungen der Eltern verstören Kinder dementsprechend – selbst dann, wenn sie gut gemeint sind (und der Klassenlehrer dabei einmal im Unrecht ist). Dies hat allerdings nichts mit einem verkappten Autoritarismus zu tun, sondern vielmehr seitens der Kinder mit einem Anerkennensprozess einer neuartigen Struktur, die ihrerseits in ihrer Akzeptanz Sicherheit gibt und Kinder demgegenüber bei einer Infragestellung verunsichert. Dafür ist es in einem gleichzeitigen Entwicklungsschritt zudem erforderlich, dass die triebhaften Es-Funktionen beim Kind zurückgehen. Es ist also etwas oberflächlich gedacht, wenn man die kindliche Schulbereitschaft mit einem Drang zum Lesenlernen gleichsetzt und vor allem ursächlich zu begründen versucht. Es kommt auch hier nicht allein auf die kognitiven Funktionen an, sondern ganz besonders auf eine regelrechte psychosoziale Entwicklung. Die meisten Probleme, welche bei der Beschulung auftreten, liegen dementsprechend heutzutage nicht mehr (allein) im kognitiven Bereich, sondern im sozial-emotionalen – und sind dabei meist ursächlich auf Entwicklungsverzögerungen zurückzuführen. Dabei darf allerdings nicht vergessen werden, dass viele sogenannte Entwicklungsverzögerungen in Wahrheit häufig bereits zu Entwicklungsdefiziten geworden sind. Wenn das jeweilige Zeitfenster geschlossen worden ist, dann bleibt ein solches Defizit lebenslang bestehen. Dem betreffenden Menschen fehlt dann etwas auf Grund seiner genommenen Entwicklung – er hat, wenn man denn den bildlichen Vergleich mit einem aus Ziegelsteinen gebauten Haus bemühen mag, eine Lücke. Ist diese nun zu groß oder bestehen mehrere solcher

3. Die Schulzeit

entwicklungsbedingter Lücken, dann wird die Persönlichkeit instabil. Es gibt beispielsweise nicht gerade wenige Menschen, die auch als Erwachsene nicht in der Lage sind, zu beurteilen, wie andere über sie denken. Dies bringt dann immer zugleich weitere Probleme mit sich: in diesem Fall Entfremdungs- und Rückzugstendenzen oder auch ein Machtstreben, um der sozialen Komplementärsituation nach oben zu entkommen.

Wer als schulreif gelten kann und wer nicht, ist somit schon seit Jahrhunderten ein Thema, welches die Pädagogik beschäftigt(e). Um die entscheidenden Fähigkeiten der Abc-Schützen herauszufinden, gab und gibt es dabei unterschiedliche Verfahren:

Als ältestes Beobachtungsinstrument der Schulreife galt der „Apfel-Gulden-Test": Dieser informelle „Test" besagte, dass ein Kind, welches einen süßen Apfel gegenüber einem abstrakten Geldstück vorzog, noch nicht schulreif war.

Als wir als Pädagogikstudenten in der Ausbildung von diesem informellen historischen Test und dessen Ergebnissen hörten, gab es damals eine gewisse Erheiterung: Es wäre doch selbstverständlich, was genommen würde! Wer will schon einen Apfel nehmen, wenn es Geld gibt; dafür könnte man sich, wenn es denn sein müsste, immer noch mehrere Äpfel kaufen!

Doch stimmt das wirklich? Schließlich gab es durchaus immer wieder Zeiten, zu welchen niemand ein Geldstück genommen hätte und ein Geldschein nicht mehr wert war als der Brennwert des Papiers auf dem er gedruckt war; diese Zeiten sind gar nicht einmal so lange her – und solche Epochen werden, wie die Geschichte lehrt, wohl auch zukünftig wieder einmal kommen. So falsch lagen die angeblich unreifen Kinder mit ihrer Meinung also gar nicht!

Während die im Vorkapitel skizzierte Inklusion im direkten Sinne nur wenige Kinder betrifft, werden hingegen alle fünf- bis bald sechsjährigen Schüler in spe zur Schuleingangsuntersuchung geladen. Diese Diagnostik findet leider immer noch – wohl aus organisatorischen Gründen im Hinblick auf die durchaus anspruchsvolle und langwierige Klassenbildung – aus entwicklungspsychologischer Sicht strukturell zu früh statt: Mitte September beginnt die Schule, aber bereits Anfang April – manches Mal sogar schon im März und damit ein halbes Jahr vor Schulbeginn – muss entschieden werden, wer schulbereit ist. Manche Schulen sind aus Termingründen und der großen Zahl an Schulanfängern wegen sogar dazu übergegangen, vom Kindergarten als zweifelhaft schulreif gemeldete Kinder noch zeitiger und zudem nicht im Rahmen eines vergleichenden Schulspiels zu testen.[58] Aus Sicht des Kindeswohls wäre die Schuleingangsdia-

3.6 Die Einschulung

gnostik zeitlich jedoch möglichst nahe an den tatsächlichen Schulanfang zu setzen; die im Hinblick auf eine möglichst fundierte und prognostisch gültige Entscheidung zu zeitig terminierte Fristsetzung, ist damit ein treffendes Beispiel dafür, dass die Verwaltung nicht immer selbstverständlich den Kindern dient, sondern in manchen Fällen auch Umgekehrtes gilt: Kinder dienen hier eher der Verwaltung – dies geschieht allerdings in einer Verkehrung des Verhältnisses und des frommschen Paradigmas: Dient der Mensch der Bürokratie oder sollte nicht vielmehr die Bürokratie immer dem Menschen dienen? Sicherlich ist die Klassenbildung deutlich einfacher zu planen, wenn fast ein halbes Jahr Zeit bleibt; sollte dies aber letztlich vor allem deshalb geschehen, um die Klassenbildung straff zu formieren und nicht unnötig Überkapazitäten zu generieren, dann würde dabei einmal mehr das Nekrophile über das Biophile gestellt! Somit gilt auch im Verwaltungsbereich: „Nur wer selbst einen biophilen Charakter hat, kann zur Biophilie erziehen."[59]

„In Nordkorea, einem der totalitärsten Regimes der Gegenwart, werden Kinder im Alter von zweieinhalb bis vier Jahren eingeschult. Ihre Eltern sehen diese Kinder nur am Wochenende."[60]

Wie wichtig das genaue und fachlich fundierte Kennenlernen der Kinder ist, zeigte uns auch eine hinlänglich bekannte Pandemie auf: Denn besonders schlimm wirkte sich die Coronakrise auf den betreffenden Schülerjahrgang der Erstklässler aus, weil eine in den Jahren 2020 bzw. 2021 de facto nicht stattfindende Einschulungsdiagnostik schwerwiegende Folgen hatte. Zunächst ist dazu zu sagen, dass durch das Wegfallen der Schuleingangstests deren wichtige Bedeutung konterkariert wurde; jeder fachkompetente Pädagoge aus dem Grundschulbereich weiß, dass es oft Fehlentscheidungen gäbe, würde man die Kinder nicht begutachten, sondern einfach alle amtlich aufnehmen, welche die erforderlichen Unterlagen vorlegen. Genau das war aber im betreffenden Lockdown geschehen: Die Eltern waren folglich der Meinung, dass mit dem Abgeben der Unterlagen von Gesundheitsamt schon „alles passen" würde – und das, was ihrer Meinung noch nicht so wäre, wie es sein sollte, würde sich schon noch von selbst einstellen. Die Eltern haben aber nicht den Vergleich zu anderen Gleichaltrigen und sind zudem befangen! Ihnen hätte jeweils im März unmissverständlich gesagt werden sollen (besonders bei den sogenannten „Korridor-Kindern", wo der Elternwille im Falle von im Juli bis September geborener Kinder entscheidet), dass noch längst keine endgültige Entscheidung gefallen sei, sondern diese nur ergebnisoffen verschoben wurde

3. Die Schulzeit

– schließlich kann ein Kind bis zum 30. November noch zurückgestellt werden.

Wer nun als bildungsverantwortliche Institution im Gegensatz dazu nicht knapp kalkulieren müsste, könnte auch Kindern nicht nur zu Lockdown-Zeiten weitaus besser entgegenkommen, weil ein personeller Spielraum bliebe. Kinder zu verstehen und dabei zu erkennen, wie viel Entwicklung und Wachstum bereits in einem halben Jahr stecken und dementsprechend dann die planerische Bürokratie ausrichten – schon wäre direkt den Kindern entsprochen und indirekt der gegenwärtigen und vor allem zukünftigen Gesellschaft gedient.

Mehr als 25 Kinder in einer ersten Klasse? Das kann allein schon aus akustischen Gründen nicht gut funktionieren![61]

Eine De-facto-Entscheidung zum letzten Kindergartenhalbjahr – mit einer Entscheidung, die im Zurückstellungsfall ein weiteres ganzes Jahr umfasst – ist angesichts des raschen Entwickelns von Kindern aus entwicklungs- wie lernpsychologischer Sicht nicht haltbar. Zudem beginnt die durch eine zu frühzeitige Terminierung ausgelöste Schulreifediskussion in Kindergarten und Elternschaft bereits im letzten Kindergartenbesuchsjahr, sodass die von den Eltern getroffene Festlegung, ob das Kind im nächsten Jahr anfangen wird oder nicht, nicht selten schon ein Jahr vor dem tatsächlichen Schulbeginn liegt. Auch sogenannte „Ranzenpartys", wo den Schulanfängern die erste Schultasche verkauft werden soll, finden bereits im Januar, also ein dreiviertel Jahr vor der tatsächlichen Einschulung statt.

Tatsächlich aber wäre die Lösung dieses vorwiegend zeitlichen Problems denkbar einfach: eine flexible Einschulung, gepaart mit einem echten gleitenden Übergang vom Kindergarten zur Grundschule. Dabei muss sichergestellt werden, dass jedes Kind die Möglichkeit erhält, das Lesen wie das Schreiben bis zum Eintritt in die dritte Jahrgangsstufe fundiert und gesichert zu erlernen – ob dies nun eineinhalb, zwei oder zweieinhalb Jahre dauert. Auch die Eltern sollten dazu ausführlich angehört werden – sie kennen ihr Kind schließlich am besten!

Der Schulbeginn schließlich sollte selbstverständlich in kleinen Klassen mit direkter individueller Förderung realisiert werden. Denn der erste Eindruck ist auch in der Schulzeit so entscheidend wie kein anderer: Wenn sich ein Kind beispielsweise im Unterricht von Anfang an nicht zu Wort meldet bzw. nicht aufgerufen wird (was durch große Klassen leider gefördert wird), so macht es dies in der Regel später auch nicht mehr, da die eingangs definierte Rolle in einem sozialen Verband prägend bleibt.[62] Weil Schulkinder längst schon ihre Freunde gefunden haben und diese nicht mehr hergeben wollen, ist deshalb auch ein Wohnort- und Schulwechsel bei einem Umzug der Eltern eine der schlimmsten Situationen für Kinder. Schließlich entwickelt sich mit Beginn des Schulalters bei Jungen das Bedürfnis nach einem Freund sowie bei Mädchen nach einer Freundin. Besonders Einzelkinder versuchen deshalb – ganz besonders im Alter von etwa acht Jahren – fehlende Geschwister durch enge Freunde zu ersetzen, was allerdings oft an einer narzisstisch einnehmenden Umklammerung dieser wieder scheitert. Das eifersüchtige Bewachen eines gefundenen Freundes kann eine solche Freundschaft schnell wieder zerstören, wenn andere Kinder keine Beziehung zu einem weiteren Freund aufbauen dürfen:[63] Manche Kinder halten ihren persönlichen Freund während der betreffenden Entwicklungsphase regelrecht fest.[64] Um echte Freundschaften aufzubauen sind Fähigkeiten, wie etwa die Verlässlichkeit, der Altruismus, das Vertrauen und die Bereitschaft zur teilenden Hilfe erforderlich; wurden diese Voraussetzungen nicht hinreichend gelernt, können keine Freundschaften dauerhaft erhalten werden.

Jedermann will einen Freund haben, aber kaum jemand gibt sich Mühe, auch einer zu sein.[65] „Jeder Mensch hat den Wunsch, einen Platz für sich in der Welt zu finden und dazuzugehören. Kinder möchten im Kindergarten mit anderen mitspielen dürfen. In der Schule wollen sie beim Fußball mit dabei sein und im Sportunterricht nicht als Letzte in die Mannschaft gewählt werden. Sie wollen einen Platz in der Klassengemeinschaft haben und darin bleiben, ohne um eine Versetzung bangen zu müssen."[66] Je größer nun aber die städtebaulichen äußeren Dimensionen und je anonymer die Wohn- und Lebenswelten von Kindern und Jugendlichen geworden sind, umso wichtiger wäre es für sie, echte innere und verlässliche Freundschaftsverhältnisse zu finden, zu pflegen und weiterzuentwickeln. Besonders heute, wo die Reifung oft verzögert ist und teilweise bis in das dritte Dezennium eines Menschenlebens hineinreicht, ist die Fähigkeit unabdingbar geworden, stabile Sozialkontakte herzustellen.

3.7 Der Übertritt: Leistung und ihre Beurteilung

„Problematisch wird es überall dann, wenn Kinder nicht wegen ihrer selbst, sondern wegen der Leistungen geliebt werden, die sie erbringen."[67]

Nicht nur der Eintritt in das bzw. der Austritt aus dem Schulsystem beginnen mit einer Prüfung – auch innerhalb der Schulzeit gibt es Hürden, welche übersprungen werden müssen. Reicht es für die Versetzung noch aus, das Hindernis knapp zu überwinden, gelten beim Übertritt in

3. Die Schulzeit

weitere Schularten schärfere Spielregeln: Es genügt hier nicht nur, die vierte Jahrgangsstufe erfolgreich zu absolvieren – denn nun wird anderweitig sortiert! Um im Bild des Sports zu bleiben, entscheidet hierbei nicht das Bewältigen der Hürde allein, sondern vor allem die Höhe. Bei der Übertrittsentscheidung in der vierten Jahrgangsstufe gibt es als Prädikat nicht nur „geeignet" oder „nicht geeignet", sondern auch eine gewisse Schwankungsbreite innerhalb der jeweiligen Eignung. Daran wäre, vom Leistungsgedanken her betrachtet, zunächst noch gar nichts Wesentliches verkehrt. Abgesehen davon natürlich, dass der Leistungsgedanke als Hauptbeurteilungskriterium gesellschaftlicher Funktionen per se nicht der Weisheit letzter Schluss ist: Er führt schließlich immer zu dessen Missbrauch und zu entsprechenden Verzerrungen. So wurde bei stark leistungsorientierten Heranwachsenden festgestellt, dass sie ihre eigenen Eltern nicht mehr als differenzierte Individuen betrachteten, sondern als abstrakte Einheit: „Diese konformistischen Jugendlichen waren so weit von ihren innersten Gefühlen abgetrennt, dass sie zum Beispiel Erfahrungen von Angst und Konflikt leugneten."[68]

> *Eine typische Fehlentwicklung ist die Schulwahl aus sozialen Gründen: Die beste Freundin geht aufs Gymnasium, also folgt ein weiteres Kind ebenfalls dieser Entscheidung – obwohl die Realschule für dieses Kind eindeutig die sinnvollere Schulart wäre.*
>
> *Ebenso existiert der gegenteilige Fall: Der beste Freund geht trotz guter Eignung nicht auf das Gymnasium, ergo verzichtet in diesem Fall ein weiterer Schüler aus freundschaftlichen Gründen auf den Besuch dieser Einrichtung.*
>
> *In diesem Zusammenhang rächt es sich auch, wenn eine überengagierte Mutter selbst stellvertretend „für ihr Kind zur Schule geht". Sie nimmt dann den kompletten Druck auf sich und handelt so, als ob sie selbst das betroffene Schulkind wäre – die notwendige komplementär-ausgleichende Rolle ist dann nicht mehr möglich.*

Ein weiteres Argument gegen eine falsch getimte bzw. zu frühe Lebensselektion sollten wir nicht außer Acht lassen: das Stigma des Versagens – und zwar aus dem Grund, dass Kinder bzw. Jugendliche, die es nicht auf eine bestimmte (von den Eltern erwünschte) höhere Schulart geschafft haben, manchmal ein ganzes Leben unter dieser Niederlage leiden: Sie fühlen sich deshalb gar als Menschen zweiter Klasse. Das betrifft zudem nicht allein die Selektion bezüglich der Schulart: Ohnmachtsgefühle bei schlechten Noten und die harte Erfahrung, dass man mit schlechteren Noten – meistens sind sie gar nicht schlecht, sondern nur relativ betrachtet „schlechter" – unattraktiv für seine Klassenkameraden wird, kann ganze sich im Werden befindende Persönlichkeiten zerstören. Hier zeigt sich sehr frühzeitig im Lebenslauf ein wirtschaftlicher Marketinggedanke, der Menschen nach ihrem Wert taxiert – in der Schule ausgedrückt in Noten: die Schule lehrt in so einem Fall mehr oder minder beabsichtigt das Konkurrenzdenken und die Selektion. Doch wer sortiert, sortiert auch aus.[69]

> *„Nun steht er vor mir: groß, schlank, fesch, in tadelloser und blitzblanker Uniform – ein eleganter gepflegter Mensch, voll Distanz zu uns Jammergestalten, die wir wohl übernächtig und recht verwahrlost aussehen. In nonchalanter Haltung steht er da, den rechten Ellbogen mit der linken Hand stützend, die rechte Hand erhoben und mit dem Zeigefinger dieser Hand ganz sparsam eine kleine winkende Bewegung vollführend – bald nach links, bald nach rechts, weit öfter nach links ... Keiner von uns konnte das Geringste ahnen von der Bedeutung, die diese winzige Bewegung eines menschlichen Zeigefingers hatte."*[70]

Wenn die Selektion zum Selbstzweck betrieben wird und es hauptsächlich um die Methode der Auslese geht – käme sie nun positiv oder negativ zur Anwendung –, dann wird der Inhalt stets zweitrangig: Es dreht sich dann nicht mehr darum, was jemand kann und was jemand ist, sondern nur noch um dessen Verwendung, um seine Eignung und seine Tauglichkeit; die Selektion zielt also nicht mehr auf den betreffenden Menschen selbst ab: Man ergeht sich vielmehr in verschiedenen Verfeinerungen des Selektionsinstrumentariums, man diskutiert, optimiert und evaluiert – aber den Menschen, um welchen es immer gehen sollte, den vergisst man darüber sehr leicht!

Das eindimensional verkürzte Denken auf dem Niveau von Zahlen und Nummern durchdringt auch an anderen Stellen die Struktur des Schulsystems bzw. konstituiert dieses sogar: „Man solle das Notenspektrum ausschöpfen!", wird strukturell-administrativ gerne gefordert: Der Übertritt aber vollzieht sich an zwei direkt nebeneinander gelegenen Nahtstellen: Es gilt ein Hauptfächerschnitt von 2,33 für das Gymnasium und von 2,66 für die Realschule – beides bei sechzehn sich voneinander unterscheidenden Möglichkeiten (1,0; 1,3; 1,7; 2,0; 2,3;... ... 5,3; 5,7; 6,0). Man stelle sich dazu zur optischen Verdeutlichung eine Reihe nebeneinander aufgestellter Menschen vor: An Position vier und fünf entscheidet sich das dreigliedrige Schulsystem. Bei sechzehn Rangplätzen müsste doch wenigstens eine ganze Notenstufe (entsprechend drei Positionen) zwischen Gymnasium bzw. Real- und Mittelschule liegen! Ganz abgesehen davon, dass nur das Wenige, was in Ziffernnoten und anhängigen Wortgutachten messbar ist, bewertet werden kann und – aller Berücksichtigung praktischer Leistun-

3. Die Schulzeit

gen zum Trotz – hauptsächlich für die Zeugnisse zählt. Zahlen sollten aber kein Selbstzweck sein, sondern stets als Hilfsmittel zu einem inhaltlichen Nutzen führen![71]

„Was ich mit meinem Netz nicht fangen kann, ist kein Fisch."[72]

3.8 Eine neue Inflation (zu) guter Noten

An einem Gymnasium wird vierzehnmal die Traumnote 1,0 im Abiturzeugnis vergeben.[73]

„Keine Note schlechter als „Drei" – das ist längst Realität."[74]

Im deutschen Bildungssystem sinken die Anforderungen, so wird inzwischen immer häufiger kritisiert. Man spricht in diesem Zusammenhang von einer regelrechten „Inflation" der guten Noten: „Für eine Leistung, für die man vor zehn Jahren die Note Zwei bekommen hätte, bekämen Schüler heute häufig eine Eins."[75] Die genannten Zahlen muss man nicht unbedingt direkt eins zu eins übernehmen, den skizzierten Trend kann man hingegen nicht mehr leugnen, denn inzwischen werden in der Tat immer bessere Noten vergeben – dies kommt allerdings fast einer pädagogischen Bankrotterklärung gleich: „Dass die Abiturnoten immer besser werden, macht eine Statistik des Kultusministeriums deutlich. Demnach ist der Anteil bayerischer Gymnasiasten mit einem 1,0-Abitur in den vergangenen zehn Jahren von 0,95 auf 1,9 Prozent angestiegen. Das heißt, doppelt so viele Schüler bekommen ein perfektes Abitur. In Brandenburg sind es fast viermal so viele."[76] Gab es früher einige wenige Schüler mit Eins-Komma-Abschlusszeugnisschnitt, sind es heute weitaus mehr. Man könne aber „bei der Masse an Einser-Abiturienten die wirklich herausragenden gar nicht mehr erkennen."[77]

Ungerecht ist es nicht nur, wenn schwächer begabte Schüler zu wenig gefördert werden – Ungerechtigkeit besteht auch dann, wenn Begabte nicht ausreichend Unterstützung erfahren! Selbiges gilt für die Qualifikations- und Zugangshürden für Studiengänge sowie für die Berufswahl: Schüler am unteren Ende der Leistungsskala haben stets ein konkretes Ziel vor Augen (das Vorrücken) – für Schüler am oberen Leistungsende gibt es solche Ziele dann jedoch nicht mehr, wenn die Einser-Dichte zu hoch wird. Die entsprechende Schulart wertet sich somit zwar quantitativ auf, aber zugleich qualitativ ab – wenn die gemessene Elite keine echte Elite mehr ist: „Wir betrügen die jungen Leute."[78] „Sie profitieren nur auf den ersten flüchtigen Blick, weil sie gute Noten anhäufen und einer

3.8 Eine neue Inflation (zu) guter Noten

glänzenden Schulkarriere scheinbar nichts im Wege steht. In Wirklichkeit erfahren diese Kinder nichts über ihren tatsächlichen Leistungsstand, die guten Noten lassen sie auf perfide Weise in dem Glauben, sie lieferten überragende Leistungen ab. Das führt zu einer Fehleinschätzung, denn das Kind meint, es könne mit relativ wenig Aufwand alles meistern. Dazu kommt noch, dass diese Kinder um das Gefühl der Freude betrogen werden, das sich einstellt, wenn man etwas nach außerordentlich großer Anstrengung endlich geschafft hat und dann auch richtig gut kann."[79]

„Was wäre eine Eins oder eine Zwei auf dem Zeugnis wert, wenn alle solche Noten hätten?"[80]

Auch deshalb, weil wir nicht gerne bewerten, bewerten wir oft zu gut – das ist eine von vielen Ursachen für den skizzierten Trend der Inflation (sehr) guter Noten. Eine andere Begründung findet man in den unterschiedlichen Charakterdispositionen der Bewertenden: Wer beispielsweise leidenschaftlich gern bewertet und damit möglicherweise einen Teil seines persönlichen Sadismus ausleben darf, bewertet zumeist schlechter – er würde sich sonst um seine eigene Autorität bringen. Der Narzisst hingegen bewertet tendenziell eher zu gut, denn er will sich schließlich im Glanz seiner Zöglinge sonnen. Auch die Politik möchte gut dastehen und das gelingt am einfachsten, wenn die Bedingungen angepasst werden. Erreicht wird dies z.B. über eine Aufwertung der mündlichen Leistungen.

Gab es vor fünf Jahrzehnten noch die Begründung für eine damals leicht progressive Noteninflation, Bildungshemmnisse abzubauen, um den Zugang zu höheren Schulen zu erleichtern, so fand in der Folge eine diesbezügliche Ideologisierung statt. Gesamtschulen lassen diesen Trend in strukturell sichtbarer Form erkennen.

Ein Abiturient hat nicht bestanden und muss deshalb in die Nachprüfung. Diese wird erfolgreich absolviert. Der Notenschnitt im Abiturzeugnis beträgt schließlich 2,7! Auch hier fehlt es an trennender Schärfe, wenn zwischen „nicht bestanden" und „gut" so ein geringer Leistungsabstand besteht, der mit einer einzigen Prüfung wettgemacht werden kann.

Nicht wesentlich besser stellt sich die Leistungssituation an den Schulen dar, wenn mit eingerechnet wird, dass es in einem ansonsten homogen auftretenden Land ausgerechnet bei der Festlegung der Qualifikationen für die Zukunftsfähigkeit strukturell ungerecht zugeht: So erhalten Schüler mit derselben Punktzahl beim Pisa-Test in Nordrhein-Westfalen im Schulzeugnis eine Zwei, in Baden-Württemberg eine Drei und in Bayern eine Vier.[81] Gleichsam schwankt die Dauer der Besuchszeit eines Gym-

3. Die Schulzeit

nasiums je nach bewohntem Bundesland um ein ganzes Kalenderjahr. Selbst die Abiturprüfungen als Voraussetzung zum Studium sind nicht einheitlich gestaltet. Von der Gleichsetzung europäischer Abschlüsse anderer Staaten oder gar den billigheimerischen Schmalspur-College-Studien aus Übersee ganz zu schweigen. Überspitzt formuliert wird dabei das, was eigentlich zum Studium führen sollte, bereits selbst zum Studium – „die Gleichsetzung dieser College-Ausbildung, die nur dazu dient, das traditionelle Niveau deutscher gymnasialer Oberstufen zu erreichen, mit einem Studium nennt der Philosoph Julian Nida-Rümelin den „Bologna-Irrtum":[82] Denn das Abitur soll schließlich nicht zum High-School- bzw. Highspeed-Abschluss werden; zumal die Begabungsleistungen, welche mitgebracht werden, ohnehin im Rückgang begriffen sind: „Mit Beginn der neunziger Jahre hörte die Steigerung der IQ-Werte auf. Seit 1999 beobachten wir einen Rückgang."[83]

Im Bundesland Bayern hatte man rund ein Jahrzehnt lang gegen den Willen der Bevölkerung und deren Vernunft ein G8 eingeführt und verteidigt – bis man sich schließlich doch eines Besseren belehren lassen musste; kein besonders weitsichtiger Schachzug – denn dann, wenn das Vertrauen in den Staat sinkt, kommt es immer zu bürgerlichen Abspaltungstendenzen. Unweigerlich wird allerdings auch bei uns auf lange Sicht ein Privatschulwesen bzw. ein punktuell von privat gesponsertes „öffentliches" Schulwesen entstehen, wo schließlich gilt: Pay to apprentice! „Allein in den letzten zehn Jahren ist die Zahl der Privatschulen um über 40 Prozent gestiegen."[84] Gute Privatschulen wird es dabei allerdings lediglich für finanziell Bessergestellte geben, das gemeine Volk wird weiterhin in Public Schools mit überfüllten Klassen, überforderten Lehrkräften, Security am Eingang, gelegentlichen Amok-Läufen und oft so macht- wie tatenlosen Verantwortlichen pilgern müssen. Um zu wissen, was unseren Kindern und Jugendlichen in naher Zukunft blühen wird, brauchen wir bloß einen Blick auf die nur topographisch, nicht aber ideologisch ferne Gegenwart in den USA zu werfen. Einmal mehr stellt sich hierbei die entscheidende Frage: „Will ich das Beste für mein Kind – oder will ich das Beste für die Gesellschaft, in der mein Kind später leben wird?"[85]

3.9 Die Folgen für das Studium

"Zu groß ist auch der Druck ehrgeiziger Eltern und opportunistischer Schulbehörden im Hinblick auf gute Noten."[86]

Je mehr Bewerber um einen Studienplatz, umso höher (nummerisch in Notenstufen ausgedrückt: niedriger) der Numerus Clausus. Inflationär bessere Abiturnoten bewirken hierbei, dass sich nicht nur die besonders Intelligenten (bewertet nach Schulleistungen – denn das ist nun einmal das gesetzte Kriterium) im jeweiligen Studiengang einfinden, sondern ebenso auch andere Interessierte, denen dies von der Schule her ermöglicht und damit indirekt auch nahegelegt wurde: Wer eine Hürde knapp überspringt, wird schließlich oft besitzergreifender und haben-süchtiger als jemand, für welchen dieselbe Hürde kaum ein Hindernis darstellte. Bei einer allgemeinen Abiturquote von bis zu 40 Prozent erbringt der überwiegende Anteil der Abiturienten gewiss keine Spitzenleistungen und ist oftmals mit einem anspruchsvollen Studium überfordert.[87] Wenn nun aber das Abitur und auch der Studieneingangstest (der als punktuelles Instrument, welches speziell durch Trainee-Seminare gegen Bezahlung gebucht werden kann, ohnehin niemals so objektiv sein kann wie mehrere Schuljahre) nicht mehr hinreichend selektieren, dann werden stellvertretend das Erste oder Zweite Staatsexamen bzw. der Bachelor- oder Masterabschluss zu einem späteren Selektionsinstrument gemacht. „Wer als Professor dem Trend nicht folgt, das Niveau der Lehre und der Anforderungen dem Niveau der Studenten anzupassen, kann in große Schwierigkeiten geraten."[88] Mögliche finanzielle Anreize für Hochschulen mit hoher Abschlussquote tun ein Übriges und verstärken diesen Trend.[89] Wer dann „gerade noch so durchkommt" (die jeweiligen Fachfakultäten werden wohl auch nicht besonders gerne diejenigen sein wollen, welche die meisten Durchfaller und Spätabbrecher produzieren), wird vielleicht über Vereinsmitgliedschaft, Parteibeitritt, Burschenschaft oder Vergleichbares versuchen, in Amt, Stellung oder Würden zu gelangen. Zudem werden in dem Maße, wie die Zugangsbeschränkungen zu Universitäten ständig bessere Noten erfordern, diese auch erteilt.[90]

Ähnliches gilt bei der Wahl bestimmter Studienfächer – beispielsweise im Lehramt Grundschule: Es ist unter Studenten seit Jahrzehnten ein großes Thema, dass im Studienhauptfach Religion die Noten angeblich besser ausfallen würden – und für nicht wenige Studierende der Hauptgrund, weshalb sie dieses Fach gewählt haben bzw. weshalb dorthin gewechselt wird. Bei der Einstellung in die Berufslaufbahn werden jedoch alle Fachnoten gleichbehandelt – unabhängig davon, wo die Notenschnitte fach-

3. Die Schulzeit

spezifisch höher oder niedriger liegen. Doch für bestimmte akademische Berufe, die in ganz besonderem Maße im Dienst der Allgemeinheit stehen – Arzt, Apotheker, Jurist, Lehrer –, sollte eine einheitliche Wertigkeit der Abschlüsse unbedingt geboten sein.[91] Halten wir deshalb zusammenfassend fest: Bildungshürden lassen sich nicht durch eine Absenkung ihrer Höhe vereinfachen, sondern durch die Stärkung derjenigen, welche sich an diesen Hürden versuchen!

3.10 Kein gutes Zeugnis

Immer mehr Schüler nehmen heutzutage Nachhilfe in Anspruch. Die Zuwachsraten sind zweistellig. Das Angebot wird auch bei bereits guten Noten genutzt.[92]

Allseits bekannte Sätze, wie etwa „Der Schüler zeigte sich zu lebhaft", stehen immer wieder als Negativbemerkungen in Schulzeugnissen: Eine solche Aussage sollte man sich einmal genauer verdeutlichen – lebhaft zu sein gilt uns heute tatsächlich schon als etwas Negatives? Die verwendete und wertende Steigerungsform unterstreicht dabei diese nekrophile Tendenz weiter; dies zeigt, dass die Lehrkraft das Leben, welches lediglich seiner Bestimmung der Lebendigkeit gerecht zu werden versucht, als etwas Störendes empfinden muss; schließlich ist unser Schulsystem de facto auf ein Funktionieren, Konsumieren und auf ein dafür erforderliches Stillhalten ausgerichtet. Die Rahmenbedingungen mit bis zu dreißig Kindern in einer Klasse, darunter Schüler, welche fraglos eine individuellere Betreuung benötigen würden, führen tatsächlich dazu, dass die Lebendigkeit als etwas Negatives verstanden wird.

Geprüft wird parallel dazu auf ein – wenn man so will und diese Formulierung nicht falsch verstehen mag – ideologisch vorgegebenes Ziel hin: nämlich wer intelligent ist und wer nicht: das soll die Schule herausfinden. Das soll die Schule herausfinden! Das soll die Schule herausfinden? Kann sie das wirklich?[93]

In Zeugnissen, wie diese derzeit ausgegeben werden, zeigen sich darüber hinaus viele Erscheinungsformen hortender Charakterlichkeit: Unwichtiges wird gleichrangig mit Wichtigem gestellt – beispielsweise das Erkennen von Formen mit dem Zahlbegriff. Das nummerisch-sortierende Denken führt aber – wie immer unbewusst und wohl auch ungewollt – zu weiteren Verzerrungen, welche uns von dem Inhalt, um welchen es tatsächlich gehen sollte, weiter abbringen.

Was darüber hinaus heute immer noch fehlt, ist die biographische Note, welche die individuelle Lernentwicklung dokumentiert. Denn entscheidend ist nicht allein, welche gemessene Leistung zustande kommt, sondern in erster Linie, wie diese zustande gekommen ist – analog zum Mechanismus der Motive: Was jemand sagt, gibt nicht selten weniger über den betreffenden Menschen Preis als die Tatsache wie und vor allem weshalb er etwas sagt!

3.11 Echte Eliten

Der immer größere Anteil von Schülern an weiterführenden Schulen wie den Realschulen und den Gymnasien, macht „die Hauptschulen zu Restschulen mit einer im Verhalten problematischen Klientel."[94]

Ein Satz wie der bezeichnete löst durchaus Empörung aus: weniger allgemein, sondern vor allem bei den Betroffenen. Im Fall bzw. besonders dann, wenn man eine entsprechende Erfahrung gemacht hat oder vergleichbare Befürchtungen hegt, geht man schnell einmal auf so etwas verlautbarende Personen los – in diesem Fall die leicht zur Unperson machbare Personalie Thilo Sarrazin.[95] Bezeichnenderweise braucht es schließlich jemand wie Thilo Sarrazin – der im Raum des medialen Mainstreams nicht mehr viel zu verlieren und noch weniger zu gewinnen hat – um solche Wahrheiten auszusprechen.

Der Prozess jeglicher Form von Wahrheitsfindung beginnt grundsätzlich immer mit dem ersten Schritt – und dieser hört auf den Namen „Aufklärung"! Doch „Bildungspolitiker sind von Haus aus Gläubige. Sie nutzen jede Gelegenheit, sich etwas vorzumachen, und geraten schnell in Rage, wenn man ihnen das nachweist."[96] Die zuvor aufgezeigte inflationär verbesserte Notengebung ist beispielsweise ein Zeichen dafür, dass alle Schüler gleich genormt werden sollen; im Idealfall darf dann niemand mehr herausragen. Gymnasien wurden jedoch von Wilhelm von Humboldt gegründet und als Orte eingerichtet, wo jegliche Gleichmacherei beendet werden sollte. Wenn heute demgegenüber aber die Eliteschule (mit höchstens zehn Prozent einer Übertrittsklasse, wie noch in den 1960er Jahren) zum Mainstream wird, wo bald die Hälfte eines Schülerjahrgangs „hinpilgert", ist die Bildungsreise der ehemaligen Vorzeigenation Deutschland weitgehend zu ihrem Ende gekommen, weil es keine bildungsbezogene Elite für die Weiterentwicklung der betreffenden Gesellschaft mehr gibt. „Es ist eben angenehmer, sich über steigende Abiturientenquoten zu freuen, als darüber zu grübeln, weshalb in Deutschland nur sechs Prozent der Schüler in Mathematik Spitzenleistungen erbringen, während es in Korea neun und in Singapur siebzehn Prozent sind."[97]

Eine grundlegende Voraussetzung für das Gelingen einer gesellschaftsdienlichen elitären Auswahl ist es, dass nicht nach gesellschaftlichem Stand, persönlichen Beziehungen oder gar noch Parteibuch ausgelesen wird, sondern nach Intelligenz, Interesse, Charakter und Bildbarkeit. Nicht die Bestbetuchten, sondern nur die intellektuell Besten können als eine jeweils neue geistige Elite die Gesellschaft voranbringen; selbstverständlich immer gepaart mit charakterlicher Bildung. Denn jede Gesellschaft benötigt nach wie vor Eliten – für besonders anspruchsvolle Aufgaben, die keineswegs weniger werden. Selbst der Staat, welcher mit den Universitäten ursprünglich „Denkfabriken" zur Verfügung stellte, fördert diese intellektuellen und vor allem produktiv-kreativen Eliten immer weniger – sondern agiert im berufsbildenden Bereich (Nomen est Omen!) grundlegend mit der Absicht, diese der Wirtschaft zuzuführen bzw. ihr intellektuelles Potenzial wirtschaftlich zu verzwecken.[98]

Wenn man nun bei den humboldtschen zehn Prozent Eliten bleibt, dann müsste es demzufolge auch heute noch Mechanismen geben, welche diejenigen für besondere Aufgaben auswählen – was auch der Fall ist. Ab einem Intelligenzquotienten von 120 spricht man dementsprechend von hoher Begabung: etwa zehn Prozent der Bevölkerung erreichen bzw. überschreiten diesen Wert.[99]

Geändert haben sich hierbei allerdings die Auswahlkriterien und die diejenigen, welche eine solche Auswahl treffen: Es ist nicht mehr das Schulsystem selbst, welches an die Gesellschaft liefert – es ist stattdessen das Wirtschaftssystem, welches die für sie scheinbar am besten geeigneten Arbeitskräfte abgreift; diese Auswahl ist jedoch nicht deckungsgleich mit den Erfordernissen der gesamten Gesellschaft: Bei Wirtschaftspraktika sowie von Privat unterstützen Stipendien und Kursen werden nicht vorrangig die kritisch-konstruktiven Denker und Intellektuellen herausgefiltert, sondern stattdessen vor allem die aufstiegsbereiten Emporkömmlinge und die anpassungsbereiten Konformisten. „Ganz allgemein gesagt, ist die Bildung so heruntergekommen, dass sie zu einem Werkzeug des sozialen Aufstiegs geworden ist."[100] Es kommt dabei zu einer ökonomistischen Okkupation des Bildungswesens, weil sich die Bildung in der Folge nicht mehr primär am Menschen orientiert, sondern an denjenigen, die regelrecht auf diese „Menschenprodukte" lauern, um sich die für sie geeigneten herauszugreifen; so werden die Schulen und Universitäten die jeweilige erforderliche Eigenständigkeit für die Freiheit der Lehre, welche sie ihren Zöglingen zukommen lassen sollte, allerdings kaum erreichen können.[101]

3.11 Echte Eliten

> *„Nicht nur die industrielle Produktion wird vom Prinzip einer ständigen Beschleunigung beherrscht, der keine Grenzen gesetzt sind, auch das Erziehungssystem richtet sich nach demselben Grundsatz: je mehr Absolventen, umso besser. Nur wenige fragen nach der Qualität oder danach, wozu diese ganze Vermehrung der Quantität eigentlich gut sein soll. Es ist leicht einzusehen, dass diese Vorherrschaft des Prinzips, „je mehr, desto besser", das gesamte System aus dem Gleichgewicht bringen wird."*[102]

Es sieht im Bildungsbereich neben hohen Absolventenzahlen immer gut aus, wenn man behaupten könne, die Repetentenquote würde sinken. Auch dafür müssen Noten im Allgemeinen inflationär immer besser werden, der zu zahlende Preis jedoch ist ein Absenken bzw. Absinken der Ansprüche – je nachdem, ob man vorangeht oder mitmacht. Hierbei wirkt erneut das aufgezeigte Gleichheitsdenken gepaart mit der Idee zusammen, Talent würde oder sollte heutzutage keine Rolle mehr spielen, denn jeder könne doch durch den entsprechenden Fleiß alles erreichen. Wenn das Ganze dabei jedoch in immer früher und immer kürzer werdenden (Ausbildungs-)Zeiträumen komprimiert wird, dann allerdings befinden sich die Bildung und mit ihr die betreffende Gesellschaft auf einem Holzweg. Denn ganz so einfach funktionieren das Lernen und das Leben schließlich nicht: Wenn alle Abitur haben, hat letztlich niemand mehr Abitur; und die Leistungsträger, welche eine Gesellschaft tatsächlich voranbringen könnten – ja sogar müssten – werden leichtfertig übergangen. Der Schulabschluss ist schließlich nur noch ein „Schlüssel zu den Vorzimmern des Systems. Erst in den Vorzimmern werden die Schlüssel zum Beschäftigungssystem verteilt"[103] Dies geschieht gewissermaßen in Tateinheit mit dem Vermitteln eines Haben-Wissens, welches sich leichter abtesten und mit Zertifikaten belegen lässt.[104]

Für das Entgegentreten gegenüber den beschriebenen negativen Entwicklungen gibt es nur eine positive tragfähige Lösung: die Selektionsmentalität muss aus den Schulen herausgenommen werden! Jeder Bildungsstandort muss sich in seinem Tun – vom Kleinen bis zum Großen – das Ziel setzen, zu fördern, zu ermutigen und zu helfen.

3. Die Schulzeit

3.12 Das Lob der Schule: Nur die Besten?

> *„Ihr seid nicht die Verlierer. Nein, ihr seid die zweiten Sieger!" – so werden Kinder im Sportunterricht, bei Wettbewerben oder bei Spielen regelrecht auf den Arm genommen. Bei zwei Mannschaften ist man nun einmal der Verlierer, wenn die anderen gewonnen haben – es gibt keinen zweiten Sieger! Aber wir tendieren selbst im Sportbereich dazu, uns vor unangenehmen Wahrheiten zu drücken. Wenn man keine Verlierer will, dann darf man schlicht und einfach keine Wettbewerbe veranstalten: denn wer Sieger kürt, schafft damit immer auch Verlierer.*

Wer die Besten ehrt, würdigt dabei funktionell immer auch alle anderen als die Schlecht(er)en ab: Wir verleihen Preise an den Besten (der ja offensichtlich keine Motivationsprobleme hat) und demotivieren alle anderen Bewerber. In der Schule wird oft der Beste herausgestellt und gelobt. Damit wird dafür gesorgt, dass sich alle anderen nicht gut fühlen. Wer nun aber den Schwachen und auch den Lernbehinderten helfen will, darf dabei nicht die Lernfähigen und Leistungsgewinner propagandistisch über den grünen Klee loben. Man vergleiche nur mit dem Sportwesen: Es reicht doch ohnehin schon aus, wenn jemand gewinnt! Dabei sollten doch nicht auch noch (schul-)öffentlicher Druck und Entbehrungserfahrungen den Unterlegenen zusätzlich schwächen![105]

Die zur Leistung antreibende Motivation sollte ohnehin stets von innen und nicht von außen kommen: durch die Sache selbst, etwa von der Natur – zu welcher wir immer noch zählen – und von deren Lebendigkeit: Wo wir herkommen und wie wir zusammenleben bzw. was wir uns für die Zukunft vorstellen. Kinder brauchen verbal gar nicht übermäßig gelobt zu werden; stattdessen müssen wir ihnen Erfahrungsmöglichkeiten anbieten, mit welchen sie Selbstvertrauen aufbauen können und so das Lob der Schule funktionell erfahren – als ein Lob durch die Sache selbst. Denn wie heißt es so treffend: Wer sich an andere hält, dem wankt die Welt. Wer in sich selbst ruht, der steht gut!

Wenn jedoch vorrangig extrinsisch belohnt wird, dann kommt es dazu, dass die Ursprungsmotivation durch die Belohnung abgelöst wird, denn dieser Korrumpierungseffekt mindert die Eigenmotivation.[106] Was neben erzieherisch liebevoller Zuwendung zählt, sind somit „Situationen und Erlebnisse, in denen der Mensch soziale Anerkennung erhält und sich selbst als aktiv gestaltend erlebt, in denen er eigene Lösungen findet und Hindernisse überwindet."[107] Dabei ist es unsere Pflicht, jedem gerecht zu werden – alle Bereiche des menschlichen Seins und seiner Existenz müssen deshalb dabei zum Tragen kommen: Kunst, Musik und produktives Tun – und nicht nur Artigsein, Unterordnen und Nachmachen! Die Lehrkraft soll nicht immer nur sagen: „Das hast du aber toll gemacht!" Das betreffende Kind soll im Gelingensprozess und dessen greifbarem Arbeitsergebnis vielmehr selbst erkennen, dass es etwas gut gemacht hat. Der erstgenannte Fall des Fremdlobs befördert nämlich parallel dazu immer auch die Abhängigkeit von der gratifizierenden Autorität.

Nicht viel anders verhält es sich mit der Strafe: Wenn einem Kind ein Fehler unterläuft – z.B. etwas herunterfällt und zu Bruch geht – dann ist es keineswegs mehr erforderlich, noch zusätzlich zu tadeln und zu strafen. Bereits durch die erfahrene negative und intrinsische Folge des Handelns ist ein entsprechender Lerneffekt (wie im Falle eines zerbrochenen Gegenstands zumeist ein sehr nachhaltig wirksamer!) eingetreten. Hier noch zu strafen wäre nicht nur unnötig, sondern auch destruktiv für die gesunde Kindesentwicklung![108]

> *Stellt jemand in einem selektierenden Leistungsverband fest, dass er selbst zu den zahlenmäßig wenigen Intelligenteren zählt, so mag sich derjenige anfangs in einer Phase der Reflexion vielleicht noch freuen, dass er es doch eigentlich ganz gut erwischt hätte; allmählich wird sich bei dieser Person aber unweigerlich die Erkenntnis durchsetzen, dass dies im Hinblick auf die Partizipation und Verbesserung der rahmengebenden Gesellschaft keinen Vorteil, sondern vielmehr einen Nachteil darstellen kann – denn der Intelligente wird nicht minder viele Ohnmachtserfahrungen erleben müssen wie ein weniger Begabter.*

Wie angedeutet, besuchen nicht immer nur die Geeigneten – soweit sich dies in Schulnoten ausgedrückt überhaupt feststellen lässt –, sondern auch die „Falschen" ein Gymnasium: selbst gut begabte Kinder verzichten so manches Mal auf diesen Königsweg der Bildung. Selbst das Gymnasium ist inzwischen vielfach von einer Begabten- zu einer „Streberschule" geworden. „Das Schulsystem ist dafür konzipiert, Gehorsam und Konformität zu lehren. Und dafür, die natürlichen Entwicklungsmöglichkeiten der Kinder zu verhindern."[109] Es ist absolut nicht verkehrt, fleißig zu sein – hier bitte ich ausdrücklich darum, nicht in projektiver Hinsicht falsch verstanden zu werden; doch der Fleiß muss immer mit echtem Interesse gepaart sein und diesem entspringen: ein Fleiß um des Fleißes Willen, ein von außen eingeimpfter Ehrgeiz oder ein Gefallen-Wollen von Schutzbefohlenen bezüglich ihrer Autoritäten haben nichts mit echter Freude am Lernen bzw. dem intrinsisch-zielgerichteten Aneignen schulischer Inhalte gemein. Auf Dauer wird die Außenleitung motivational nicht ausreichen. Auch hier erweist sich – wie so oft – das zugrundeliegende Motiv als entscheidend.

3. Die Schulzeit

"Es gehört zu den bedauerlichen Aspekten unserer westlichen Auffassung von Disziplin, dass man sie für recht mühsam hält und dass man meint, sie könne nur etwas „Gutes" sein, wenn sie einem schwerfällt."[110]

Kommen wir zum Abschluss dieses Kapitels noch einmal zurück zur Kernfrage: Kann man mit einer Selektion nach gezeigtem Ehrgeiz oder nach instrumentalisierter Konformität tatsächlich die begabten Talente herausfinden? Schließlich heißt das Endziel nicht Gymnasium oder Universität, sondern Beruf bzw. Berufung mit dessen dienender Funktion für das Leben des Individuums und der Gesellschaft.

Wenn wir dabei allerdings das gelungene Leben sowie das persönliche wie soziale Glück nicht in den Mittelpunkt jeglichen Bildungshandelns stellen, dann lautet das Ergebnis unabwendbar: Wir als Gesellschaft werden jedes Jahr ein Stück schlechter. Orientieren wir uns doch besser an Erich Fromm, der im Hinblick auf den Lebenssinn und das Lebensziel nie etwas anderes verlautbart hatte, als unser wahres Selbst zu finden, uns auf diesem Weg helfen zu lassen bzw. in der komplementären Rolle anderen zu helfen und alles – aber auch wirklich alles – dem Zweck eines lebendig gelebten Lebens unterzuordnen!

3.13 Ein Lern- und Lebenskonzept

Non scholae, sed vitae discimus: „Daran krankt die Schule. Die Pädagogen, die nach diesem Prinzip erziehen, wissen, was das Leben fordert: Anpassungsfähigkeit, Unterwürfigkeit, Verkümmerung des Ichs, ein in den Dienst der herrschenden Klasse treten. Die Schule ist Klasseninstrument. Das Kind wird zum Untertan erzogen."[111]

„Wir lernen nicht für die Schule, sondern für das Leben!" Diesen Satz kennt jeder Pennäler ebenso gut wie das Vaterunser – schließlich wurde diese Weisheit oft genug vorgebetet. Und das, was einem wiederholt eingetrichtert wird – wir erfahren diesen Mechanismus mit der allgegenwärtigen Konsumwerbung tagtäglich –, glaubt man funktionell früher oder später, ohne dies dann noch weiter zu hinterfragen. Doch „es gibt mehr Dinge im Himmel und auf der Erde, als eure Schulweisheit sich träumt."[112] Darauf möchte ich in diesem Abschnitt aber gar nicht hinaus, sondern vielmehr einen anderen Aspekt in den Mittelpunkt der Analyse stellen: Denn betrachtet man den erwähnten Satz des „Lernens für das Leben" einmal etwas genauer, dann wird man feststellen, dass mit dem bezeichneten Leben, stets etwas Späteres gemeint ist: Wenn wir einmal groß wären, dann würden wir schon schätzen, was uns alles in der Schule beigebracht wurde – schließlich benötigten wir das alles für die Arbeitswelt. Man könnte nun darüber streiten, was davon tatsächlich überhaupt einmal hilfreich sein wird, doch bleiben wir zunächst beim Aspekt des Lebens: Der zuvor zitierten Aussage liegt nämlich ein Denken zugrunde, welches das Leben nicht als Element der Kindheit versteht! Tatsächlich müsste eine vergleichbare Sentenz, die das Leben betrifft, vielmehr lauten: „Wir leben nicht für die Schule, sondern die Schule hilft uns zu leben" oder „die Kinder dienen nicht dem Lehrplan, sondern der Lehrplan den Kindern" bzw. „Wir leben immer!"[113] Das kantische Prinzip besagt schließlich, dass der Mensch immer Selbstzweck sein muss und niemals ein Mittel zum Zweck sein darf![114]

Viele Menschen entwickeln sich erst als Jugendliche, Twens, in ihren Dreißigern bzw. als Erwachsene mittleren Alters oder sogar erst im Ruhestand um einen großen und für sie entscheidenden Schritt weiter. Die Neuroplastizität unserer Gehirne macht dies bekanntlich möglich – und diese grundsätzlich positiv offene Disposition der Lernbereitschaft sollte eigentlich mehr als nur eine Möglichkeit darstellen. Das Problem mangelhafter Altersstufung und ein fehlendes Prinzip der Passung zeigen sich allerdings schon weitaus früher: „Wenn in der siebten Klasse über Werte und Prinzipien; Maximen, Rollen und Normen gesprochen wird, dann ist das etwa so sinnvoll wie das Pauken von grammatikalischen Regeln mit Fünfjährigen unter der Annahme, sie würden dadurch das korrekte Sprechen lernen."[115] Auch „eine Wertediskussion kann man in der siebten Klasse nicht wirklich führen."[116] Es gilt zudem keineswegs als bewiesen, dass der Mensch – wie in unserer Gesellschaftskonzeption – von fünf bis fünfzehn (bzw. fünfundzwanzig) lernt, um dann ausgelernt mit diesem Wissen und den entsprechenden Fähigkeiten durch die „restliche" Lebenszeit zu kommen. Diesem borniert-beibehaltenden Denken steht allein schon die schwierige Entwicklungsphase der späteren Pubertät im Weg – oder um es von der positiven Seite her zu betrachten: Man kann als Fünfundvierzigjähriger viel mehr dazulernen, weil man sein neu akquiriertes Wissen bereits in viele erkannte Zusammenhänge einordnen kann: „Für viele ist das Alter zwischen dreißig und vierzig Jahren zum Lernen weit geeigneter, weil man die Dinge auch versteht, anstatt sie nur auswendig zu lernen, und häufig ist auch das Allgemeininteresse in späteren Jahren größer als in der stürmischen Periode der Jugend."[117]

Die Uhr tickt, doch was macht ein Kind? Statt zu denken, zu schreiben und zu handeln, beginnt diese Schülerin während der Probe zu beten:

3. Die Schulzeit

> *kein schöner Anblick! Die Lehrkraft wartet kurz ab, dann wird das Kind ermahnt, doch endlich mit dem Schreiben zu beginnen.*

Betzwänge zählen zum Formenkreis der Zwangserkrankungen, in diesem Fall der Gedankenzwänge. Sicherlich ist dieses Kind nicht entsprechend psychisch krank. Wenn aber bei jemand eine diesbezügliche Disposition vorliegt, dann kann die Schule hierbei durchaus als Katalysator wirken und eine solche Anlage langsam zur Realität werden lassen.[118]

In Prüfungen ist es inzwischen – ob nun mit oder ohne gefalteten Händen – längst üblich geworden, dass sich manche einen individuellen Vorteil zu verschaffen suchen: Man erkundet dazu beispielsweise im Vorfeld, welche Fragen bevorzugt gestellt werden oder übt sich im „Spicken" und Abschreiben: ein solches schulisch erworbenes Wissen über die Handhabung von „sanftem" Betrug ist jedoch nichts anderes als die erneute Realisierung eines pervertierten Markteting-Charakters im Bildungswesen. So, wie man später womöglich im Beruf vorankommt, werden diese (Un-)Tugenden bereits in der Ausbildung vorweggenommen und dabei die Charakterbildung in eine völlig falsche und asoziale Richtung gelenkt.

Ein überzogener Leistungsdruck in den Schulen führt bei Kindern als Kompensation darüber hinaus oftmals zu einem fluchtpunktartigen Abgleiten in die Richtung der Phantasie. Eine solche zur notwendigen Methode gewordene Realitätsflucht zeigt sich bei Kindern z.B. im Bevorzugen von evasorischem Lesen – sie flüchten dabei vor dem Leistungsdruck in Traumwelten oder inzwischen immer mehr in die digitale Abhängigkeit: „Wir setzen unsere Kinder einerseits einem zu großen Leistungsdruck aus und lassen sie andererseits ihre Zukunft verspielen."[119]

Der Leistungsstress betrifft aber nicht nur die Kinder selbst – er überträgt sich auch auf ihre Eltern. Doch Menschen, die unter Stress stehen, sind grundsätzlich nicht zu rationalem Denken fähig und tendieren deshalb in schwierigen Situationen oft dazu, eindimensionale und schnelle, einfache und bisweilen radikale Lösungen zu präferieren.[120] Die einseitige Konzentration auf einen verengten Leistungsbegriff führt zudem dazu, dass sich viele Kinder und Jugendliche ausgeschlossen fühlen. Besonders die psychische Gesundheit ist beispielsweise auch eine Leistung, welche aus Gründen eines abstrahiert-fehlverstandenen Leistungsbegriffes oft vergessen bzw. gar verwehrt wird.[121]

Anmerkungen

1   Türkisches Sprichwort zit. nach Pawlak, M.: Zitate von A bis Z Herrsching 1989, S. 128

2   Betschart, M.: Ich weiß wie du tickst. München 2013, 3. Aufl., S. 117
3   Petri, H.: Das Drama der Vaterentbehrung München 2011, S. 54f.
4   Winterhoff, M.: Lasst Kinder wieder Kinder sein! München 2014, 3. Aufl., S. 12
5   Precht, D.: Anna, die Schule und der Liebe Gott Der Verrat des Bildungssystems an unseren Kindern München 2015, S. 91
6   Fromm, E.: Wege aus einer kranken Gesellschaft. München 2014, 14. Aufl., S. 149f.
7   Spitzer, M.: Lernen Gehirnforschung und die Schule des Lebens Heidelberg 2006, Nachdruck 2014, S. 198
8   Precht, D.: Anna, die Schule und der Liebe Gott Der Verrat des Bildungssystems an unseren Kindern München 2015, S. 93
9   Te Wildt, B.: Digital Junkies Internetabhängigkeit und ihre Folgen für uns und unsere Kinder München 2016, S. 142
10 Betschart, M.: Ich weiß wie du tickst. München 2013, 3. Aufl., S. 117
11 Sarrazin, T.: Wunschdenken München 2016, S. 266
12 Vgl. Reich, W.: Charakteranalyse Köln 2010, S. 214
13 Fromm, E.: Die Seele des Menschen. Nördlingen 2016 S. 66
14 Selbst im informellen Bereich sind wir oft nicht besonders objektiv, denn uns unterlaufen Fehleinschätzungen: So ist ein Kind, das mit bunten Fingerspitzen von der Schule nach Hause kommt, nicht zwangsweise unordentlich. Es kann z.B. gegenüber seiner Klasse als Vergleichsgruppe feinmotorische Defizite aufweisen, weil es nicht gelingt, den Stift „sauber" in die Kappe einzuführen.
15 Schweizer Arbeitskreis Erich Fromm In: Rundbrief an die Mitglieder der Erich Fromm-Gesellschaft Juli 2017, S. 23
16 Berger, J. zit. nach Beaudrillard, J. zit. nach Borgards, R. Köhring, E. und Kling, A. (Hrsg.): Texte zur Tiertheorie Stuttgart 2015, S. 175
17 Selbst nach Jahrzehnten können längst neutral gewordene Reize wieder auslösend reaktiviert werden.
18 Fromm, F.: Über die Liebe zum Leben. München 1986, S. 93
19 Vgl. Pfäfflin, F.: Die Möglichkeiten und Grenzen der Psychotherapie im Straf- und Maßregelvollzug. In: Fromm Forum 12/2019, S. 35
20 Vgl. Birbaumer, N.: Dein Gehirn weiß mehr, als du denkst Berlin 2014, 5. Auflage, S. 30 Besonders der Bereich von Primärtrieben, insbesondere der Sexualität, gilt als geeignet für Konditionierungen.
21 Vgl. Birbaumer, N.: Dein Gehirn weiß mehr, als du denkst Berlin 2014, 5. Auflage, S. 11
22 Doidge, N.: Neustart im Kopf Wie sich unser Gehirn selbst repariert Frankfurt am Main 2008, S. 199
23 Doidge, N.: Neustart im Kopf Wie sich unser Gehirn selbst repariert Frankfurt am Main 2008, S. 76
24 Gruen, A.: Der Verlust des Mitgefühls München 2016, 11. Aufl., S. 143
25 Riemann, F.: Grundformen der Angst München 2017, S. 154
26 Hebb, D.O. zit. nach Fromm, E.: Die Pathologie der Normalität. München 2014, 5. Aufl., S. 151, Vgl. Hebb, D.O. zit. nach Fromm, E.: Die Kunst des Lebens Freiburg im Breisgau 2014, S. 61
27 Doidge, N.: Neustart im Kopf Wie sich unser Gehirn selbst repariert Frankfurt am Main 2008, S. 92
28 Althaus, D., Niedermeier, N.: und Nieschken, S.: Zwangsstörungen Wenn die Sucht nach Sicherheit zur Krankheit wird München 2013, 2. Aufl., S. 216 In

3. Die Schulzeit

meinen Büchern zum Thema Sport habe ich stets darauf hingewiesen, dass das Neuro-Enhancement einen starken Einfluss auf die Performanz ausübt und ebenso festgestellt, dass dies kein spezifisches Problem des Sports allein ist: ob es nun Beruhigungsmittel oder Beta-Rezeptorenblocker sein mögen – die Leistung in Anstrengungs- und Prüfungssituationen unserer Bildungslandschaft kann damit zu besseren Resultaten hin beeinflusst werden. Vgl. Heinze, A.: Leistungsfaktor Sport Stuttgart 2018, S. 127ff.

29 Althaus, D., Niedermeier, N.: und Nieschken, S.: Zwangsstörungen Wenn die Sucht nach Sicherheit zur Krankheit wird München 2013, 2. Aufl., S. 73
30 Zumal auch ein gewisses Schuldgefühl bei den Eltern auftreten kann – sei es wegen der weitergegebenen Gene oder auf Grund einer womöglich falschen Erziehung; schließlich ist keine Erziehung einhundertprozentig richtig und fehlerfrei! Man ist dann ganz schnell beim sogenannten „Schreikind" angelangt, was manchmal als Beleg dafür eingesetzt wird, dass „alles bereits im Kinde drinnen" gewesen wäre. Dabei sind aber auch erziehliche Artefakte denkbar, denn Schreibabys werden von ihren Eltern womöglich besonders oft und heftig geschüttelt, sodass die später auftretenden Konzentrationsprobleme und Lernschwierigkeiten auch durch erzeugte neurologische Schäden infolge dieser Gewalteinwirkung entstanden sein können. Vgl. Birbaumer, N.: Dein Gehirn weiß mehr, als du denkst Berlin 2014, 5. Auflage, S. 203
31 Bitte hier keine falschen Schuldzuweisungen anführen: Nicht ein Kinderarzt, der Ritalin verschreibt, ist der „Böse" – sondern eine Erziehungsgesellschaft und ein marktkonform gedachtes Ausbildungssystem wären die wesentlichen und tatsächlichen Kritikpunkte, wo es anzusetzen gilt.
32 Winterhoff, M.: SOS Kinderseele München 2013, 4. Aufl., S. 11
33 Precht, D.: Anna, die Schule und der Liebe Gott Der Verrat des Bildungssystems an unseren Kindern München 2015, S. 210
34 Bauer, J.: Arbeit Warum sie uns glücklich oder krank macht München 2015, S. 189 „Einem" wurde vom Verf. ergänzt.
35 Vgl. Lauster, P.: Lassen Sie der Seele Flügel wachsen Wege aus der Lebensangst Reinbek bei Hamburg 2003, S. 50f.
36 Vgl. Johach, H.: „Der Mensch ist kein Ding!" Chancen und Grenzen einer therapeutischen Beziehung In: Meier, J. und Bremer, F.: Der Mensch ist kein Ding! Neumünster 1996, S. 113ff.
37 Te Wildt, B.: Digital Junkies Internetabhängigkeit und ihre Folgen für uns und unsere Kinder München 2016, S. 289
38 Vgl. PNP vom 30.11.2020, S. 27
39 Te Wildt: Digital Junkies Internetabhängigkeit und ihre Folgen für uns und unsere Kinder München 2016, S. 151
40 Spitzer, M.: Die Smartphone Epidemie Gefahren für Gesundheit, Bildung und Gesellschaft Stuttgart 2019, 3. Aufl., S. 34
41 Vgl. Spitzer, M.: Die Smartphone Epidemie Gefahren für Gesundheit, Bildung und Gesellschaft Stuttgart 2019, 3. Aufl., S. 96
42 Winterhoff, M.: SOS Kinderseele München 2013, 4. Aufl., S. 136
43 Winterhoff, M.: SOS Kinderseele München 2013, 4. Aufl., S. 141
44 Winterhoff, M.: SOS Kinderseele München 2013, 4. Aufl., S. 14
45 Vgl. Althaus, D., Niedermeier, N.: und Nieschken, S.: Zwangsstörungen Wenn die Sucht nach Sicherheit zur Krankheit wird München 2013, 2. Aufl., S. 216
46 Reich, W.: Charakteranalyse Köln 2010, S. 598

47 Riemann, F.: Grundformen der Angst München 2017, S. 154
48 Fromm, E.: Authentisch Leben 2011, 7. Aufl., S. 78
49 Auch das besitzanzeigende Fürwort („mir") wird von Menschen, die an Verlustängsten leiden, häufig eingesetzt – nicht selten reaktionsbildend als „dein Buch" oder „dein Auto", damit diese in unserer Gesellschaft als egoistisch verpönte Einstellung dahinter nicht so direkt auffällt.
50 PNP vom 27.3.2018, S. 2
51 Meidinger, H.-P. In: PNP vom 27.3.2018, S. 2
52 Precht, D.: Anna, die Schule und der Liebe Gott Der Verrat des Bildungssystems an unseren Kindern München 2015, S. 71
53 Herold, P.L.: Bigger than Life München 2018, S. 69 Wem dieser Satz nicht gefallen darf, denjenigen bitte ich schlichtweg, sich einmal die Biografie des genannten Autors etwas näher anzusehen.
54 Allerdings stellen wir heute ebenso Folgendes fest: „Die Sparpolitik im Erziehungs- und Bildungssystem, soweit sie die Sozialisation von der frühen Kindheit bis zur Pubertät betrifft, konterkariert alle positiv bewerteten Entwicklungen in der Kinder- und Jugendhilfe und im Gesundheitswesen." Petri, H.: Das Drama der Vaterentbehrung München 2011, S. 187 Das letzte „und" wurde vom Verfasser eingefügt.
55 Vgl. Bayerische Schule 5/2017, S. 11
56 „Interessant ist jedenfalls der logische Bruch, den man bei vielen „fortschrittlichen" Bildungsforschern beobachten kann: Einerseits soll das Lernen mit Begabten die Unbegabten fördern, andererseits wird heftig bestritten, dass das Lernen mit Unbegabten den Lernfortschritt beeinträchtigen könne." Winterhoff, M.: SOS Kinderseele München 2013, 4. Aufl., S. 115
57 Es zeigt sich, dass die Phänomene der Sexualität während der Kleinkindheit eine regelmäßige Steigerung erfahren und gegen Ende des fünften Lebensjahres einen Höhepunkt erreichen. Vgl. Freud, S.: Das Unbehagen in der Kultur In: Freud, S.: Gesammelte Werke Köln 2014, S. 955
58 Mancher Erziehungswissenschaftler spricht dabei sogar von einer Musterung der Kinder.
59 Osterfeld, G.: Pädagogische Aspekte im Werk von Erich Fromm. Wiss. Diss. Bonn 2009, S. 217
60 Doidge, N.: Neustart im Kopf Wie sich unser Gehirn selbst repariert Frankfurt am Main 2008, S. 294
61 Geschrieben vor der Corona-Pandemie.
62 So stehen Außenseiter in vielen Fällen sogar später als Erwachsene – etwa bei Klassentreffen – noch immer in diesem abseitigen Status.
63 Petri, H.: Das Drama der Vaterentbehrung München 2011, S. 118, S. 120ff.
64 Bei dieser noch gleichgeschlechtlichen Freundeswahl, die auf einer latent im Menschen angelegten homoerotischen Komponente beruht, wird dieser Aspekt hinsichtlich einer gewissen Grenze der freundschaftlichen Nähe unter dem Diktat kultureller Normen zurückgedrängt.
65 Vgl. Türkisches Sprichwort zit. nach Pawlak, M.: Zitate von A bis Z Herrsching 1989, S. 103
66 Te Wildt, B.: Digital Junkies Internetabhängigkeit und ihre Folgen für uns und unsere Kinder München 2016, S. 142
67 Gruen, A.: Der Verlust des Mitgefühls München 2016, 11. Aufl., S. 36

3. Die Schulzeit

68 Bluvol, H. zit. nach Gruen, A.: Der Wahnsinn der Normalität. München 2011, 17. Aufl.., S. 104
69 Besonders in Deutschland besteht – wie die Zeitgeschichte lehrt – die Gefahr, dass es dabei früher oder später zu einem Sortieren um des Sortierens Willen kommen kann.
70 Frankl, V.: Trotzdem Ja zum Leben sagen 2017, 9. Aufl. S. 30
71 Es gibt bei Eltern heute die – oft auch nur vorgeschobene – Tendenz, ihre Kinder selbst als noch nicht einmal Zehnjährige über ihren künftigen schulischen und damit indirekt bereits auch beruflichen Lebensweg entscheiden zu lassen. Autofahren mit achtzehn, aber den Lebensweg mit lediglich halb so kleiner „Lebenserfahrung" festlegen?
72 Precht, D.: Anna, die Schule und der Liebe Gott Der Verrat des Bildungssystems an unseren Kindern München 2015, S. 95
73 Vgl. PNP vom 27.7.2018, S. 8
74 Winterhoff, M.: SOS Kinderseele München 2013, 4. Aufl., S. 114
75 Meidinger, H.-P.: Lehrerpräsident kritisiert zu gute Noten (sic.) In: PNP vom 5.3.2018, S. 10
76 PNP vom 6.3.2018. S. 12
77 Meidinger, H.-P.: Lehrerpräsident kritisiert zu gute Noten In: PNP vom 5.3.2018, S. 10
78 Kraus, J.: Wir betrügen Schüler. In: PNP vom 6.3.2018. S. 12
79 Winterhoff, M.: SOS Kinderseele München 2013, 4. Aufl., S. 121
80 Precht, D.: Anna, die Schule und der Liebe Gott Der Verrat des Bildungssystems an unseren Kindern München 2015, S. 122
81 Vgl. Meidinger, H.-P. in PNP vom 27.7.2018, S. 8 Wie bereits angesprochen: Die absoluten Zahlen sind mit einer gewissen Vorsicht zu genießen, die Tendenz aber dennoch zu beachten!
82 Sarrazin, T.: Wunschdenken München 2016, S. 277
83 Spitzer, M.: Die Smartphone Epidemie Gefahren für Gesundheit, Bildung und Gesellschaft Stuttgart 2019, 3. Aufl., S. 312
84 Precht, D.: Anna, die Schule und der Liebe Gott Der Verrat des Bildungssystems an unseren Kindern München 2015, S. 75
85 Precht, D.: Anna, die Schule und der Liebe Gott Der Verrat des Bildungssystems an unseren Kindern München 2015, S. 80 Bereits 1873 schrieb Friedrich Nietzsche Folgendes über die Bildung: „Ohne Sinn, ohne Substanz, ohne Ziel: eine bloße öffentliche Meinung." Nietzsche, F.: Ecce homo Köln 2007, S. 67
86 Sarrazin, T.: Wunschdenken München 2016, S. 393
87 Vgl. Sarrazin, T.: Wunschdenken München 2016, S. 257
88 Ehrmann, T.: Der gefesselte Professor In: FAZ vom 10.7.2015, zit. nach Sarrazin, T.: Wunschdenken München 2016, S. 277
89 Vgl. Sarrazin, T.: Wunschdenken München 2016, S. 276
90 Vgl. Precht, D.: Anna, die Schule und der Liebe Gott Der Verrat des Bildungssystems an unseren Kindern München 2015, S. 132
91 Vgl. Sarrazin, T.: Wunschdenken München 2016, S. 396
92 Vgl. PNP vom 8.8.2018, S. 1
93 Unsere schulische Notengebung beginnt de facto in der zweiten Jahrgangsstufe, auch wenn die Ziffernnoten dort explizit erst ab dem zweiten Halbjahr ausgewiesen werden und schließlich im Jahreszeugnis prangen – der Begriff „Jahreszeugnis" verrät es schon: Der Beurteilungszeitraum erstreckt sich bereits auf das

gesamte zweite Schuljahr: vom ersten Tag an wird gemessen und protokolliert – nur eben im Geheimen, ohne auf die Transparenz der im Zahlensystem geübten Gesellschaftsmitglieder Rücksicht zu nehmen und auch ohne die Einzelresultate den Kindern oder Eltern als Noten direkt mitzuteilen; auf der Lehrerliste stehen zwar die Schulnoten – als solche ausgegeben werden sie jedoch nicht. Gegebenenfalls soll dann ein verklausuliertes Sonnensymbol die Noten repräsentieren: die Sonne mit sechs Strichen symbolisiert die Note Eins, mit fünf Strichen die Note Zwei, und so weiter. Die Reaktion der Kinder ist dabei allerdings nicht anders, als würde die Note auf dem Probeblatt stehen: Wer hat sechs Striche bzw. wer hat die Note Eins? Im Prinzip sogar noch schlimmer: schließlich wird so bildhaft dem Entwicklungsstand von Kindern entsprechend knallhart die Widerspiegelung der Leistung bzw. Nichtleistung serviert!

94 Sarrazin, T.: Wunschdenken München 2016, S. 278
95 Und verteidigt seine Illusion der schönen guten und gerechten Welt gegenüber denjenigen, welche sie (angeblich) schöner, besser und gerechter machen wollen. Was für Thilo Sarrazin nicht unbedingt gilt, da er nicht die ganze Welt, sondern „nur" Deutschland im Blick hat.
96 Sarrazin, T.: Wunschdenken München 2016, S. 282
97 Sarrazin, T.: Wunschdenken München 2016, S. 260
98 Erich Fromm kritisierte die Schulen als Fabriken, die Wissenspakete produzieren. Vgl. Fromm, E. zit. nach Osterfeld, G.: Pädagogische Aspekte im Werk von Erich Fromm. Wiss. Diss. Bonn 2009, S. 126
99 Vgl. https://www.google.com/search?client=firefox-b-d&ei=ccaGX7KtGsHKgwf8x6mQDg&q=hochbegabte+anteil&oq=hochbegabte+anteil&gs_lcp=CgZwc3ktYWIQAzIGCAAQFhAeMgYIABAWEB46BAgEEc6BQgAELEDOggIABCxAxCDAToCCAA6BAgAEEM6BQguELEDOgIILlCiFVjaMGD0M2gAcAJ4AIABdYgBwA2SAQQxMy41mAEAoAEBqgEHZ3dzLXdpesgBCMABAQ&sclient=psy-ab&ved=0ahUKEwjyqYGM5LPsAhVB5eAKHfxjCuIQ4dUDCAw&uact=5 Seitenaufruf am 18. 10. 2020 Ich warne aber ausdrücklich davor, die Ergebnisse von Intelligenztests als relevant für Übertrittsentscheidungen an Schulen zu instrumentalisieren! Siehe dazu im Besonderen die Kapitel zum Thema Zahlenwissenschaft in diesem Buch.
100 Fromm, E.: Die Revolution der Hoffnung Gießen 2019, S. 144
101 Diejenigen mit hohem – besonders sozial-moralischem – Intellekt studieren dann eher eine Fachrichtung, wie etwa die Kunstgeschichte oder die inzwischen wieder aufs Abstellgleis geschobene Soziologie und eröffnen womöglich später einmal ein Antiquariat, wie dieses nicht ganz von Ungefähr kommende Klischee vorgibt! Damit ist einerseits der sinkende Stellenwert des so wichtigen Faches – ausgedrückt in einer Reduzierung der Lehrstühle – gemeint, aber ebenso eine fehlende Anerkennung und Berücksichtigung der Forschungsergebnisse im soziopolitischen Bereich. Wie viele Politiker werden heute von Soziologen beraten? Welchen elfenbeinartigen Weg des Intellekts die jungen Denker auch immer einschlagen mögen – den entscheidenden gesellschaftlichen Entwicklungs- und Entscheidungsprozessen fehlen sie jedenfalls!
102 Fromm, E.: Die Revolution der Hoffnung Gießen 2019, S. 52f. Im Originalzitat „College-Absolventen"
103 Wehr, H.: Biophile Alternativen in der Weiterentwicklung der Schule. In: Erich Fromm heute München 2000, S. 107 „Wenn zwei Esel einander unterrichten,

3. Die Schulzeit

wird keiner ein Doktor." Sprichwörtliche Redensart zit. nach Pawlak, M.: Zitate von A bis Z Herrsching 1989, S. 85

104 Vgl. Fromm, E. zit. nach Osterfeld, G.: Pädagogische Aspekte im Werk von Erich Fromm. Wiss. Diss. Bonn 2009, S. 180
105 Vgl. Spitzer, M.: Lernen Gehirnforschung und die Schule des Lebens Heidelberg 2006, Nachdruck 2014, S. 193
106 Vgl. Precht, D.: Anna, die Schule und der Liebe Gott Der Verrat des Bildungssystems an unseren Kindern München 2015, S. 213
107 Birbaumer, N.: Dein Gehirn weiß mehr, als du denkst Berlin 2014, 5. Auflage, S. 44
108 Zudem sollten wir nicht in Vergessenheit geraten lassen, dass der künstlerische Ausdruck und die Lebenskunst der Selbstfindung vieles gemeinsam haben. Vgl. Lauster, P.: Lassen Sie der Seele Flügel wachsen Wege aus der Lebensangst Reinbek bei Hamburg 2003, S. 226
109 Chomsky, N. zit. Nach Müller, M. In: Paparazzi 2/2019, S. 8
110 Fromm, E.: Die Kunst des Liebens. München 2009, 68. Aufl., S. 127
111 Landauer, G. zit. nach Degen, H.J. und Knoblauch, J.: Anarchismus Stuttgart 2008, 2. Auf., S. 148
112 Shakespeare zit. nach Pawlak, M.: Zitate von A bis Z Herrsching 1989, S. 332
113 Ein Vertrösten auf das Später ist im Kern nichts anderes als eine sublimierte Form des Verlagerns auf das Jenseits und damit das Zeichen einer verhüllten Lebensnegierung.
114 Vgl. Kant, I. zit. nach Fromm, E.: Das Menschenbild bei Marx Gießen 2018, S. 69
115 Spitzer, M.: Lernen Gehirnforschung und die Schule des Lebens Heidelberg 2006, Nachdruck 2014, S. 434
116 Spitzer, M.: Lernen Gehirnforschung und die Schule des Lebens Heidelberg 2006, Nachdruck 2014, S. 353
117 Fromm, E.: Wege aus einer kranken Gesellschaft. München 2014, 8. Aufl.; S. 292
118 „Betzwänge haben sich aus der Angst heraus entwickelt. Sobald Gedanken und Befürchtungen in dieser Hinsicht auftreten, betet sie sechsmal das Vaterunser. Sechs ist ihrer Ansicht nach eine gute Zahl." Althaus, D., Niedermeier, N.: und Nieschken, S.: Zwangsstörungen Wenn die Sucht nach Sicherheit zur Krankheit wird München 2013, 2. Aufl., S. 212
119 Te Wildt, B.: Digital Junkies Internetabhängigkeit und ihre Folgen für uns und unsere Kinder München 2016, S. 22
120 Ein Schulwechsel wird dann als „Lösung" – ausgelöst durch Push-Faktoren ergriffen – ohne stattdessen prospektiv die nun entstehende Lernsituation zu durchdenken oder sich wenigstens die Pull-Faktoren anzusehen: das, was einen dort (in diesem Fall eine neue Schule) hinziehen sollte und was auf einen zukommen wird.
121 Und das geschieht in einem Beruf, in welchem 30 Prozent der der Beschäftigten selbst an psychischen Problemen leiden! Vgl. Vereinigung der Bayerischen Wirtschaft (Hrsg.): Burnout im Bildungssystem – Prävention und Intervention in den Ländern. Eine Zwischenbilanz München 2014, S. 7

„Wenige sind weise genug, fördernden Tadel trügendem Lobe vorzuziehen."

François de La Rochefoucauld[1]

4. Das Lernen und die Didaktik

*„Menschen neigen dazu, über ihre Gefühle nachzudenken, anstatt zu fühlen."*²

4.1 Was lernen wir?

Bücher wie „Im Westen nichts Neues!", „Jeder stirbt für sich allein" oder „Brave New World" sollten zur schulischen Pflichtlektüre gemacht werden – auch für Lehrkräfte; denn wir sehen uns heute bereits einer lehrenden Generation gegenüber, welche derartige Bücher nicht mehr gelesen hat.

Was haben sie heute zu Mittag gegessen? Wo waren sie letzten Freitagnachmittag? Wie war vorgestern das Wetter? Welche drei Bücher haben sie zuletzt gelesen? Welche Tonträger haben sie in diesem Halbjahr gekauft? Wann waren sie zum letzten Mal am Meer? Wie oft haben sie schon ein Gipfelkreuz auf einem Berg berührt? Wie oft haben sie diese Woche Sport getrieben? Wann waren sie zuletzt spazieren? Wen haben sie dabei getroffen? Wann haben sie zuletzt jemanden gelobt?

Alle diese Fragen beziehen sich auf unsere Vergangenheit – auf das, was wir gelernt haben. Manches bleibt kurz im Gedächtnis und wird wegen seiner geringen Relevanz wieder gelöscht, anderes verschieben wir ins Unterbewusste – vieles merken wir uns aber auch, weil es bedeutsam war. Vieles wiederum vergessen wir deshalb, weil zu selten danach gefragt wird.

Besonders Kinder stellen bekanntlich viele Fragen, weil sie etwas dazulernen wollen: „Dem Kind ist es wichtig, dass man seine Fragen ernst nimmt, und in ihm verständlicher Weise beantwortet; ausweichende Antworten aber geben ihm das Gefühl, es habe kein Recht, nach diesen Dingen zu fragen."³ Die kindliche, von Eltern sogenannte und oft wirsch abgewürgte „Warum-Phase" sollte eigentlich ein ganzes Leben andauern dürfen! Ein Kind „kann nur zu sich selbst finden, wenn es selbst sein darf, wenn es „dumm" fragen darf (dumm im Sinne der Eltern), wenn es Erfahrungen machen kann, die die Eltern ängstigen (aber nicht das Kind), wenn es mit seinen Sinnen und seinem Denken frei experimentieren kann, kurz, wenn es individuell und schöpferisch sein darf."⁴

Das individuelle Lernen müsste dabei idealerweise immer ganzheitlich erfolgen; eine Trennung in einzelne Teilbereiche mag dem Verständnis eines separierenden Gesellschaftscharakters dienlich sein – hingegen für Kinder, die noch weitgehend integriert denken (wie es schließlich unserer Natur entspricht), ist eine solche Aufspaltung alles andere als hilfreich. Wird eine solche aufteilende Lernstruktur, welche bestenfalls eine Eingangshilfe zum Verständnis komplexer Zusammenhänge sein kann, jedoch verabsolutiert, dann denkt der Lernende folglich in den eingeführten Kategorien weiter so, als gäbe es stets ein Entweder/Oder.

Die ganzheitliche Haltung betrifft einerseits die Inhalte, andererseits aber auch das Wie des Lernens: die Methodik. So existiert in der Unterrichtsrealität beispielsweise überhaupt kein extrinsisches (außengeleitetes) oder intrinsisches (innengeleitetes) Lernen. Tatsächlich besteht Lernen immer gleichzeitig aus Anteilen der beiden Strukturmöglichkeiten. Es verhält sich dabei nicht anders als wie mit dem Verhältnis von der Biophilie zur Nekrophilie: Beides spielt stets eine Rolle, jedoch zu jeweils unterschiedlichen Anteilen, denn die Reinform einer extremen Ausprägung kommt äußerst selten vor – dafür ist das Leben schlichtweg zu komplex!

Entfremdete Inhalte sowie eine weitgehend digitalisierte Irrealität schreiten schier unaufhaltsam voran (Kinder sind erst ab einem Alter von etwa acht Jahren in der Lage, Realität und Fiktion sicher voneinander zu unterscheiden)[5] und die Form wird zudem oftmals als wichtiger als der Inhalt betrachtet; dabei finden wir in der sogenannten Praxis kaum manuelles Tun und einen fehlenden direkten Umgang mit der Sache und den Lerngegenständen, die tatsächlich gar keine solchen mehr sind. Trotz eines immer noch gängigen Begriffes, wie etwa „Realschule", hat diese – wie auch alle anderen Schularten – mit den ursprünglich zum Begriff führenden „Realien" als Unterrichtsinhalten nicht mehr viel gemeinsam; besonders dann, wenn wie heute die Virtualität mehr als nur Eingang in die Schulen findet. „Lernziele und Ziele des Lernens werden den Unterrichtenden wie den Unterrichteten vorgegeben und zentral gesteuert und die Intellektualität wird auf das Memorieren reduziert."[6] Eine solche angesprochene Entfremdung von einem ganzheitlichen realitätsbezogenen Denken neigt aber zu einer zu einseitigen Beanspruchung unseres Denkvermögens – diese besondere Nutzung einzelner Hirnareale führt dazu, dass das nutzungsabhängige plastische Potenzial des menschlichen Gehirns für die betreffenden Aufgaben neuronaler Netzwerke dichter, komplexer und größer wird.[7] Entsprechend Gegenteiliges gilt für die Minder-Benutzung anderer Areale (wie etwa für die Schulung und Nutzung des kreativen Potenzials), welche ihre Funktion ungenutzt verlieren und wir als Menschen damit die entsprechenden Fähigkeiten. Was hilft es also, „dass es bei uns so gut wie keine Analphabeten mehr gibt, dass die

4. Das Lernen und die Didaktik

höhere Schulbildung so weit verbreitet ist wie nie zuvor, wenn wir keine Möglichkeit haben, unserer Gesamtpersönlichkeit kollektiv Ausdruck zu verleihen?"[8]

„Jeder hat das Lesen in der Schule irgendwie gelernt!" – wenn auch auf unterschiedlichen Wegen, denn alle Wege führen bekanntlich nach Rom – so sagt man; tatsächlich aber geht es um den psychischen Wegzoll der dabei entrichtet werden muss: darum, in welchem Zustand man in Rom ankommt und wie lange jemand dafür gebraucht hat. Vor allem aber zählt, ob sich jemand nochmals auf eine solche Reise begeben wird – sprich: Wer das Lesen nur unter großen Mühen gelernt hat, wird davon in Zukunft eher Abstand nehmen – meist sogar sehr großen. Wir sollten uns daher als Richtziel nicht nur setzen, das Lesen zu lernen, sondern vielmehr das Lesen schätzen zu lernen!

Wenn ein Kind schwimmen lernt, dann geht es auch nicht allein darum, dass es die Technik beherrscht, sondern vielmehr darum, dass es sich im Wasser wohl und sicher fühlt. Ein Kind, das nur die Technik einigermaßen verstanden hat, aber wasserscheu geblieben ist, wird nicht oft freiwillig zum Schwimmen gehen. Beim Lesen – und vielen weiteren Lerninhalten – verhält es sich nicht anders.

Dauerhaftes und nachhaltiges Lernen erfordert ein integratives Lernen als Contidtio sine qua non (notwendige Bedingung) und kein abstrakt gegliedertes formaldidaktisches Vorgehen nach Schema Eff. Der Grund für das oftmalige Festhalten an einem überkommenen und längst nicht mehr der Lebenswirklichkeit entsprechenden zerstrukturierenden Vorgehen liegt hauptsächlich im Wesen des Bürokratischen begründet; denn Menschen und ihre Arbeit lassen sich am besten versachlichen, vereinzeln und ebenso kontrollieren, wenn man dezidert Punkt für Punkt notiert und abarbeitet. Ein Beispiel dafür, dass heutzutage das Denken des Bürokratismus nicht für die Schulrealität – namentlich die Kinder –, sondern umgekehrt die Schule für die Bürokratie da zu sein scheint: „Eine überbordende Ministerialbürokratie erstickt an den Schulen jegliche Eigeninitiative von Lehrern und Direktoren."[9]

Das menschliche Gehirn der Lernenden funktioniert trotzdem nicht dementsprechend, weil wir uns beispielsweise Einzelnes und Konkretes besser merken können als Allgemeinheiten.[10] Ein weiterer Grund für eine falsche methodische Gewichtung von Lerninhalten ist nicht selten bereits den verwendeten Unterrichtwerken zuzuschreiben. Sprachbücher beispielsweise gewichten alle Themen in ihrer Sequenzorientierung im

Umfang weitgehend ähnlich, was jedoch der Lebensrelevanz keineswegs entspricht.[11]

4.2 Gut gewählte Lerninhalte?

Bildung ist nicht das Befüllen eines Eimers, sondern das Entzünden eines Feuers.[12]

Wir wissen heute noch nicht, was ein Mensch im Jahr 2050 wissen und können muss, um sein Leben zu meistern. Die Diskussion bezogen auf schulische Lerninhalte sollte deshalb nicht bei großen Interessensgruppen ansetzen, sondern demgegenüber bei den Interessen und Bedürfnissen junger Menschen.[13] Sämtliche Lerninhalte sollten sich in jedem Fall neu, interessant und unverbraucht anfühlen sowie der wahren kindlichen Lebenswelt entstammen und einer prosperierenden Zukunft von Kindern entgegenkommen – einige Gegenbeispiele mögen diese Notwenigkeit im Detail verdeutlichen:

Als ich vor 20 Jahren an einem Schulbuch mitarbeitete, gab es dabei ein aufschlussreiches Ereignis. Zum Verständnis ist vorab anzumerken, dass es sich dabei so verhält, dass der Autor dem Grafiker zur Illustration konkrete Vorschläge macht. In diesem Fall wurden fünf Kinder auf einer Zeichnung gruppiert: ein Kind im Rollstuhl, ein Kind mit dunkler Hautfarbe und einem „türkisch klingenden" Namen, zwei Mädchen und ein blonder Junge. Von der Prüfungskommission wurde dies so jedoch nicht akzeptiert: Der blonde Junge wurde geschwärzt und erhielt einen übertrieben exotischen Namen.

In einer Fibel für Erstleser werden sechs Kinderwünsche präsentiert, zwei davon lauten: „Ich möchte als Verkäuferin arbeiten, damit ich Geld zum Leben verdiene!" bzw. „Ich träume davon, so viel Geld zu haben, dass ich mir alles kaufen kann!" Sollte sinnigerweise nicht besser ein derartiger Unsinn zensiert werden?[14]

„In 61 % zeigen die Schulbuchautoren eine Bewunderung für strenge Disziplin, „große" Persönlichkeiten wie Hitler, Mussolini, Dollfuß, Schuschnigg, Renner."[15]

„Das Oktoberfest im Wandel der Zeit" lautet das Unterrichtsthema der Sequenz eines etablierten Sachkundebuches zum Lernbereich Geschichte in der zweiten (!) Jahrgangsstufe.[16]

4. Das Lernen und die Didaktik

Sollten wir uns nicht geschichtlich relevanteren Inhalten – besonders in Deutschland! – zuwenden als sich dem „Mia san mia"-Kommerzialismus gegenüber anzubiedern und nun auch noch im Bildungsbereich auf diesen nach Nirgendwo fahrenden Zug der in Übersee sogenannten White Trash-Kultur aufzuspringen?

Vergleichbares findet man in der Bewegungserziehung: Anstatt den physiologisch begründeten und notwendigen Forderungen der täglichen Sportstunde zu entsprechen, wird stellvertretend mit Bewegungsübungen im Klassenzimmer nichts erkennbar anderes als eine Art von „Bierzeltgymnastik" propagiert. Schulkinder werden dabei aber bereits auf ein oberflächliches Tun konditioniert, welches die Musik als Gaudi und Soundtrack zum „Herumgehampel" versteht.[17] Musische, künstlerische und sinnvolle Bewegungserziehung bzw. geisteswissenschaftliche und humanistische Bildung meinen allerdings etwas davon diametral Unterschiedliches: „Wir werden Zeugen davon werden, wie die Politik dem Moloch Wettbewerbsfähigkeit alle kulturellen Errungenschaften opfert, auf die wir bis vor kurzem noch stolz gewesen sind: den Sonntag und die Solidarität, die Selbstbestimmung, die Demokratie und die humanistische Bildung."[18]

Der Lernbereich Rechtschreiben – um einen weiteren konkreten Lerninhalt zu nennen – lässt sich bekanntlich nicht in einem 1:1 Verhältnis abbilden, was die Regeln und sprachlichen Entsprechungen betrifft. Ursächlich orientiert sich unsere Rechtschreibung ohnehin am empirischen Sprachgebrauch: Gibt es eine neue Entwicklung im Sprachleben der Bevölkerung, dann wird dieser im daran orientierten Sprachkodex entsprochen und nicht umgekehrt: zuerst die Sprache, dann als Folge die Regel! Dass jedoch die Regel gerne über alles gestellt wird, hat auch einiges mit einem inzwischen erneut schwindenden demokratischen Denken zu tun; von den derart konditionierten Menschen wird ihrerseits erwartet, dass – wie etwa im Straßenverkehr – für jede Situation ein Verhaltenskodex existieren müsste. Doch nicht einmal dort verhält es sich so.[19] Auch die langjährig konträr geführte Diskussion um die Rechtschreibreform hat letztlich gezeigt, „dass sich auch die Prinzipien des Schreibens im Grunde nicht „von oben" diktieren lassen."[20] Die sogenannte „neue" Rechtschreibung hat zudem ein Jahrzehnt lang als formale Nichtigkeit eine fachlich sinnvolle Diskussion über tatsächlich relevante zentrale Bildungsinhalte blockiert. Damit stets verbundene Haarspaltereien samt einer sogar notwendig gewordenen Reform der Reform schafften erwarteterweise lediglich marginale Verbesserungen und unnötige Nebenschauplätze lenkten dabei vom Wesentlichen – nämlich dem Inhalt des schriftlich Verfassten – ab; es wurde immer wieder um des Kaisers Bart gestritten und über Nichtigkeiten diskutiert, z.B. wie man nun das Wort „Igel" zu trennen habe. Doch ein Wort wie „I-gel" überhaupt zu trennen, ist eigentlich schon etwas bedenklich: Kinder sollten vielmehr allmählich erlernen, vorauszudenken und sich den Platz auf dem Schreibblatt einzuteilen: zugleich auf Form, Inhalt und verschiedene Rechtschreibvorgaben zu achten, stellt schließlich eine Mehrfachanforderung dar, welche Kinder (und ebenso Erwachsene) stark fordert. Zum nochmaligen Vergleich mit dem Kerninhalt schulischen Lernens: Auch das Lesen zu erlernen bedeutet bekanntlich nicht allein das mechanische Synthetisieren von Buchstaben, sondern immer auch das aktive Mitdenken!

Wenn man jemandem etwas erklärt, dann liegt die große Kunst dabei ohnehin nicht darin, der Sache allein gerecht zu werden – sondern sich zusätzlich auf die Ebene des Empfängers zu begeben, dessen Erwartungshaltung zu ergründen und ihn zu verstehen.

Neben der Sprachwissenschaft und der Rechtschreibung ist es die angewandte Sprache der Literatur, welche im Deutschunterricht den Schülern nahegebracht werden sollte. Es klingt natürlich gut, wenn jemand deshalb fordert, dass Schüler mindestens einen großen Klassiker der Literaturgeschichte gelesen haben sollten – doch was man nicht freiwillig tut, sondern nur deshalb, weil man muss, wird zumeist wenig nachhaltige Wirkung zeigen. Zudem geht es nicht primär um das Lesen allein, sondern vielmehr um das Verstehen! Wenn dreißig Menschen denselben Klassiker lesen, wird er selbst bei Erwachsenen nicht alle davon auf dieselbe Weise ansprechen.[21] Zur Schulzeit müssen viele Pennäler immer wieder Lektüren lesen, die sie als Jugendliche überhaupt nicht ansprechen. Wenn man Menschen allerdings dazu zwingt, etwas zu lesen, was ihnen überhaupt nicht gefällt, dann werden diese im Allgemeinen die Lust am Lesen verlieren.

Wir müssen also den Kindern das Lesen, das Schreiben, das Rechnen, das Singen, den Instrumentalunterricht, das Turnen, das Schwimmen, das Skifahren sowie das Radfahren und darüber hinaus noch vieles mehr ermöglichen. Sie können dann selbst einmal auswählen, was sie davon weiterbetreiben, intensivieren und vielleicht sogar einmal zum Beruf machen werden.

4. Das Lernen und die Didaktik

4.3 Die Bildungskultur der Postmoderne im Land der Dichter und Denker

"Du Land des hohen ernsteren Genius!
Du Land der Liebe! Bin ich deine schon,
Oft zürnt ich weinend, dass du immer
Blöde die eigene Seele leugnest."[22]

Die bemerkenswerte und offenkundige Entwicklung, dass Deutschland als das ehemalige Land der Dichter und Denker seine eigene Historizität der Hochkultur heutzutage weitgehend ignoriert, banalisiert oder so manches Mal sogar regelrecht mit Füßen tritt, indem eine Kommerzkultur an deren Stelle gesetzt wird, ist weit über den kulturellen Bereich hinaus ein degenerativer Schritt in Richtung „Untergang des Abendlandes" – und dies in einer Form, wie sie nicht einmal Oswald Spengler voraussehen konnte: „Falls es uns nicht gelingen sollte, die Vision eines reinen Lebens lebendig zu halten, so besteht allerdings die Wahrscheinlichkeit, dass unsere gesamte kulturelle Tradition zusammenbricht. Diese Tradition gründet sich nicht in erster Linie auf die Übermittlung bestimmter Arten von Wissen, sondern auf die Weitergabe bestimmter menschlicher Wesenszüge. Wenn die kommenden Generationen diese Wesenszüge nicht mehr vor Augen haben, wird eine fünftausendjährige Kultur zusammenbrechen, selbst dann, wenn ihr Wissen auch weiterhin gelehrt und weiterentwickelt wird."[23]

Einen Maßstab unseres Schaffens ergibt immer die Betrachtung aus Sicht der Metaebene: Was soll einmal von unserer gegenwärtig gelebten Zeit kulturell übrigbleiben? Welche Leistung gilt als die besondere oder gar einzigartige unserer Epoche? Welche großen Dichter oder Denker bringen wir heute hervor? Was schaffen wir an Überdauerndem? Was wird von uns architektonisch Großartiges gebaut und welche bedeutenden Werke komponiert? Welche Spitzenleistungen abseits von Kapitalakquirierung und ökonomischer Optimierung werden tatsächlich erbracht? Was finden wir heute noch, das „so breit und tief zu Ohr und Herz des Volkes gefunden, was so zum inneren Besitz der Nation geworden wäre, wie Schillers Balladen und viele seiner Gedichte?"[24] Was haben wir heutzutage kulturell wenigstens bewahrt?

„Es ist die große amerikanische Tragödie, dass die elektronischen Medien, indem sie die Tür zum Lesen zugeschlagen haben, die Kinder und ihre Eltern dieses alternativen Weltbildes beraubt und sie schutzlos der erniedrigenden elektronischen Ideologie des Einkaufens und Ausgebens ausgesetzt haben,

wonach alle Kulturen – einschließlich der Kultur der Kindheit – als Märkte und alle Menschen als Marktteilnehmer definiert werden."[25]

Die „Kultur heute schlägt alles mit Ähnlichkeit. Film, Radio, Magazine machen ein System aus. Die augenfällige Einheit von Makrokosmos und Mikrokosmos demonstriert den Menschen das Modell ihrer Kultur: die falsche Identität von Allgemeinem und Besonderem. Alle Massenkultur unterm Monopol ist identisch."[26] Wir werden heute nicht nur kulturell zunehmend mit Quantität überfordert und verzichten dabei immer mehr auf die Qualität. Bereits die antike Theorie hatte „ausgesprochen, dass die meisten Menschen ihr Dasein mit der Besorgung der Lebensnotwendigkeiten verbringen müssen, während ein kleiner Teil sich dem Genuss und der Wahrheit widmet."[27] Heute jedoch könnten wir kulturellen, wirtschaftlichen und moralischen Wohlstand für alle bewirken – wenn wir nur wollten: Aber wollen wir das überhaupt noch?

„Die Heroisierung der Durchschnittlichen gehört zum Kultus des Billigen."[28]

4.4 Humankapital: Lehrsituationen und Lerngeist

„In den ausgewiesenen Fehlhaltungen der Eltern dem Kind gegenüber ist immer auch ein Stück Gesellschaftskritik mit enthalten."[29]

Für die Aussage, „die Schule sei für die Schüler da!", wird man heute zwar noch nicht „gesteinigt", aber besonders gut kommt sie inzwischen auch nicht mehr an. Fügt man vielleicht noch den Satz hinzu „die Schule sei nur für die Schüler da – und nicht umgekehrt", dann erzeugt man damit schon eine gewisse Hab-Acht-Haltung beim Gegenüber; konkretisiert man nun das, wofür die Schule auf Kosten der Kinder nicht da sein sollte – nämlich für starr interpretierte Lehrpläne, einem sich selbst erfüllenden Zwang von Bürokraten oder als ausbildender Wirtschaftspersonal-Lieferant, dann dürften bereits die ersten Geschosse fliegen!

So lange ist es allerdings noch gar nicht her, dass die Orientierung am Kind als das höchste unangefochtene und selbstverständliche Bildungsgut galt. Das Groß der heutigen Pädagogen hat sogar zu dieser Zeit exakt diesen Bildungsansatz nachhaltig studiert, soll nun aber peu à peu seine eigene Ausbildung und berufliche Sozialisation unterdrücken und stattdessen zunehmend als stummer Befehlsempfänger den individuellen Intellekt, der über ein natürliches Gespür für Fehlentwicklungen verfügt, zur eigenen Sicherheit besser abschalten: ausgebildet wurde man als Studierender oftmals noch im Geiste der Reformpädagogik – arbeiten solle man nun

4. Das Lernen und die Didaktik

im Zeitgeist der Wirtschaftsliberalität! Hat eine ganze Generation wirklich dafür acht oder zehn Semester Pädagogik und Fachwissenschaften studiert, um sich dann erbittert darüber zu streiten, ob man nun Tablets oder Laptops für die Kinder kaufen solle – oder ob Microsoft oder Apple nun die bessere Lösung wäre?[30] Haben wir heute nicht ganz andere Probleme, die weitaus wichtiger sind? Haben wir nicht einmal als Schüler, Lehrlinge und Studenten etwas anderes und weitaus Gehaltvolleres gelernt und studiert? Warum aber wenden wir es dann nicht an, sondern verhalten uns wie dem Kapital und Konsum verfallene Kaufleute – zumal so etwas wie die (digitale) Kommerzialisierung nun wirklich kein Thema ist, das im Entferntesten noch etwas mit dem Wesen der pädagogischen Berufe und deren Ethos zu tun hat.

Wer heute als Lehrer an diesem Widerspruch zwischen Kind- und Wirtschaftsorientierung zu zerbrechen droht, braucht sich keineswegs als gescheitert zu betrachten; gescheitert wäre ein solcher mitdenkender Mensch vielmehr dann, wenn er als Mitläufer das vertreten würde, was seinem an der Vernunft orientierten Intellekt widerstrebt. Schließlich hat die Bildung als Prozess zur Selbstgestaltung immer auch einen Werthorizont, der die ganze Person betrifft. Sie muss daher zweckfrei sein und darf keinesfalls auf das Funktionieren in einem Wirtschaftssystem abzielen. Heute aber sollen Basisqualifikationen und Schlüsselkompetenzen Inhalte und Bildung ersetzen:[31] „Die Messbarkeitspädagogik hat den stromlinienförmigen, funktionierenden Menschen zum Ziel, der alle Anforderungen, die ihm gestellt werden, erfüllt."[32]

Jeder am Kind orientierte Reformpädagoge würde sich angesichts vieler inzwischen ubiquitär anzutreffender und wenig demokratischen Geist beweisender Verfahrensweisen wohl im Grabe umdrehen. Doch es ist eben billiger, Kinder in großen Klassen zusammenzupferchen und dort notwendigerweise entsprechend zu disziplinieren, anstatt Kindern sprichwörtlich ihren Raum zur Entfaltung zu geben. Das geht mit Klassenstärken Richtung 25 bis 30 bekanntlich nur sehr beschränkt.

> *Selbst Lesebücher, die traditionell als Kern und Aushängeschilder des Bildungsprozesses gelten, bedienen sich inzwischen des Marketingprinzips: Sie werben ganz ungeniert für weitere Bücher aus ihrem (Dach-)Verlagsprogramm, indem mehrere Leseproben als Teaser in einem geprüften, lehrmittelfreien Schulbuch präsentiert werden, für welches sogar mit Steuergeldern bezahlt wird.*[33]

Ein weiteres Beispiel für einen Wandel des Lerngeistes stellt die Thematik „Sinnvolles Fernsehen" dar. Denn vor langer Zeit gab es dieses Thema einmal als große Lernsequenz im Fach Heimat- und Sachunterricht. Über vier Jahrzehnte ist es mittlerweile schon her, dass der (nach Meinung vieler Lehrkräfte immer noch beste) Lehrplan aus dem Jahr 1981 einen erforderlichen kritischen Umgang mit Medien als wesentliche Kompetenz vermittelte. Heute scheint es im Gegensatz dazu vielmehr so, als wäre ein Nonstop-Medienkonsum unsere oberste Bürgerpflicht![34]

4.5 Lesen und Sprache

„4U", „LOL" und dazu noch ein paar infantile Emoticons – „F2F" ist hingegen out.[35]

Wer hier noch von Kreativität sprechen mag und nicht erkennen will, dass sich die Sprache mit solchen Abkürzungen zurückentwickelt, dem ist wohl kaum mehr zu helfen! Besonders eine unumstößliche Tatsache hat im Zusammenhang mit Sprache und Lesen inzwischen weitgehend allgemeinen Bekanntheitsgrad erfahren: Wenn junge Menschen die Schule verlassen, lesen die wenigsten von ihnen noch gerne Bücher. Wie an anderer Stelle bereits angedeutet, bemerkenswerterweise schon gar nicht die Literatur, welche ihnen in der Schule vermittelt wurde – es kommt dabei so manches Mal sogar regelrecht zu einer Gegenreaktion und zur Buchaversion: Wer selbst nicht gerade Lehrer wird, liest so schnell keinen Hamlet oder Faust mehr. Bereits ein Drittel aller Jugendlichen liest schließlich überhaupt nicht.[36] Dazu kommt in nicht wenigen Fällen noch folgender Umstand: „Fünf bis acht Prozent aller Kinder leiden unter Sprachverständnisstörungen akustischer Art, die im weiteren Verlauf der kindlichen Entwicklung oft in Leseschwierigkeiten übergehen. Der zeitliche Unterschied der Laute b, p, g und k sowie d und t beträgt etwa 20 Millisekunden. Wenn es Sprache nicht richtig versteht, wird das Kind zudem nicht richtig lesen lernen, also eine Leseschwäche entwickeln."[37] Kinder mit Teilleistungsschwächen bis hin zur Legasthenie werden heute zwar bis aufs Mark durchgetestet, aber kaum mehr institutionell therapiert. Zumal manifeste Störungen, wie etwa die Legasthenie oder der Analphabetismus, nur in Kombination mit einer bestimmten Gesellschaftsausrichtung dysfunktional wirksam werden: Denn dort, wo nicht gelesen wird (bzw. gelesen werden muss), fällt die fehlende Lesekompetenz im häuslichen Alltag nicht einmal auf. Zum Vergleich: Was würde es bewirken, wenn Ärzte nur Diagnosen stellten, aber keine Folgetherapien leisten würden? Wäre damit den Patienten wirklich geholfen?

4. Das Lernen und die Didaktik

Immer wieder nehme ich in meinen Vorträgen und Veröffentlichungen Bezug auf den hohen Stellenwert von Büchern – auch dieses Mal halte ich es so; in diesem Fall bezogen auf Schulkinder, denn hier gibt es eine ganz typische Schulsituation:

> *Wird einmal unabsichtlich ein Buch in der Schultasche von einer auslaufenden Trinkflasche „gewässert", womöglich noch eine Leselernfibel, dann stellt das für Schulanfänger ein regelrechtes Drama dar: die Kinder sind ob des zerstörten Buches zumeist untröstlich – ganz im Gegensatz beispielsweise zum Federmäppchen, das dabei ebenfalls durchnässt wurde. Das liegt weder am Schuleigentum noch an damit verbundenen möglichen Stigmatisierungen, sondern ganz allein daran, dass ein Buch als etwas Kostbares gilt: weniger im materiellen Sinne, sondern vor allem im ideellen!*

Kinder lesen dann viel, wenn ihnen das Lesen leicht fällt. Viele (auch erwachsene) Nichtleser tun sich dabei einfach schwer und wählen deshalb ein bequemeres Medium. Der Leselernprozess samt seiner Weiterführung wird daher zu einer Schlüsselkompetenz für die Menschenbildung. Man bedenke weiter: „Wenn wir lesen, sind wir nicht passiv, sondern ebenso produzieren – augenfälliger als bei anderen Wahrnehmungsvorgängen – Bedeutung".[38] Lesen ist Denken! Der Mensch denkt ohnehin schneller als er sich mitteilen kann; es geht also bereits im Vorstadium des Schreibens in einem Zwischenschritt vom Lesen zum Schreiben darum, eigene Gedanken kreativ zu formen. Ebenso gilt als Sprichwort: Einmal geschrieben ist so gut wie zehnmal gelesen. Wir alle als Eltern wie Pädagogen wollen erreichen, dass Kinder nicht nur frühzeitig lesen lernen, um an der Welt teilzuhaben, sondern auch selbsttätig und produktiv schreiben; was leicht gelänge, wenn man Kinder ganz einfach Texte aus ihrer Welt verfassen ließe![39]

> *Wenn heute der Motor eines Pkws stottert, dann wissen wir sofort, was zu tun ist und haben zig Adressen an welche wir uns zur sofortigen Reparatur wenden können: rund um die Uhr können wir dann auf Service und sofortige Hilfe vertrauen – sogar der Transport dorthin wird geregelt. Wenn aber ein Kind zu stottern beginnt, sind wir oft ratlos.*

Eine informelle Umfrage an einer pädagogischen Institution; per Fragebogen werden die Lieblingsbücher sowie der Ort und der Zweck des Lesens erfasst: Was wird gelesen?

In den meisten Fällen handelt es sich – wie die Auswertung ergibt – um evasorisches Lesen. Die Leseorte, wie etwa das heimelige Sofa oder die Hängematte im Urlaub, unterstreichen diesen fluchtpunktartigen Lesezweck. Das Lesen führt vorrangig in verborgene und parallele Welten ein und erhellt nicht die Realität – so das Ergebnis der ausgewerteten Fragebögen. „Mittlerweile empfinden wir Bücher als das Nonplusultra des Medialen. Aber wenn wir ehrlich sind, dient ein Großteil der Bücher auch heute allein der Zerstreuung und Unterhaltung und eben nicht in erster Linie der Bildung und Erbauung."[40]

Ein Buch soll aber (auch) dabei helfen, die Welt besser zu verstehen, sich mit ihr auseinanderzusetzen und nicht einfach nur temporär vor ihr zu fliehen. Besonders Bücher über Menschen, denen es offenkundig schlechter geht als uns, werden heute bevorzugt verschlungen: Man taucht einerseits in fremde Welten ein, kann aber – wenn es zu viel wird bzw. wenn es dafür ausreicht, um sich die Gegenwart schöner gelesen zu haben – den Buchdeckel schnell wieder zuklappen und das Werk beiseitelegen.[41]

„Nichts gleicht so einem geschmackvoll gekleideten Narren als ein gut eingebundenes Buch."[42]

4.6 Das anspruchsvollste Schulfach: der Musikunterricht

„Das Schöne blüht nur im Gesang."[43]

„Kunst, Sport und Musik – diese Fächer wurden von einem Konsortium international anerkannter Geisteswissenschaftler als die drei wichtigsten Schulfächer überhaupt beschrieben."[44] Denn „ohne Musik wäre unser Leben ein Irrtum."[45] Weiter ist bekannt, dass bei „Musikern, die vor den siebten Lebensjahr mit dem Musizieren begonnen haben, die beiden Gehirnhälften stärker untereinander in Verbindung stehen."[46]

Exemplarisch soll nun mit der Musik der Wert eines so titulierten „Nebenfaches", welches an Schulen gegenwärtig ein offensichtliches Stiefmutterdasein fristet, in seiner Bedeutsamkeit genauer erläutert werden – weil Musik das Komplexeste ist, was der Mensch in seiner Kulturgeschichte erschaffen hat: die Musik rangiert bezüglich ihres intellektuellen Anspruches weit vor allen Sprachen und vor sämtlichen Naturwissenschaften. Je weniger Menschen es allerdings gibt, die etwas (inzwischen zum Besonderen Gewordenes) beherrschen – umso weniger gibt es auch, die dieses dann noch verstehen können.

Heute ist der Musikunterricht in den Schulen dementsprechend nur noch ein „kleines Fach", das nicht zur Prime Time unterrichtet wird, sondern meist als Randstunde; verstanden wird es von den meisten als Auflockerung und Abwechslung zu den Lernfächern, für welche man die „Lern-

4. Das Lernen und die Didaktik

Akkus" – ebenso wie im Sport – wieder aufladen könne. Auftretende Disziplinprobleme führen im „Nebenfach Musik" zudem dazu, dort oftmals formalisiert zu unterrichten. Doch nichts stimuliert das menschliche Gehirn so hervorragend, wie die Musik: „Wachstum und Verbindungen im Gehirn (positive Neuroplastizität) werden vor allem durch aktives Musizieren gefördert, weil gleichzeitig und unmittelbar aufeinanderfolgend komplexe akustische (Hören), motorische (Spielen, Singen), visuelle (Noten, andere Musiker, Dirigent) und somatosensorisch-taktile (Spüren des Musikinstruments) Erregungsmuster vor allem in die Temporallappen und die dunkel eingefärbten zentralen Hirnregionen einlaufen und assoziativ miteinander verbunden werden. Genauso wichtig sind die gleichzeitigen emotionalen Aktivierungen und die beim Notenlesen oder Notenreproduzieren entstehenden logischen Verbindungen und alle Formen von Gedächtnis und Lernen (explizit-bewusst und implizit-nicht-bewusst) im Temporallappen und Hippocampus (explizit-bewusst) und den Basalgängen (implizit)."[47] Aktive Musiker erkranken dementsprechend deutlich später an Alzheimer; und Dirigenten, welche sich mit der Musik bewegen, bleiben davon zumeist gänzlich verschont.[48]

Die Musik zeichnet sich zwar nicht als direkt für das Überleben einer Art erforderlich, sie leistet aber dennoch einen großen Beitrag zu unserem Wohlbefinden. Dies kann durch konditionierte gute Stimmungen, welche mit der Musik in Verbindung gebracht werden, zusätzlich verstärkt werden.[49] Die Musik besitzt dabei die Eigenschaft, Glücksgefühle zu bewirken – ebenso, wie ein freundlicher Blick unser Belohnungssystem aktiviert.

„Was wär Musik,
Wenn sie nicht ging
Weit über jedes Ding."[50]

Der Inhalt des Musikunterrichts wird grundsätzlich in zwei große Bereiche eingeteilt: die E-Musik (Ernste Musik) und die U-Musik (Unterhaltungsmusik).[51] Letztere ist vor allem diejenige Musik, welche uns im Alltag begegnet und wie wir sie im Radio, in den Supermärkten oder in Fahrstühlen zur Untermalung des Alltags hören. Innerhalb dieser Musikgattung gibt es aber immer noch große Unterschiede! So hat vor allem die Digitalisierung dazu geführt, dass es heute überhaupt nicht mehr erforderlich ist, ein Instrument zu spielen, um neue U-Musik zu kreieren.

Die ernste Musik hingegen darf durchaus als eine dicke Visitenkarte der menschlichen Schöpfungskraft verstanden werden. Man kann heutzutage nur ehrfurchtsvoll staunen, zu welchen produktiven Leistungen das Menschengeschlecht bereits zu solchen Zeiten fähig war, als man noch

4.6 Das anspruchsvollste Schulfach: der Musikunterricht

Handkarren durch mit menschlichen Exkrementen versehene Gassen zog oder missliebige Frauen denunziativ als Hexen verbrannte. Inzwischen ist allerdings sogar dieses ehemalige musikalische Aushängeschild des Intellekts der Menschheit – Arthur Schopenhauer sprach davon, dass sich das tiefere Verständnis der Welt durch nichts anderes besser erfassen lässt als durch die Musik[52] – vielfach zur Unterhaltungsware verkommen: Der gegenwärtige Stellenwert von und unser Umgang mit klassischer Musik sind nicht viel mehr als ein Huldigen und bestenfalls Wiederholen dessen, was es längst gibt und erschöpfen sich vorrangig in der bloßen mechanischen Reproduktion und einer seitens des Publikums oft inhaltlich nicht nachvollziehenden Rezeption. An ein Fortführen oder gar an eine Weiterentwicklung ist in großem Stil nicht mehr zu denken! Deshalb ist die klassische Musik zwar noch spielbar – aber auf diesem Niveau weiter zu komponieren, das erübrigt sich inzwischen: Denn der produktive Bereich hat sich nicht im selben Maß über die Jahrhunderte weiterentwickelt, wie dies für die Tradierung und Wiederaufführung von E-Musik der Fall war; die Musikgeschichte ist im Wesentlichen abgeschlossen.[53]

„Die Kunst ist überhaupt nichts, wenn sie nicht neu ist."[54]

Dieser Umstand stellt dennoch nicht den Hauptgrund für die diesbezügliche intellektuelle Stagnation dar: Gebraucht wurde das musikalische Material zwar millionenfach – verbraucht ist es dennoch längst nicht. Das schöpferische Unvermögen liegt vielmehr am degenerierten Wesen des gegenwärtigen kybernetisierten Menschen, der zu außergewöhnlichen Leistungen, wie sie die Komponisten der Klassik vorlebten, heute nicht mehr in der Lage ist – weder intellektuell noch konzentrativ.[55]

Die Bundesrepublik Deutschland befindet sich nicht nur angesichts seiner überwältigend großen historischen Tradition (und einer dementsprechenden Verpflichtung gegenüber dieser) – was das gesamtgesellschaftliche Niveau betrifft – mittlerweile weit unten, wenn es um die Musik, die Kunst und die Kultur im Allgemeinen geht. Selbst in der Schule gibt es so gut wie gar keine effektive und prosperierende musikalische Grundausbildung mehr.[56]

Wenn man Kindern die freie Wahl lässt, so ist es doch immer wieder interessant, welche Musik sie auswählen und wie sehr sich diese Auswahl von dem unterscheidet, was Erwachsene ihnen zutrauen und für sie stellvertretend auswählen.

Bereits bei Kindern fällt auf, dass es eine Paarung von krankhaftem Ehrgeiz und fehlender Musikalität zu geben scheint. Mit dem Fehlen einer

4. Das Lernen und die Didaktik

besonderen fachspezifisch isolierten Kompetenzstärkung durch die Musik hat dies allerdings nichts zu tun. Die Musik und die Kunst haben vielmehr gemeinsam, dass sie außerhalb eines analen Strukturdenkens stehen, und deshalb nur im ganzheitlichen Zugang erfassbar werden. Zudem ist dort die Leistung jeweils nur schwerlich messbar. Jedenfalls kann deren Qualität nicht mit den etablierten zahlanalytischen und nummerischen Methoden der Statistik erfasst werden.

Musik wird in der Postmoderne jedoch kaum mehr gefühlt, stattdessen rezensiert und mit Notenstufen bewertet. Ihr Wert sollte darüber hinaus nicht allein auf das Gute und Schöne reduziert werden – besonders der gegenkulturelle Aspekt der musischen und künstlerischen Façon d´vivre war (uns ist!) stets ein Hort und Ausdruck individueller menschlicher Freiheit, wie der Flüsterwitz als Ausdruck gegenkulturellen Widerstands im Dritten Reich beweist:

„Fünf kleine Meckerlein, die saßen am Klavier;
Der Eine spielte Mendelssohn:
Da waren´s nur noch vier."[57]

4.7 Der Religionsunterricht

Die Schüler mussten zunächst buchstabieren, dann die lateinischen Wörter der Psalmen aufsagen, ohne überhaupt ihren Sinn zu verstehen.[58]

Erwartungsgemäß werden sich viele auf das Thema Religion stürzen und interessiert in diesem Kapitel blättern. Weshalb eigentlich? Der Leser möge sich im Selbsttest befragen – seine Antworten wären sicherlich äußerst interessant und aufschlussreich!

Die Religion stellt einerseits das von einer bestimmten Großgruppe geteilte System des Denkens und Handelns dar, welches dem Individuum einen Orientierungsrahmen und ein Objekt der Hingabe bietet.[59] Doch es gibt auch noch eine andere Seite von Religion: Denn diese polarisiert heutzutage wie kaum etwas anderes und eine anerzogene Gottesfurcht lässt sich bei aller Vernunftgeleitetheit und Aufklärung von uns davon betroffenen Menschen ein Leben lang nicht mehr gänzlich ersticken. In Stress- und Angstsituationen sowie gegen unser Lebensende meldet sich dann vielfach die Abhängigkeit von einer bestimmten Religion wieder zurück. Zudem war es ja auch das ursprüngliche Wesen der Religion, den Menschen in einen gesetzlichen Rahmen zu bringen. Denn dann, wenn Gott nicht mehr existieren würde, wäre schließlich allen alles erlaubt.[60]

4.7 Der Religionsunterricht

Kommen wir nun aber auf die Rolle der Religion in der Schule zu sprechen: „Der Religionsunterricht an deutschen Schulen ist in seiner Praxis problematisch. Viele Schüler (und ebenso viele Eltern und Lehrer) nehmen ihn nicht ernst bzw. halten ihn für überflüssig."[61] Die Existenz von Proben und Prüfungen trägt dort zudem nicht zum Kern des Wesens und zum Sinn der Religionslehre bei, denn die Religion gehört in das Herz, aber nicht auf das Arbeitsblatt! Ein Schulfach Religion beraubt sich im überzogen Formaldidaktischen quasi selbst seiner Essenz. Denn eine echte und wahre Religion kann man nicht kognitiv ausgerichtet in Großgruppen lehren und entsprechend analytisch prüfen – Religion muss jeder Mensch für sich selbst erspüren, erfahren und erleben![62]

Wie heilig uns die Götzen sind, beweisen wir schließlich nicht nur dann, wenn wir bereit sind, für sie zu sterben; sondern besonders dann, wenn wir bereit sind, für sie zu leben, unsere Religiosität in Schulnoten verpacken und uns damit gegenseitig (womöglich sogar in einer als moralisch wertenden Hinsicht verstanden) auch noch vergleichen. Dass hierbei gegen das Götzenverbot des Ersten Gebotes verstoßen wird, scheint nur wenige Gläubige zum Nachdenken zu bringen. Schließlich übernehmen (gute) Schulnoten die Funktion von Götzen: Wir werden im Unterricht funktionell angeleitet, nach ihnen zu streben, uns vorrangig an ihnen zu orientieren und beten sie regelrecht an.

„Es trägt der echte Christ den Glauben nicht am Rocke und hängt die Frömmigkeit nicht an die große Glocke."[63]

Wer tatsächlich fest im Gottesglauben verankert ist, hält es auch bedenkenfrei aus, wenn andere dies nicht sind. Auf diese Weise kann sehr einfach festgestellt werden, wer tatsächlich religiös lebt und wer diese Religiosität nur vorgibt: „Religiös im Sinn einer Haltung, in der alles darauf ankommt, dass der Mensch seinen Narzissmus, seinen Egoismus, seine innere Abgeschlossenheit transzendiert und sich öffnet"[64] sowie lebensbejahend und sinnstiftend agiert. Es ist demzufolge gewiss nicht richtig, „dass die Nichtgläubigen ihre Angriffe vor allem gegen die Gottesvorstellung richteten; besser wäre es, wenn sie die Gläubigen aufforderten, ihre Vorstellung von Gott ernst zu nehmen."[65] Die entscheidende Frage lautet damit weniger: „Gibt es einen lebendigen Gott?" und auch nicht: „Gibt es den wahrhaftigen Menschen?" bzw. „Gibt es Gott tatsächlich?", sondern: „Gibt es einen lebendigen Menschen?", denn jede wahre „Religion ist eine Angelegenheit des Herzens, nicht des Kopfes."[66]

„Mit vierzehn Jahren sind in unserem Land die Kinder bekanntlich religionsmündig."[67]

4. Das Lernen und die Didaktik

Mit dieser altersmäßig zu niedrig angesetzten Entscheidungsschwelle macht die Kirche ihren eigenen Inhalt allerdings zum Banalen: Mit vierzehn Jahren darf man weder politisch wählen noch Autofahren – ist echter Gottesglaube wirklich etwas Einfacheres als den Führerschein zu machen? Das komplexe Thema Religion ist tatsächlich viel zu anspruchsvoll, als dass man diese derart elementarisieren könnte, wie etwa die Mathematik. Es ist analog zur Religion auch nicht möglich, die Philosophie oder die Soziologie für Kinder als Unterrichtsfach didaktisch zurechtzustutzen. Man kann (und sollte!) stattdessen besser zur Verständnisfähigkeit und zur (christlichen) Nächstenliebe hinführen, indem das humane und humanistische Verhalten als Unterrichts- und Erziehungsprinzip fachübergreifend zum Leitziel der Menschenbildung wird – intentional, vor allem aber funktional. Dazu soll an dieser Stelle Erich Fromm zitiert werden, der aussagt, „dass das Alter zwischen sechs und achtzehn Jahren für das Lernen keineswegs so geeignet ist, wie allgemein angenommen wird. Natürlich ist es das beste Alter, um Lesen, Schreiben, Rechnen und fremde Sprachen zu lernen, aber das Verständnis für Religion ist zweifellos in diesem Alter nur beschränkt vorhanden."[68] Wahrer Glaube ist schließlich etwas sehr Gehaltvolles, Langfristiges und Tiefes! „Unsere Religion sollte nicht durch die Lehren anderer erlangt, sondern von uns selbst erworben werden; sie ist keine Sache der Überlieferung, sondern der Person."[69] Der Mensch ist der Anfang, der Mittelpunkt und auch das Ende der Religion.[70]

> *„Dann erschauerte er wie an jenem Tage, da die Mutter ihn zum ersten Male in die Kirche geführt und auf den Altar weisend gesagt hatte: „Da wohnt der liebe Gott!" Wie sich ihre Worte lastend auf sein Kinderherz gelegt hatten."*[71]

Unsere Kinder wollen wir – so hoffe ich doch ganz besonders in Deutschland – demokratisch-freiheitlich erziehen: Wie soll die konservative Kirche hierbei hilfreich sein, wo sie doch in ihren fundamentalen Grundzügen für das Patriarchalisch-Autoritäre steht? „Vor allem im Religiösen wurde das Unterwürfige auf Gott, die Gebote und die Kirche hin gelebt, zum Teil auch gegenüber anderen Menschen, für die man sich ganz hingab und „opferte", während das Herrschaft Ausübende sich gegen die eigene Person, den eigenen Willen, die eigenen Lustbarkeiten richtete."[72] Letztendlich lässt sich auch die Thematik der Religion auf eine zentrale Fragestellung, wie sie uns immer wieder – auf unterschiedliche Themen bezogen – begegnet, zurückführen: Dient die Religion dem Menschen oder dient der Mensch der Religion? Worauf es schlussendlich wirklich ankommt, „ist nicht der Unterschied zwischen Gläubigen und Ungläubigen, sondern der zwischen den Menschen mit Herz und denen ohne Herz".[73] Wir sollten daher primär nicht an Gott, sondern vor allem immer an den Menschen glauben – so würde Jesus uns wohl heute raten!

„Der Religion ist nur das Heilige wahr, der Philosophie nur das Wahre heilig."[74]

4.8 Die Geschichte der Geschichte

„Pfeilschnell ist das Jetzt entflogen, ewig still steht die Vergangenheit."[75]

Die Geschichte wird angeblich von hinten erzählt – doch das Leben schreibt seine Geschichten ganz vorne. Dementsprechend deplatziert wirkt das Dritte Reich in vielen Geschichtsbüchern für weiterführende Schulen: sehr weit gegen Ende des Buches bzw. des Schuljahres gestellt – aus chronologischen Gründen vermutlich. Eine negative Folge davon ist es jedoch, dass deshalb erst im Hochsommer bei entsprechendem Stoffdruck und der „davonlaufenden Zeit" gegen Schuljahresende dieses wichtigste aller historischen Themen nur unzureichend oder gar nicht der Sache gebührend vermittelt werden kann: „Im Geschichtsunterricht kamen wir sowohl in der Mittel- als auch der Oberstufe eigentlich immer nur bis zum Ersten Weltkrieg."[76] Eine Aussage, welche viele (Ex-)Schüler treffen können.

Teilweise wird die Unterrichtung über die Nazi-Zeit zudem von einer die Rezipienten nicht erreichenden vorwurfsvollen Art getragen bzw. auch in einem belehrenden und moralisierenden Ton artikuliert – sodass sich Jugendliche davon unterschwellig schon fast angeklagt fühlen müssen. Die Krux dabei ist: Wenn man etwas Schlechtes schlecht vermittelt, kann es dazu kommen, dass manche dieses deshalb schon wieder gut finden![77]

Uns steht es heute angeblich nicht an, über die Qualität des Widerstandes im Dritten Reich zu richten,[78] weil wir als Unbetroffene charakterlich dazu nicht in der Lage sind, was wir als Angehörige ein- und desselben Menschengeschlechtes jedoch eigentlich sein sollten: Denn „Menschen als Angehörige derselben Gattung sollten in der Lage sein, die Handlungen anderer Menschen, also auch zu anderen Zeiten lebender Menschen verstehen. Historisches Wissen sollte eine Form von Kommunikation zwischen den Zeiten sein, vergleichbar mit einem Austausch unter lebenden Menschen. Das ist unsere Geschichtswissenschaft allerdings nicht. Die Geschichtswissenschaft glaubt, durch Dokumentation von Ereignissen, durch Katalogisierung und Systematisierung von Institutionen und Überresten zu dem, was die Triebfeder von Geschichte ist, zu gelangen."[79] Das heutige

4. Das Lernen und die Didaktik

Schulfach „Geschichte" müsste damit – überspitzt gedacht – treffenderweise als „Gegenwart" bezeichnet werden.[80]

Man stellt zudem besonders bei der zeitgeschichtlichen Aufarbeitung fest, dass es immer wieder gewisse Strömungen hinsichtlich der geschichtsbetrachtenden Schwerpunktsetzung gibt: So wurde beispielsweise das Thema Widerstand gegen historische Autoritätssysteme in den Literaturwerken bestimmter Jahrzehnte ebenso wie das der Solidarität phasenweise überzogen dargestellt; in jüngerer Zeit findet sich demgegenüber eher eine gegenteilige Sichtweise, welche das projektiv motivierte Ideal, dass unter unsäglichsten Bedingungen immer noch der solidarische Humanismus vorherrschen würde, kritischer betrachtet. Die Geschichte von Giorgio Perlasca beispielsweise, dessen Retterdienste im Dritten Reich im Nachhinein verkannt und von anderen für das eigene ersehnte und aufzuwertende Ansehen instrumentalisiert wurden, „erlaubt einen historisch seltenen, kontinuierlichen Überblick über die Ränkespiele einer durch keine demokratische Institution kontrollierbare Macht. An seinem Fall lässt sich exemplarisch studieren, wie Geschichte von oben verordnet wird und wie Machtpolitik, gepaart mit persönlichen Eitelkeiten und Karriereinteressen, funktioniert."[81] Vergegenwärtigen wir uns also die Quintessenz des Gesagten in der Zusammenfassung: Es wäre uns selbst bei der Überwindung aller narzisstischen Befangenheit aus perspektivischen wie kognitiven und affektiven Defiziten, die allein schon in der Raum-Zeit-Entfernung begründet liegen, unmöglich, die Vergangenheit so zu verstehen, wie diese für die Zeitzeugen wahrnehmbar war – wir betrachten das Vergangene immer mit den Augen der Gegenwart. Bereits Johann Gottlieb Fichte ließ anklingen, wie „alles Bewusstsein des Gegenstandes außer mir ist durch das klare, genaue Bewusstsein meines eigenen Zustandes bestimmt, und es wird in demselben immer ein Schluss vom Begründeten in mir auf einen Grund außer mir gemacht."[82]

Zudem stellt sich die gegenwartszentrische Beurteilung von Vorgängen aus der Vergangenheit nicht selten als eine moralisierende Zeigefinger-Geschichte dar. Es macht dabei allerdings einen wesentlichen Unterschied, ob eine Gesellschaft lediglich Konzepte der Vergangenheit auswendig lernt oder selbst Geschichte schreibt. So gilt es, auch folgende Feststellung zu bedenken, wenn wir uns der Geschichte objektiv annähern wollen: „Da Geschichte von den Siegern geschrieben wird, ist sie verzerrt."[83] Sie gibt das Zeitaroma wider – und unsere Geschichtsschreibung „orientiert sich überwiegend an Herrschern, Eroberern und mächtigen Feldherren."[84]

Wenn die Geschichtsforschung „nicht aus einem Verständnis geschieht, was Menschen in ihrem Inneren bewegt und motiviert, dann werden die Resultate geschichtswissenschaftlicher Analysen mehr über denjenigen aussagen, der sie vornimmt, als über die Geschichte selbst."⁸⁵

4.9 Geschichtlicher Analphabetismus

*„Die sich des Vergangenen nicht erinnern, sind dazu verurteilt, es noch einmal zu erleben."*⁸⁶

„Geschichte wird immer von der jeweiligen Gegenwart her konstruiert, und es ist eine – von den Schulbüchern allerdings hartnäckig aufrechterhaltene – Illusion, zu meinen, man könnte sich die Vergangenheit „rein", unverfälscht und ein für alle Mal gültig zugänglich machen."⁸⁷

Geschichte ist grundsätzlich kein Lern-, sondern ein Denkfach. Ein Wandern durch vergangene Zeiten, wobei die Geschichte beispielsweise kindgerecht erlebt werden kann, lässt Bilder in den Köpfen entstehen, die den Lern- und Vergegenwärtigungsprozess ermöglichen – allerdings müssen diese Bilder auch stimmig sein: in sich, aber auch bezogen auf die Historizität! Dabei ist es wichtig, sich nicht nur auf die Kulturgeschichte zu beschränken, sondern (auch) die Evolution des Menschen (die weit mehr im Fach Geschichte als im Fach Biologie ihren Platz hat!) dialektisch und diskursiv zu vermitteln.

Doch sehr vieles, was wir heute unter „Geschichte" verstehen, ist tatsächlich nichts entscheidend anderes als eine falsche Projektion: Meist sagt die Geschichte sogar ungewollt mehr über die Zeit aus, in der sie verfasst wurde, als über die Zeit, welche sie zu beschreiben sucht: was sicherlich ebenfalls aufschlussreich und interessant sein mag – aber eben nur in einer anderweitigen Form beurteilbar und verwertbar bleibt. „Der Grund liegt zum Teil darin, dass der Forscher selbst durch die für seine gesellschaftliche Situation typische psychische Struktur geprägt ist, und dass er nur den Geist begreift, dem er gleicht."⁸⁸ Im siebzehnten Jahrhundert erstellte Dokumente über das sechzehnte Jahrhundert verraten folglich mehr über das siebzehnte Jahrhundert denn über das vorangegangene: „Reactio übertrifft Actio": so könnte der zugrundeliegende Mechanismus dieser historischen Projektion – auf eine kurze Formel gebracht – lauten. Man sollte daher besser in aller Vorsicht eher von einer „indirekten Geschichte" sprechen – schließlich wäre im Zweifelsfall gar keine Geschichte immer noch besser als eine verzerrte oder gar eine falsche!

Das Schulfach Geschichte begeht dabei nicht selten denselben Fehler, welchen unsere publizistischen Organe immer wieder begehen: Sie denken vom Opfer aus und bleiben bei diesem stehen. Diese Fokussierung auf

4. Das Lernen und die Didaktik

die Opfer führt jedoch dazu, die Täter und Mittäter in ihren mannigfaltigen Wesenszügen und Motiven weitestgehend zu übersehen. Weshalb die Massen Hitler folgten, wird zumeist lediglich auf die Begriffe von Lüge und Propaganda reduziert. Die psychodynamischen Aspekte einer Bedienung tief sitzender emotionaler Bedürfnisse, projektiver Schuldflächen und der Suche nach dem Angebot eines ideologisierbaren Lager-Feindes sowie gruppennarzisstische Aspekte bleiben im Schulfach Geschichte zumeist außen vor.

Objektive Geschichtsbetrachtung ist somit als äußerst anspruchsvoll anzusehen. So aber gehen unsere Wahrnehmungen und Informationsverarbeitungsmechanismen überwiegend primärprozesshaft vonstatten, was sehr leicht zur einer narzisstisch befeuerten Gegenwartsbefangenheit führen kann. „Ein postmodernes Geschichtsverständnis bedeutet denn auch nicht primär die Aufhebung der Geschichte, sondern jene eigentümliche Distanzierung, die ein souveränes Verfügen über historische Stile und Versatzstücke und das Spielen mit diesen erlaubt."[89]

Die Zeit des Dritten Reiches ist mittlerweile schon wieder sehr weit weg von unserer heutigen Gegenwart geraten. Es wird womöglich manchen Leser vielleicht etwas stören, dass sie hier auftritt – ja: auftreten muss. Denn jede „Distanz zum historischen Geschehen verstellt den unmittelbaren Zugang."[90] Und dann „wenn es keinen persönlichen Bezug mehr zu diesen Vorgängen gibt, ist als Erkenntnisinteresse im günstigsten Fall lediglich ein objektives Interesse an der NS-Geschichte zu erwarten."[91] Kindern können wir heute das Geschehen von Auschwitz demzufolge nur dann sachgerecht nahebringen, indem wir es in seinen Grundstrukturen auch in die Gegenwart übertragen. Das heißt ganz konkret: Im Unterricht zu verdeutlichen, dass beispielsweise „die Annika, der Simon, die Mira, der Wesely, der Akkan und die Haila als Juden oder Zeugen Johovas nicht mehr bei uns in der Schule gewesen wären, sondern im Konzentrationslager – getrennt von ihren Eltern: ohne Bildung, ohne ärztliche Hilfe und ganz ohne Liebe". Nur so kann erkannt werden, was Auschwitz tatsächlich bedeutet hatte: ebenso wie die Tatsache, dass – wenn heute 1942 wäre – beispielsweise überhaupt kein Ethikunterricht stattfände, weil es die Kinder dafür gar nicht mehr gäbe; auch den Vater, der immer die Leila abholt, hätten sie längst weggebracht und er wäre totgeschunden wohl schon längst nicht mehr am Leben – wenn heute damals wäre!

„Ein Schulrat kommt (in den 1930er Jahren – der Verf.) zur Inspektion. In einer Klasse sitzt ein blondes Mädchen mutterseelenallein auf einer abgesonderten Bank. Gütig fragt der Schulrat: „Warum sitzt du denn hier so allein, mein Kind?" Da schluchzt das Kind: „Wegen Omi!"[92]

„Die tiefe Not der jüdischen Kinder in Deutschland, die bis 1938 noch die öffentlichen Schulen besuchen durften, also inmitten einer „arischen" Umgebung auskommen mussten, wird niemand ermessen können. Sie saßen in denselben Klassenräumen, jedoch abgesondert, da es „deutschblütigen" Menschen nicht zuzumuten war, in nähere Berührung mit ihnen zu geraten. Vielleicht liegt hier eines der größten Martyrien."[93] Es gab in der längst ohnmächtig gewordenen deutschen Bevölkerung immerhin eine Form des Erkennens, welche sich in äußerst sublimierter Form hinter vorgehaltener Hand artikulierte: So hatte der totale Staat wegen einer in der Bevölkerung aufgekommenen Missstimmung immerhin das Euthanasieprogramm wieder einstellen müssen. Dass man nichts machen konnte, trifft somit nicht gänzlich zu. Gegenüber den Anfeindungen der Juden reagierte das deutsche Volk allerdings nicht dementsprechend empfindsam.[94]

4.10 Ein unterschätztes Schulfach: der Sportunterricht

„Viele Menschen entdecken erst im Erwachsenenalter, oft schon in den Dreißigern, dass ihnen ein gewisses athletisches Talent innewohnt."[95]

Ein Schüler wippt mit seinem Stuhl – deshalb wird er ermahnt: Aus Sicht der Lehrkraft, die für einen geordneten und weitgehend störungsfreien Unterricht zu sorgen hat, ist eine solche alltäglich vorkommende Ermahnung natürlich verständlich. Aber auch den betreffenden Schüler müssen wir mit seinem gezeigten Verhalten verstehen! Denn hier wird in einem ohnehin nicht den natürlichen Bedürfnissen entsprechenden Habitat ein zum Natürlichen strebendes Verhalten disziplinarisch eingeschränkt sowie die Anpassung und notwendige physische Reaktion auf den Lernprozess verhindert. Besonders die vielen großen Klassen lassen viel zu wenig Raum für die individuelle Entfaltung zu.[96] Es ist dann am bequemsten, wenn der Schüler dort vor dem PC-Bildschirm bzw. dem Tablet fixiert wird – allerdings nur für die Lehrkräfte und Bildungsverantwortlichen. Dieses Vorgehen stellt nicht den erforderlichen Fortschritt unserer Demokratie dar, sondern eher das Gegenteil davon. Im antiken Athen beispielsweise galt es, tägliche Übungen im Wettlauf, Speer- und Diskuswurf, Weitsprung, Ringen und Faustkampf zu pflegen. Außerdem trieb man „in Athen nicht nur Sport; der kam zwar zuerst, dann aber gleich die Musik."[97]

Der Sportunterricht hat mit dem in diesem Großkapitel ebenfalls beschriebenen Musikunterricht einiges gemeinsam: beide tragen (ähnlich

4. Das Lernen und die Didaktik

wie der Kunstunterricht) besondere fachspezifische und oftmals gar elitäre und ausgrenzende Züge – und dies kommt beispielsweise so:

Zu Schuljahresbeginn muss jeder Schüler im Musikunterricht einzeln vorsingen – vor der kompletten Schulklasse wohlgemerkt; dabei wird er vom Musiklehrer (und natürlich auch von allen anderen Mitschülern) begutachtet. Das Ergebnis lautet dann: Der jeweilige Schüler kommt entweder als Sängerknabe in den Chor oder hat damit seinen ersten und wohl auch letzten Auftritt gehabt! Der Betreffende wird dann sicherlich nie wieder singen, wenn er bereits zum Auftakt und ohne Vorübung und Erlernen geprüft und womöglich sogar noch verlacht wurde.

Ein ähnliches Vorgehen dürfte aus dem Sportunterricht bekannt sein: Vorturnen am Reck – wer den Feldaufschwung schafft, ist angekommen in der elitären Welt der Athletik; allen anderen bleibt dieses Turngerät (und in der Übertragung das Turnen im Allgemeinen) ab diesem Zeitpunkt zumeist auf lange Zeit verhasst.[98]

Ein weiteres besonders brisantes Beispiel zum Thema fragwürdige Lerninhalte kommt ebenfalls aus dem Bereich des Sports: Der Kopfsprung ins Wasser wird im Schwimmunterricht als Lernziel eingeübt: zunächst vom Beckenrand, anschließend vom Startblock aus. Nicht alle Kinder aber trauen sich diesen zu – eigentlich ein völlig normales und natürliches Verhalten; man springt naturgemäß nicht mit dem Kopf voran: weder ins Ungewisse, aber auch nicht ins Gewisse! Denn „jeder Mensch fürchtet sich; je intelligenter er ist, umso mehr."[99] Kindern wird in diesem Fall jedoch das natürlich-instinkthaft richtige Verhalten in einem an überkommenen Normen orientierten Schwimmunterricht abdressiert: „Nur Mut!", heißt es dann auffordernd, „da passiert doch nichts!" Doch das natürliche Verhalten wäre hier – wie so oft – das richtige! Denn niemand gibt im natürlichen Normalfall den ungeschützten Kopf derart Preis![100] Kein Tier würde jemals eine derart widernatürliche und selbstgefährdende Verhaltensweise erlernen.[101] Was daran so fatal bzw. letal werden kann? Kinder, Jugendliche oder auch jüngere Erwachsene können – womöglich noch im berauschten Zustand – dann später einmal nicht mehr unterscheiden, ob das betreffende Gewässer nun ein sicheres ist oder nicht.[102] Sie wenden schließlich funktionell das an, was sie in der Schule intentional gelernt haben und springen womöglich leichtfertig mit dem Kopf voraus in ihr Verderben. Ein Faktum ist dabei schlicht und einfach festzuhalten: So etwas sinnlos Gefährliches macht man überhaupt nicht! Hier sollte prinzipiell dasselbe gelten, wie für die mittlerweile hinlänglich bekannten gefederten Sprungstelzen („Poweriser"): sämtliche Formen von Risikosport haben in der Schule nichts verloren! Die Natur ist und bleibt schließlich unser allerbester Lehrmeister – wie oft haben wir diesen Satz schon gelesen? Und wie selten halten wir uns daran und lassen uns tatsächlich einmal von ihr inspirieren?

Selten oder niemals Sport zu treiben stellt sowohl einen körperlichen wie auch einen wirtschaftlichen Ungunstfaktor dar: Bewegungsmangel und Adipositas spielen in Zusammenhang mit dem Fernsehen und einem digital verbrachten Zeitkonsum eine sehr negative Rolle. Im gleichen Ausmaß steigt dabei nämlich die Gefahr eines metabolischen Syndroms, dessen ursächlicher Gegenspieler ganz einfach die ungezwungene tägliche körperliche Bewegung wäre – von Anfang an![103] Viele Kinder aber – besonders in den großen Agglomerationszentren, wirken heute manchmal schon fast so, als wären sie in ihren eigenen Körpern überhaupt nicht angekommen: ihre Bewegungsabläufe sind steif, eckig und ungelenk – sie stolpern leicht einmal und wenn sie dabei hinfallen, können sie sich nicht abstützen, wie es eigentlich altersgemäß wäre; zudem verletzen sie sich tendenziell schwerer – was dann zu allem Überfluss auch noch als Beweis dafür genommen wird, dass „Sport doch Mord" sei, was folglich zu noch weniger Bewegung und einer Angst davor führt.

4.11 Das vergessene Thema: die Verkehrserziehung

Nirgendwo sonst präsentieren Menschen ihre Charaktere so direkt und unverfälscht wie im Straßenverkehr.

Deutschland ist bekanntlich das Autoland schlechthin – dieser vierbuchstabige Traum ist nicht nur unser Fortbewegungsmittel Nummer Eins, einer der bedeutsamsten Kulturträger und das vorrangige Urlaubs- und Freizeitsymbol, sondern – wie alle diese technische Innovation von Anfang an begleitenden Unfallzahlen belegen – ebenso zu unserem Sargdeckel geworden. Nehmen wir jetzt einfach einmal an, dass ab morgen pro Haushalt nur noch ein statt zwei Autos gekauft würden: unsere Konjunktur würde erlahmen und die Steuereinnahmen, auf welche der neoliberalistische Staat so dringend angewiesen ist, würden empfindlich zurückgehen. Es erscheint dabei ebenso heuchlerisch seitens hoher politisch verantwortlicher Seite von öffentlichen Verkehrsmitteln zu fabulieren – wie es von bürgerlicher Konsumentenseite naiv wäre, zu glauben, dass es ein politisches Bestreben gäbe, Kindern genügend Sitzplätze in Schulbussen zur Verfügung stellen zu wollen; dies würde den Staat nicht nur einiges kosten

4. Das Lernen und die Didaktik

– er profitiert demgegenüber finanziell über das hohe Steueraufkommen sogar sehr stark vom motorisierten Individualverkehr.

Wohin fahren diese Menschen in ihren mobilen Blechbüchsen schon bzw. vor allem zu früher Stunde eigentlich? Das Ergebnis einer derartigen Untersuchung ist wenig spektakulär: zur Kita, zum nächsten Supermarkt oder zur Schule: Wo sie dann ihre Kinder abholen – um andere Kinder, die ihren Weg (noch) nicht im sicheren Blech-Refugium bewältigen, allein schon durch ihre massenhafte Präsenz sehr stark zu gefährden. Ein Kind als Fußgänger beispielsweise, das nur objektive Gefahren meiden kann, trägt ein weit höheres Unfallrisiko als ein aufmerksamer Erwachsener, der immerhin die subjektiven Gefährdungen erkennen und damit umgehen kann.[104]

Ein motorisiertes Fahrzeug zu bedienen, ist heutzutage überhaupt nicht schwierig. Hingegen bleibt ein sicheres Teilnehmen am Straßenverkehr grundsätzlich sehr anspruchsvoll. Denn entscheidend zur sicheren Verkehrsteilnahme und zum verantwortungsvollen Steuern eines Fahrzeugs sind weniger die technischen Fähigkeiten, sondern vielmehr die charakterliche Eignung des Fahrenden.[105]

Mit der alemannischen Automanie wäre nur ein Beispiel stellvertretend für verkehrserziehliche Notwendigkeiten genannt. Doch das, was sich im Verkehr zeigt, gilt auch für den Umgang und das postmoderne Geschäftsgebaren im Allgemeinen: von Selbst bzw. aus Eigeninitiative gegenüber dem Nächsten passiert immer weniger. Im Straßenverkehr heute noch von einem sozialen Miteinander oder gar von einem liebevollen Umgang der Menschen zu sprechen, erübrigt sich dabei weitgehend. Die schwächsten und am stärksten gefährdeten Teilnehmer sind dort aber nach wie vor die Kinder. Wir brauchen daher nicht mehr eine Verkehrserziehung der Kinder, sondern vor allem eine Verkehrserziehung für die Kinder!

Anmerkungen

1   La Rochefoucauld zit. nach Pawlak, M.: Zitate von A bis Z, Herrsching 1989, S. 479
2   Fromm, E.: Vom Haben zum Sein. Berlin 2011, S. 85
3   Riemann, F.: Die Fähigkeit zu Lieben München 2017, 13. Aufl., S. 57
4   Lauster, P.: Die Liebe Psychologie eines Phänomens Reinbek bei Hamburg 2003, S. 97
5   Vgl. Te Wildt, B.: Digital Junkies Internetabhängigkeit und ihre Folgen für uns und unsere Kinder München 2016, S. 166
6   Wehr, H.: Biophile Alternativen in der Weiterentwicklung der Schule. In: Erich Fromm heute München 2000, S. 107

7   Vgl. Hüther, G. zit. nach Funk, R.: Vom Ich zum Wir München 2005, 2. Aufl., S. 207
8   Fromm, E.: Wege aus einer kranken Gesellschaft. München 2014, 8. Aufl., S. 294 Schön wäre es gewiss, würde diese Aussage – sofern sie damals überhaupt zugetroffen haben sollte, auch heute noch stimmen: denn etwa vierzehn Prozent aller in Deutschland lebenden Erwachsenen zwischen 18 und 65 Jahren gelten als Analphabeten – das sind etwa 7,5 Millionen Menschen. Wie wichtig die Persönlichkeitsbildung ist, beschrieb schon der Kulturphilosoph Gottfried Herder. Vgl. Precht, D.: Anna, die Schule und der Liebe Gott Der Verrat des Bildungssystems an unseren Kindern München 2015, S. 33
9   Nürnberger, C.: Die Machtwirtschaft. Ist die Demokratie noch zu retten? München 1999, 2. Aufl., S. 218
10 Vgl. Spitzer, M.: Lernen Gehirnforschung und die Schule des Lebens Heidelberg 2006, Nachdruck 2014, Vorwort S. 15
11 Wobei man generell die Frage stellen muss, ob Sprachbücher mit ihrem formalgrammatikalischen Ansatz, der immer noch den Charakter curricularer Zeiten atmet, wirklich noch dem heutigen Zeitgeist entsprechen. Denn inhaltlich ändert sich durch den entsprechenden Bucheinsatz innerhalb des Grammatikunterrichts die Gewichtung. Tatsächlich aber sind die Sprachlehreinhalte völlig unterschiedlich geartet, was besonders für deren Schwierigkeitsgrad gilt. So werden die vier Fälle, welche im mehrfachen Durchgang nahezu ständig eingesetzt und angewendet werden müssten, in der Regel lediglich in einer Sequenz behandelt und mit einer Leistungserhebung als spezifischer Inhalt weitgehend abgeschlossen.
12 Vgl. Yeats, B. zit. nach Müller, M. In: Paparazzi 2/2019, S. 11
13 Vgl. Hartmut von Hentig zit. nach Spitzer, M.: Lernen Gehirnforschung und die Schule des Lebens Heidelberg 2006, Nachdruck 2014, S. 452
14 Mimi die Lesemaus München 2014, S. 84 Eine Verkäuferin verdient etwa 1700 Euro monatlich und gemäß Umfragen ist man in diesem Berufsstand mit der Bezahlung unzufrieden.
15 Kaindl-Widhalm, B.: Demokraten wider Willen Wien 1990, S. 138 Antikommunismus und Eigentumsideologie dominieren in 77% der Schulbüchernkapitel: Kommunisten (die dem Dritten Reich als erste zum Opfer fielen!) werden mit Nationalsozialisten in Geschichtsbüchern praktisch gleichgestellt. Vgl. Kaindl-Widhalm, B.: Demokraten wider Willen Wien 1990, S. 138
16 Kahlert, J. et Binder, S.: Heimat- und Sachunterricht 1/2 Bayern Braunschweig 2014, S. 138f.
17 Es sind nicht alle lustig, die tanzen. Lehmann, C. zit. nach Pawlak, M.: Zitate von A bis Z Herrsching 1989, S. 381
18 Nürnberger, Ch.: Die Machtwirtschaft Ist die Demokratie noch zu retten München 1999, 2. Aufl., S. 152
19 Wobei im sich überexponentiell entwickelnden Verkehrsgeschehen tatsächlich ein Regelungsdefizit besteht.
20 Spitzer, M.: Lernen Gehirnforschung und die Schule des Lebens Heidelberg 2006, Nachdruck 2014, S. 349 Die deutsche Sprache ist ohnehin nicht die ideale für kleine Kinder als Sprachanfänger – Italienisch als Sing- und Sprechsprache eignet sich beispielsweise viel besser zum Erlernen einer Erstsprache.
21 Diese Forderung stammt – wie sollte es auch anders sein – aus gegenwärtigen nationalkonservativen Kreisen. Den betreffenden Autor erwähne ich hier explizit nicht, da er bereits an anderer Stelle namentlich in einem selbstverschuldet

4. Das Lernen und die Didaktik

unvorteilhaften Zusammenhang genannt wurde und ich mich nicht an einem schwarz-weiß motivierten Bashing einzelner Personen (die eben auch Richtiges feststellen) beteilige. Wo ein solches selbstbeweihräucherndes Nationaldenken herkommt, lässt sich anhand der Literatur als Zeitzeuge gut nachverfolgen. So schreibt Carl Zuckmayer im Hauptmann von Köpenick: „Der Alte Fritz, der kategorische Imperativ und unser Exerzierregiment, das macht uns keiner nach! Das und die Klassiker, damit hammer's geschafft in der Welt!" Zuckmayer, C.: Der Hauptmann von Köpenick Frankfurt am Main 1991, S. 10 – übrigens auch ein (im Dritten Reich der Bücherverbrennung preisgegebener) Klassiker, den man gelesen haben sollte, Herr S...!

22 Hölderlin, F.: Gesang des Deutschen In: Müller-Alfeld, T. und Kraft, H. (Hrsg.) Das Buch der Lyrik Darmstadt 1954, S. 213
23 Fromm, E.: Die Kunst des Liebens München 2009, 68. Auflage, S. 134
24 Fricke, G. In: Schiller, F.: Gedichte Ditzingen 1983, S. 3
25 Postman, N. zit. nach Chill, H und Meyn, H.: Öffentlich-rechtliche Rundfunkanstalten In: Informationen zur politischen Bildung Massenmedien Bundeszentrale für politische Bildung München 1998/3, S. 35
26 Horkheimer, M. und Adorno, T. W.: Dialektik der Aufklärung. Frankfurt am Main, 2011, 20. Aufl., S. 129
27 Marcuse, H.: Kultur und Gesellschaft 1 Frankfurt am Main. 2011, 20. Aufl., S. 60
28 Horkheimer, M. und Adorno, W. T.: Dialektik der Aufklärung Frankfurt am Main, 2011, 20. Aufl., S. 164
29 Riemann, F.: Grundformen der Angst München 2017, S. 232
30 Zum Thema Tablets oder Laptops: Tablets sind nicht als die Elementarform des Computers konzipiert worden (wie das z.B. bei speziellen Lernmedien für Kinder der Fall ist der Fall ist), sondern als Unterhaltungsmedium, das etwa dazu dient Filme anzuschauen etc. – zu unterhalten: Sie sind vorrangig ein Freizeit- und kein Arbeitsgerät.
31 Vgl. Krautz, J. zit. nach Osterfeld, G.: Pädagogische Aspekte im Werk von Erich Fromm. Wiss. Diss. Bonn 2009, S. 171
32 Osterfeld, G.: Pädagogische Aspekte im Werk von Erich Fromm. Wiss. Diss. Bonn 2009, S. 171 „Die zehn populärsten Irrtümer der Pädagogik", auf diesem aus sogenannten „Billig-TV-Serien" hinlänglich bekannten Format sind nun offenbar auch manche Elternzeitschriften angekommen. Abgesehen davon, dass man skandalisierend-diffamierende Formate à la „Die dümmsten Tiere der Welt" oder „Die zehn reichsten Promis" gerade in der Bildung nicht kopieren sollte, bietet eine solche Listung der zehn populärsten Pädagogik-Irrtümer inhaltlich wenig Gehaltvolles. Was das Ganze abgesehen von der Form so unerträglich macht, ist ein reaktionärer Geist, der sämtlichen am Kind orientierten Ansätzen und Konzepten zuwiderläuft.
Die besagte Top-Ten-Liste wird zu allem Überfluss auch noch im „Irrtum-Format" präsentiert! Unter anderem darf man hier lesen: Frontalunterricht wäre gut, Ziffernnoten unersetzbar wichtig und Regelbefolgung sei das A und O; Lernen müsse gar keine Freude machen und Sitzenbleiben wäre gut – auf dieser Schiene läuft dabei bar jeglicher Wissenschaftlichkeit und Orientierung am Kinde die postmoderne wirtschaftsliberal „fundierte" Infiltration ab. Nein, das betreffende „Werk" stammt nicht von Johanna Haarer.
Weshalb das sogenannte Sitzenbleiben keine Lösung ist, erläutert z.B. David Precht: „Das Wiedererkennen von nicht bewältigtem Stoff löst im Regelfall keine

Lernfreude aus, sondern Phobien." Precht, D.: Anna, die Schule und der Liebe Gott Der Verrat des Bildungssystems an unseren Kindern München 2015, S. 126

33 Vgl. z.B. Ertelt, B. et al: Jo-Jo Lesebuch Berlin 2014, S. 130f., S. 168f.
34 Nicht von Ungefähr kommt die Forderung Theodor Adornos, solche Lernziele zu verankern, wie die Befähigung zur Kritik an „jedweder Obrigkeit und der von ihr gesetzten Normen sowie ein Bewusstsein davon, dass gerade innerhalb der fortgeschrittenen Zivilisation Unbeschreibliches (gemeint ist die systematisch-bürokratische Nekrophilie in den Vernichtungslagern des Dritten Reiches – der Verf.) geschehen ist, das es mit allen daraus folgenden Konsequenzen kritisch zu bedenken gilt." Adorno, T.W. zit. nach Schwandt, M.: Kritische Theorie Stuttgart 2010, 2. Aufl. S. 206 Zum bezeichneten Lehrplan eine kleine Feststellung: Dieser war so lange in Kraft, dass ich nach diesem sowohl als Schüler unterrichtet wurde als auch als Lehrer diesen selbst unterrichtete!
35 Also gut, hier die Übersetzung der eigentlich schon etwas älteren Kürzel aus der (guten alten) SMS-Zeit: For You, Lots of Love und Face to Face.
36 Vgl. Spitzer, M.: Lernen Gehirnforschung und die Schule des Lebens Heidelberg 2006, Nachdruck 2014, S. 391
37 Spitzer, M.: Lernen Gehirnforschung und die Schule des Lebens Heidelberg 2006, Nachdruck 2014, S. 24ff.
38 Spitzer, M.: Lernen Gehirnforschung und die Schule des Lebens Heidelberg 2006, Nachdruck 2014, S. 244 „Alle Kinder lernen schlechter lesen, wenn sie mehr fernsehen." Spitzer, M.: Vorsicht Bildschirm! Elektronische Medien, Gehirnentwicklung, Gesundheit und Gesellschaft München 2007, 3. Aufl., S. 137
39 Beispielsweise Weihnachtswunschzettel – dann tut sich dabei inzwischen allerdings ein gewisses Problem auf: Die heutigen Kinderwünsche lauten nämlich nicht mehr Katze, Puppe, Baukasten oder Teddybär – sondern betreffen zu einem großen Teil englischsprachige Markennamen: Play-Station, John Deere, einen „Hydraulik", ein Playmobil-Buffet – da ist die Lehrkraft um den „Frontlader" sogar noch froh, denn einen solchen Begriff kann man Kindern im Deutschunterricht wenigstens noch erklären und rechtschriftlich sichern – aber die zahlreichen Anglizismen und Markennamen machen eine solche gewinnbringende Unterrichtssequenz weitgehend zunichte.
40 Te Wildt, B.: Digital Junkies Internetabhängigkeit und ihre Folgen für uns und unsere Kinder München 2016, S. 92 Erinnert sei dabei an die Zeit der Groschenromane, für welche bereits Ähnliches festgestellt wurde.
41 Der Turnvater Jahn wusste bereits: „Ein Volk, das ein wahres, volkstümliches Bücherwesen besitzt, ist Herr von einem unermesslichen Schatze." Jahn, F.L. zit. nach Pawlak, M.: Zitate von A bis Z, Herrsching 1989, S. 50 Ein sehr gutes Buch erkennt man beispielsweise daran, dass es einen mit seinen Inhalten in Gedanken immer wieder einholt – und vielleicht zögert man sogar, es noch einmal zu lesen; denn es macht sich beim Leser die Befürchtung breit, dass es sich abnutzen könnte. Dagegen wenig förderlich ist „all das, was ungebrochen solche Positionen wiederholt; was so redet wie jene, die vorweg mit dem Autor gleicher Meinung sind." Adorno, W.T. Schwandt, M.: Kritische Theorie Stuttgart 2010, 2. Aufl. S. 127
42 Lebensweisheit zit. nach Pawlak, M.: Zitate von A bis Z, Herrsching 1989, S. 50
43 Schiller, F. zit. nach Pawlak, M. Zitate von A bis Z Herrsching 1989, S. 100
44 Müller, M. In: Paparazzi 2/2019, S. 10

4. *Das Lernen und die Didaktik*

45 Nietzsche, F. zit. nach https://www.google.com/search?client=firefox-b-d&q=Ohne+Musik+w%C3%A4re+unser+Leben+ein+Irrtum, Seitenaufruf am 22.9.2019 „Das Leben ist ein Kunstwerk. Wer es bewusst lebt, arbeitet an seinem Meisterstück." Monataige de, M. zit. nach Otte, R.: Denken altert nicht In: Meier, J. und Bremer, F.: Der Mensch ist kein Ding! Neumünster 1996, S. 147 „Ich bin fest überzeugt, dass kein Künstler mehr eine Zukunft hat, der nicht ganz und ausschließlich sterblicher Mensch sein will." Keller, G. zit. nach Pütz, W. (Hrsg.): Keller, G.: Romeo und Julia auf dem Dorfe Text und Kontext Stuttgart 2017, S. 102

46 Doidge, N.: Neustart im Kopf wie sich unser Gehirn selbst repariert Frankfurt am Main 2008, S. 279

47 Birbaumer, N.: Dein Gehirn weiß mehr, als du denkst Berlin 2014, 5. Auflage, S. 188

48 Vgl. Birbaumer, N.: Dein Gehirn weiß mehr, als du denkst Berlin 2014, 5. Auflage, S. 187

49 Vgl. Blood und Zatorre zit. nach Spitzer, M.: Lernen Gehirnforschung und die Schule des Lebens Heidelberg 2006, Nachdruck 2014, S. 35

50 Rilke, R.M.: Musik Gesammelte Werke Die Gedichte München 2020, S. 928

51 Wobei es insbesondere im Hinblick auf die Klassifizierung durch die Verwertungsgesellschaften zu vielen Überschneidungen, Abgrenzungsschwierigkeiten und Streitpunkten kommt.

52 Vgl. Schopenhauer, A. zit. nach Birbaumer, N.: Dein Gehirn weiß mehr, als du denkst Berlin 2014, 5. Auflage, S. 48ff.

53 Paul Hindemith und Karlheinz Stockhausen haben sie allenfalls noch komplettiert. Die Klassik von heute hat in vielerlei Hinsicht reaktionären Charakter erlangt, was von ihrer musikalischen Entstehung und ihrem Wesen her gedacht, überhaupt nicht so sein müsste! Die klassische Musik wird inzwischen zudem in einer Form analysiert und interpretiert, als ob es sich dabei um so etwas ähnliches wie eine Musik gewordene Mathematik handeln würde; zudem fehlt ihr die freie Improvisation, es gibt auch keinerlei Interaktion zwischen Publikum und Musikern; die E-Musik erweist sich damit als keine lebendig-direkte Kunstform mehr, sondern ist mittlerweile zu einer formalen Musik geworden; auch die Notation bzw. der nicht produktive Charakter seitens der die Musik spielenden Akteure, welche in der Regel keine Musik schaffenden Menschen mehr sind, unterstreicht einmal mehr die postmoderne Leblosigkeit dieser in ihrer tatsächlichen Eigenart eigentlich doch sehr lebendigen Musikart; darüber hinaus wird die klassische Musik inzwischen zu allem Überfluss auch noch versnobt.

54 Schinkel, K. F. zit. nach Mitscherlich, A.: Die Unwirtlichkeit unserer Städte Anstiftung zum Unfrieden. Frankfurt am Main 1980, 15. Aufl., S. 54 Unsere grundlegende Aufgabe als Menschen ist es nicht, in Konkurrenz gegeneinander zu treten, uns gegenseitig möglichst viel wegzunehmen und uns dabei als unvermeidbar funktionell-immanentes Endziel auch noch gegenseitig zu schwächen bzw. gar zu vernichten – sondern stattdessen Kunst, Kultur und Musik produktiv und konstruktiv zu nutzen.

55 „Jeder, der eine durchschnittliche Unterhaltung verfolgt, weiß, wie wenig man sich auf ein Thema und auf eine andere Person wirklich konzentriert. Ein Mangel an Konzentration ermüdet, während die Konzentration wach macht." Fromm, E.: Vom Haben zum Sein. Berlin 2011, S. 63f.

56 Zwischen unserem Lebensstil und der Musikalität aber besteht ein ursächlicher biologischer Zusammenhang: Denn „aus der Brustpanzerung stammt die „Ungelenkigkeit" der Arme und wahrscheinlich auch ein Stück der Unmusikalität." Reich, W.: Charakteranalyse Köln 2010, S. 494
57 Gamm, H.-J.: Der Flüsterwitz im Dritten Reich, München 1963, S. 39
58 Vgl. Pleticha, H.: Ihnen ging es auch nicht besser. Schule und Schüler in vier Jahrtausenden Würzburg 1966, 2. Aufl. S. 56
59 Vgl. Segbers, F.: Die Schändung der Arbeit im neoliberalen Kapitalismus In: Fromm Forum 23/2019: Gefangen in der Gesellschaft Tübingen 2019, S. 240
60 Vgl. Dostojewski, zit. nach Fromm, E.: Über die Liebe zum Leben. München 1986, S. 44 Diese Androhung falsch verstandener Anarchie setzt allerdings voraus, dass es überhaupt einen Gott gegeben hat. Wenn – um im Sprachbild zu bleiben – Gott nie existiert hat, dann kann das Abfallen vom Glauben an ihn als eine drohend-ordnende Vaterimago-Instanz gar nicht erst in destruktiver Hinsicht wirksam werden.
61 Spitzer, M.: Lernen Gehirnforschung und die Schule des Lebens Heidelberg 2006, Nachdruck 2014, S. 439
62 Einige Beispiele aus dem käuflichen Vorschlagssortiment für die Zeugnisbewertung von Schülerleistungen im Fach Religion in der ersten Jahrgangstufe mögen dies zusätzlich verdeutlichen: Der Schüler interessiert sich für alle (!) Personen und Geschichten der Bibel. Der Schüler bringt dabei umfangreiches Vorwissen ein. Biblische Personen und Geschichten erwecken seine Aufmerksamkeit.
63 Moliere zit. nach Pawlak, M.: Zitate von A bis Z, Herrsching 1989, S. 53
64 Fromm, F.: Über die Liebe zum Leben. München 1986, S. 130
65 Fromm. E.: Wege aus einer kranken Gesellschaft. München 2014, 8. Aufl., S. 296
66 Wieland, C.M. zit. nach Pawlak, M.: Zitate von A bis Z Herrsching 1989, S. 271 „Nach Gott im Gehirn suchen, ist etwa so sinnvoll, wie den Fernseher auf der Suche nach einem kleinen Nachrichtensprecher aufzuschrauben." Spitzer, M.: Lernen Gehirnforschung und die Schule des Lebens Heidelberg 2006, Nachdruck 2014, S. 423
67 Bayerwaltes zit. nach Spitzer, M.: Lernen Gehirnforschung und die Schule des Lebens Heidelberg 2006, Nachdruck 2014, S. 430
68 Fromm, E.: Wege aus einer kranken Gesellschaft. München 2014, 8. Auf.; S. 290f.
69 Buckle, H.T. zit. nach Pawlak, M.: Zitate von A bis Z Herrsching 1989, S. 273
70 Vgl. Feuerbach, L. zit. nach Pawlak, M.: Zitate von A bis Z Herrsching 1989, S. 273
71 Bergius, C.C.: Heißer Sand Gütersloh o.J., S. 231
72 Funk, R.: Flucht ins Autoritäre? In: Fromm Forum 24/2020 Rechtspopulismus und Demokratie Tübingen 2020, S. 109 Autorität finden wir heute vor allem in den zentralen und bedeutsamen Institutionen, wie etwa im Rechtssystem, dem Gesundheitswesen und eben den Kirchen. Vgl. Funk, R.: Flucht ins Autoritäre? In: Fromm Forum 24/2020 Rechtspopulismus und Demokratie Tübingen 2010, S. 111
73 Abbé Pire, zit. nach Fromm, E.: Ihr werdet sein wie Gott Hamburg 1980, 2. Aufl., S. 46
74 Feuerbach, L. zit. nach Pawlak, M.: Zitate von A bis Z Herrsching 1989, S. 272
75 Schiller, F.: Gedichte Ditzingen 1983, S. 163
76 Reitmajer, V.: Schulzeit am Tassilo-Gymnasium in Simbach/Inn Oberding 2018, S. 117

4. Das Lernen und die Didaktik

77 Lehrkräfte stellen ohnehin nicht den Personenkreis dar, der stets im Alleingang ohne externe Partner – wie etwa Zeitzeugen bzw. Historiker – über das Dritte Reich aufklären sollte; dies funktioniert bekanntlich schon bei der Sexualerziehung nicht besonders gut.
78 Vgl. Schieb-Samizadeh, Die Gemeinschaft für Frieden und Aufbau In: Dachauer Hefte 7 Solidarität und Widerstand Dachau 1991, S. 189
79 Gruen, A.: Der Verlust des Mitgefühls München 2016, 11. Aufl., S. 210
80 Erinnert sei in diesem Zusammenhang auch an den jaspers´schen Satz, wonach es eine objektive Wahrheit nicht geben könne!
81 Gladitz-Perez Lorenzo, N.: Der Fall Giorgio Perlasca In: Dachauer Hefte 7 Solidarität und Widerstand Dachau 1991, S. 34, S. 140
82 Fichte, J. G.: Die Bestimmung des Menschen Stuttgart 1997, S. 87
83 Fromm, E.: Vom Haben zum Sein. Berlin 2011, S. 10
84 Gruen, A.: Der Fremde in uns Stuttgart 2018, 13. Auf., S. 55
85 Gruen, A.: Der Verlust des Mitgefühls München 2016, 11. Aufl., S. 210 Über heute sagt die gegenwärtige beschönigend und auf einzelne wenige Täter zugespitzte Geschichtsforschung demzufolge aus, dass wir uns dabei in unserer Angepasstheit projektiv widerspiegeln – was einmal mehr den repressiven Charakter unserer heutigen Gesellschaft belegt.
86 Santayana zit. nach Wackerbauer, H.: Vorwort In: Das Konzentrationslager Dachau 1933 – 1945 Geschichte und Bedeutung. Bayerische Landeszentrale für politische Bildungsarbeit (Hrsg.) München 1994, S. 4
87 Haas et al. Zit. nach Kaindl-Widhalm, B.: Demokraten wider Willen Wien 1990, S. 139
88 Fromm, E.: Liebe, Sexualität und Matriarchat München 1994, S. 56
89 Moser, H.: Einführung in die Medienpädagogik Aufwachsen im Medienzeitalter Opladen 1995, S. 48
90 Kraschewski, H.J.: Didaktische Anmerkungen In: Informationen zur politischen Bildung 266 Nationalsozialismus 2 Führerstaat und Vernichtungskrieg Bundeszentrale für politische Bildung (Hrsg.) München 2000, S. 65
91 Kraschewski, H.J.: Didaktische Anmerkungen In: Informationen zur politischen Bildung 266 Nationalsozialismus 2 Führerstaat und Vernichtungskrieg Bundeszentrale für politische Bildung (Hrsg.) München 2000, S. 64
92 Gamm, H.J.: Der Flüsterwitz im Dritten Reich, München 1963, S. 124
93 Gamm, H.J.: Der Flüsterwitz im Dritten Reich, München 1963, S. 124
94 Vgl. Gamm, H.J.: Der Flüsterwitz im Dritten Reich, München 1963, S. 131
95 Heinze, A.: Von Null auf Tausend Ruhmannsfelden 2011, S. 7
96 Dafür umso mehr für die Entfaltung von Keimen und Viren, wie inzwischen wohl auch der letzte Ignorant im Zuge der Corona-Pandemie lernen durfte.
97 Pleticha, H.: Ihnen ging es auch nicht besser. Schule und Schüler in vier Jahrtausenden Würzburg 1966, 2. Aufl. S. 33 Im Originalzitat „kommt".
98 Unsere Schulsportlandschaft bestätigt damit einmal mehr das, was in den Kapiteln zum Thema Leistungsbeurteilung mit kurzfristigem Ehrgeiz sowie einer Kultur weniger (vor-)schneller Gewinner und vieler Verlierer verdeutlicht wurde. Ein solcher Kurzleistersport ist aber nichts anderes als ein Zeichen unserer physischen Degeneration – denn: Wie verlautbart ein italienisches Sprichwort hierzu so treffend? Wer am Anfang oft gewann, ward zuletzt ein Bettelmann!
99 Patton, G.S. zit. nach Pawlak, M.: Zitate von A bis Z Herrsching 1989, S. 381

4.11 Das vergessene Thema: die Verkehrserziehung

100 Dasselbe gilt im Übrigen auch für die Sportart Skeleton: Jemanden eine derart unnatürliche und den Instinkten widerstrebende Verhaltensweise (nämlich den Kopf nicht zu schützen) anzudressieren, hat viel mit dem unrühmlichen Brechen des menschlichen Willens gemein – was besonders in Deutschland in sehr schlechter Tradition steht.
101 Abgesehen von in Gefangenschaft dementsprechend dressierten Tieren.
102 Darauf sollte man sich bei womöglich zusätzlich eingeschränkter Steuerungsfähigkeit (sei es durch Gruppenzwang oder Alkohol) nicht verlassen!
103 Vgl. Heinze, A.: Leistungsfaktor Sport Stuttgart 2018, S. 8ff.
104 Sofern er nicht vom Smartphone abgelenkt wird.
105 Vor etwa zehn Jahren wurde es beispielsweise im Straßenverkehr üblich, dass man beim Rechtsabbiegen nicht mehr blinkte. Mittlerweile hat die weitere Entwicklung dazu geführt, dass selbst beim weitaus gefährlicheren Linksabbiegen nicht mehr geblinkt wird. Doch das Betätigen des intermittierenden Abbiegesignals aktiviert schließlich die Wachsamkeit aller Verkehrsteilnehmer und weist darauf hin, dass nun eine gefährliche Unterbrechung der Monotonie zu erwarten ist – dabei werden die Sinne angesprochen.

„Langweilig zu sein, ist die ärgste Sünde des Unterrichts."

Johann Friedrich Herbart[1]

5. Die Unterrichtsmethodik: Das Wie des Lehrens und Lernens

„Wir glauben, dass Lernen ohne Zwang zu nichts führe."[2]

5.1 Die aktuellen Rahmenbedingungen

„Im Hinblick auf das Lernen in der Schule oder an der Universität folgt, dass es nicht darum gehen kann, stumpfsinnig Regeln auswendig zu lernen. Was Kinder brauchen, sind Beispiele. Sehr viele Beispiele und wenn möglich die richtigen."[3]

Nicht allein, was jemand inhaltlich lernt, ist dabei entscheidend, sondern auch der Modus, wie eine Aufgabe bewältigt wird: Jahreszahlen zu „büffeln („753 kroch Rom aus dem Ei", „333 bei Issus Keilerei" etc.) ist sinnlos, solange man die Hintergründe nicht kennt. Geschichten treiben uns um, nicht Fakten."[4] Dem ist nicht nur im bereits angesprochenen Fach Geschichte so: Auch in der Praxis des Mathematikunterrichts neigen wir dazu, „jeweils einzelne Regeln und Verfahren zu lernen, ohne sie mit anderen in Verbindung zu setzen. Dabei zeichnet sich die Mathematik gerade dadurch aus, dass es sich um die Wissenschaft von Strukturen handelt, die so allgemein sind, dass sie praktisch überall anwendbar sind."[5] Auf einen Nenner gebracht, bedeutet dies: die Mathematik als universitäre Fachwissenschaft ist vor allem eine das Denken herausfordernde Geisteswissenschaft – unterrichtet wird sie jedoch eher wie eine regeldominierte Naturwissenschaft. Immerhin hat sich inzwischen die Erkenntnis durchgesetzt, dass es nicht immer nur darum gehen sollte, dieselbe Aufgabenlösung zu übernehmen, welche auch im Lehrbuch notiert ist, sondern eine von mehreren möglichen Lösungen zu finden – und dabei einen eigenen Weg zu gehen.

Ein methodischer Wechsel ist zudem als das das A und O des Unterrichts anzusehen – ganz im Gegensatz dazu, jede Mathematikstunde nach demselben Schema ablaufen zu lassen: „Hinführung, Zielangabe, Erarbeitung, Sicherung, Transfer": der Unterricht nach Schema F ist kein motivierender, er reizt nicht und fordert den Lernwillen nicht heraus. Schule muss stattdessen spontan und überraschend sein, denn der Lernende ist ganz besonders von Neuem fasziniert! Es wurde darüber hinaus auch festgestellt, „dass für optimales Lernen nicht der Absolutwert der Belohnung von Bedeutung ist, sondern deren Unerwartetheit:"[6]

Auf der anderen Seite steht demgegenüber, dass eine feste Struktur große Vorteile für die Disziplinierung von Schülern erbringt. Diesen Spagat zu schaffen, ist eine der Künste des pädagogischen Lehrens – wobei das Gelingen nicht allein von der Lehrperson vor Ort abhängig ist, sondern zuallererst von den gegebenen Rahmensetzungen bedingt wird: Ist beispielsweise die Schulklasse sehr groß, wird die Lehrperson gezwungen, den disziplinarischen Anspruch höher zu setzen, sodass die motivierenden Lernmöglichkeiten des Entdeckens reduziert sind. Doch „das Wachstum jedes Kindes wird gestört, wenn es nicht wie ein Entdecker leben kann."[7] Schließlich sind alle Menschen von Natur aus motiviert, stets lernen zu wollen! Ist das nicht der Fall, liegt dies zumeist an den äußeren Bedingungen – dann müssen vor allem diese auf den Prüfstand kommen und demzufolge lernfördernde Veränderungen stattfinden. Oft ist es aber leider so, dass bekannt gewordene Missstände zwar überprüft, aber dennoch nicht abgestellt werden. Dies liegt daran, dass man inzwischen jeglicher Skandalisierung durch die mediale Öffentlichkeit nur noch pro forma entgegentritt und es für deren kurzfristiges Interesse ausreicht zu zeigen, dass man das Problem angehen will. Dies geschieht dann entweder mit Personalwechseln oder anhand von Zehn-Punkte-Papieren, die zumeist ein reiner Selbstzweck bleiben und schnell wieder in Vergessenheit geraten dürfen. Zudem steht die Frage nach dem Besten gar nicht im Zentrum der Debatten um die Bildung. Es geht vielmehr um Befindlichkeiten: Wer seit einer gewissen Zeit etwas zu verantworten hat, empfindet eine starke Aversion gegenüber Veränderungen. Sie stellen sein bisheriges Tun schließlich in Frage: „Die Neigung, das Hergebrachte und das Gewohnte zu verteidigen, wenn wir nur selbst damit in Verbindung stehen, ist eine zuverlässige Komponente unserer Psyche."[8]

Die sogenannten Kombiklassen beispielsweise dienten zum Zeitpunkt ihrer Einführung ursprünglich einmal dazu, sehr kleine Schulstandorte zu erhalten. Inzwischen helfen diese aber auch dabei, den Lehrerbedarf zu senken; das ist allerdings nicht im Sinne der Kinder, weil nur eine homogenere Lerngruppe dem Grundgedanken der altersgemäßen Lernstufung Rechnung trägt; zumal die Standardklassen durch unterschiedliche Geburtsmonate, vorzeitige Einschulungen und Repetenten ohnehin bereits alles andere als „jahrgangsrein" sind.

Kombiklassen einzurichten, bedeutet inzwischen de facto, große Schulklassen einzurichten. Dort aber gibt es dann gezwungenermaßen mehr Formalunterricht, auf Grund unterschiedlicher Entwicklungsphasen und

5. Die Unterrichtsmethodik: Das Wie des Lehrens und Lernens

entsprechender Bedürfnisse folglich mehr soziale Konflikte (was gerne reaktionsbildend ins Gegenteil verkehrt wird), beispielsweise weniger Möglichkeiten für Leseerfahrungen sowie vor allem deutlich weniger persönlichen Lehrer-Schüler-Bezug als in kleinen Regelklassen. Kombiklassen bergen zudem den Nachteil, dass ein Teil der Kinder (z.B. die älteren) in den vierten Jahrgangsstufen – bereits in die Pubertät (mit einem Wiederaufleben und Weiterführen des in der phallischen Phase Gelernten) eintreten, während andere noch in einer Phase sexueller Latenz verbleiben. Auch gibt es in Kombiklassen eine funktionelle Unterscheidung von Alt und Jung; sich behaupten zu lernen kann man jedoch nicht, wenn jemand ständig gegen mindestens ein bis fast zwei Jahre ältere ankämpfen muss: das ist für kleine Kinder schon bei einem Jahr plus x sehr viel verlangt. Strukturell überfordernde Situationen bedingen zusätzlich das Entstehen von Ängsten. Dabei tut sich darüber hinaus auch ein Widerspruch auf: Geht es um den Übertritt an die Realschule oder an ein Gymnasium, so wird argumentiert, dass das Gymnasium für leistungsschwächere Schüler eine überfordernde Situation wäre, da dort die Guten zusammenkommen – was ja auch zutrifft. Allerdings ist dies in Kombiklassen – wenn dort auch zwei Lehrpläne in einer Klasse abgearbeitet werden müssen – nicht viel anders; denn dort ist die Unterlegenheit in allen Bereichen spürbar: beim Denk- und Reaktionstempo, im gemeinsamen HSU-Unterricht, in der Verkehrsschule und in jeder einzelnen Unterrichtsstunde beim Lernfortschritt. Es kommt folglich unweigerlich dazu, dass das didaktisch so wertvolle Unterrichtsgespräch zurückgefahren wird – zu „Gunsten" der Verteilung von Aufgaben: Doch das, was den Lernprozess tatsächlich interessant macht, bleibt damit auf der Strecke – wie Lehrerinnen berichten.

Auch die Integration von fremdsprachigen Schülern wird durch zu große Klassen behindert: Sind zehn Kinder, die kaum Deutsch sprechen, in einer Schulklasse, dann „halten sie den Betrieb auf" – wie es Eltern hinter vorgehaltener Hand beispielsweise ausdrücken. Befinden sich hingegen jeweils fünf fremdsprachige Kinder in einer Klasse mit 14 einheimisch sozialisierten Kindern, dann wird die Integration gelingen. Wenn wir nun wirklich hierzulande das Abgleiten in den autoritären Nationalismus noch verhindern wollen, dann sollten wir von Anfang an bessere Integrations- und Lernbedingungen schaffen!

Ein damals längst überfälliges Volksbegehren, namentlich „Keine Klasse über 30!", scheiterte bereits in den neunziger Jahren des letzten Jahrhunderts im Zulassungsverfahren, weil es gegen das Budgetrecht des Landtags verstoßen hätte. Doch auch die später veröffentlichte PISA-Studie hatte „entsprechend ergeben, dass bei Schülerzahlen über 25 der Unterrichtserfolg mit zunehmender Klassengröße abnimmt."⁹ Was die hohen Schülerzahlen in den Klassen betrifft, scheint es eine Tatsache zu sein, dass man nichts zum Besseren ändern will, aber das Nicht-Wollen bzw. Nicht-Dürfen gezwungenermaßen als Nicht-Können rationalisiert. Weshalb aber will man eigentlich nicht? Ganz einfach: Weil der gesamtgesellschaftlich wirksame Marketingcharakter inzwischen alle sozialen Bereiche erfasst hat – und damit auch das Schulwesen. Da dort aber kein finanzieller Gewinn erwirtschaftbar ist, muss der finanzielle Erfolg analog zum Gesundheitswesen über die Einsparung erreicht werden.

Dennoch ist in der Schulrealität vielerorts noch nicht aller Tage Abend. Ist in manchen Fällen dennoch gutes Lernen trotz strukturell nachteiliger Rahmenbedingungen gegeben, dann liegt dies zumeist an den betreffenden engagierten Lehrkräften: Denn „die Person des Lehrers ist dessen stärkstes Medium!"¹⁰ Dies stellt allerdings keine dauerhafte Lösung dar, weil ein Überachieven von Personen einen Mangel in der Rahmensituation und Sache nicht ausgleichen kann. Zumal es meist sinnvoller wäre, genügend und zugleich engagierte Lehrkräfte einsetzen – da sich beides wechselseitig bedingt.

5.2 Die Strukturierung des Lehrens

„Fast alles, was wir gelernt haben, wissen wir nicht. Aber wir können es."¹¹

Woran können Sie sich noch erinnern, wenn sie an ihre Schulzeit zurückdenken? An welche Inhalte aus ihrer Grundschulzeit? Vielleicht an einen Ausflug in der vierten Klasse? An ein Schulfest am Abend mit Lagerfeuer, sofern es so eines für sie damals gegeben haben sollte? An eine besondere Stunde aus dem Sachunterricht? An wie viele Deutsch- oder Mathematikstunden? Vermutlich sind es deren nicht besonders viele! Weshalb wohl? Aus einem ganz einfachen Grund: Weil sie einander so sehr ähnelten und weil stets ein- und derselbe Lernort gewählt wurde! Zudem ist es so, dass „der Mensch besser lernt, wenn die Tätigkeit selbst eine immanente Befriedigung schafft."¹² Das Besondere ist also gefragt, die Abwechslung. Denn die gegebenen Antworten können grundsätzlich immer nur so gut sein wie die gestellten Fragen und Aufgaben. Viel zu oft aber vermittelt die gegenwärtige Schulrealität den Stoff nach obsoleten Prinzipien: eine Thematik wird durchgenommen, danach gilt sie für den Rest des Jahres als abgehakt bzw. oft auch für den Rest des Lebens. Der mehrfache Durchgang, welcher sich allerdings nicht als eine reine Wiederholung manifestieren darf, wäre demgegenüber sicherlich die passendere Lösung! Durchaus

5. Die Unterrichtsmethodik: Das Wie des Lehrens und Lernens

könnten mehrere Unterrichtssequenzen zugleich in einer Woche parallel behandelt werden. Denn derart sind auch die Anforderungen im Leben gestaltet, auf welches wir schließlich vorbereiten wollen. Das Wesen des Lebendigen entspricht jedoch nicht den Denkstrukturen veralteter wie neokonservativer Schuldidaktiker. Einen solchen Mangel an Lebensempathie müssen dann bekanntlich andere ausbaden; doch die Kinder von heute sind schließlich die Erwachsenen von morgen und übermorgen – diesen Umstand sollte man bei allen Entscheidungen immer im Hinterkopf behalten!

Eine weitere gängige Fehlannahme ist im Zusammenhang mit der Lern- und Lebensstruktur ebenso gängig geworden: „Es ist ein weit verbreiteter Unfug zu glauben, man könnte (oder noch schlimmer: sollte) seine Zeit einteilen in Perioden des Lernens und Perioden der Freizeit. Hier spielt uns das Gehirn ganz einfach einen Streich: es lernt sowieso immer!"[13] Das einteilende und heute inzwischen wieder sehr häufig anzutreffende analhortende Segmentierungsdenken ist eine bürokratisch auferlegte Struktur, welche nicht unserer Natur, sondern vielmehr der Entfremdung von dieser entsprungen ist. Jede Klavierstunde – und damit ist ohnehin ein Beispiel gewählt, welches überwiegend für ein rein mechanisches Üben steht – ist zumeist noch immer besser als das stupide, rein mechanische Abschreiben der formal immer gleichen Einträge in einem bestimmten Fach. Es ist ebenso nicht zielführend, ganze Unterrichtssequenzen lang beispielsweise immer auf die gleiche Art die schriftliche Addition zu üben. Die Kinder schreiben dabei nämlich zur formellen und naheliegenden Vereinfachung manches Mal lediglich Zahl unter Zahl sowie alle Rechenzeichen untereinander. Nach wenigen Wochen ist das wesentliche Prinzip dann längst wieder vergessen und muss erneut aufgefrischt werden. Die künstliche Struktur zerstört hierbei den natürlichen Lernprozess! Auch der Lerninhalt wird selbst unter Umständen fehlverwendet, wie z.B. die zergliedernde Gedichtinterpretation im Fach Deutsch zeigt: Es geht dann um Versmaß, Metrum, Struktur, Daktylus, Trochäus und Co.; aber der Inhalt, das Künstlerische und Natürliche – das eigentlich Lyrische – werden zweitrangig behandelt: So bringt man Kinder und Jugendliche gewiss nicht zur Literatur, sondern entfernt beide Bereiche vielmehr voneinander.

5.3 Freies Denken

In einer Schulstunde werden Mandalas ausgeteilt. Fast alle Kinder beginnen sofort mit dem Ausmalen: manche von ihnen detailverliebt, andere eher in einem verkrampft-eckigen Stil. Ein Kind jedoch dreht das Blatt um und zeichnet frei ohne Vorlage etwas Schönes: seine Haltung ist entspannt und locker und der Gesichtsausdruck nicht von Erfüllungszwang verzerrt. Den Umstand, dass die Lehrerin dieses Kind tadelt, weil es nicht wie ihm befohlen tut, möchte ich nur am Rande erwähnen. Denn tatsächlich war dieses Schulkind der einzige Mensch in dieser Gruppe, der das machte, was ihm von der Natur gegeben wurde, nämlich seinem individuellen Ausdruckswillen zu folgen.

Kommerzielles Material für Kinder, wie im einfachsten Fall Bauklötze oder vorgefertigte Spielsteine, kann man lediglich sortieren, horten oder einpassen.[14] Doch bereits die programmierte Freude darüber, dass sich etwas glatt einfügt, ist keine natürliche. Das Spielen mit beweglichen natürlichen Gegenständen beispielsweise ist deshalb stets besser als das Struktur-Spielen, wo es nur darum geht, zu ordnen und zu sortieren, doch „spielen ist verwandeln."[15]

Menschen, die während ihrer entscheidenden Entwicklungsphasen auf das Unlebendige fixiert wurden, werden – wie gelernt und nun als selbstverständliche Performanz gezeigt – selbst als Erwachsene andere Menschen immer wieder wie Dinge behandeln: Sie werden zu Technokraten oder Bürokraten, freuen sich über passgenaue Einsparungen und entscheiden dann über Lebendiges wie über Sachliches bzw. sortieren Menschen wie Ware ein und leider auch aus. Individuen werden dabei zu Nummern; ein austauschbares Gut – so, wie es der betreffende Mensch in seiner Sozialisation gelernt hat: „Wächst ein Kind in einer sehr strengen Umgebung auf, in der Fehltritte und Regelverstöße sehr hart bestraft werden, so entwickelt es folglich auch ein besonders strenges und rigides Über-Ich.[16]

Lässt man Kinder stattdessen in der Natur z.B. mit am Boden liegendem Laub spielen, dann können sie vielfältige Erfahrungen machen: die Blätter rascheln, reagieren plastisch auf Bewegung, riechen ungewöhnlich, schmecken bitter, sind teilweise feucht und zeigen sich empfindlich, wenn man einmal daran zieht. Aus Gründen dieser vielfältigen Lernmöglichkeiten ist es unbedingt notwendig, Kinder naturnah aufwachsen zu lassen. Sie sollten beispielsweise häufig mit Holzstöcken spielen, Tiere streicheln oder ins Wasser greifen. Die Natur ist als lebendiges Chaos unser allerbester Lehrmeister!

5. Die Unterrichtsmethodik: Das Wie des Lehrens und Lernens

Menschen, die es ohne weiteres aushalten können, auch einmal schmutzig zu werden und nicht jedes Fussel abstreifen müssen, sind diejenigen, deren kindliche Entwicklung naturgemäß verlaufen ist. Beim hortenden Menschen hingegen wird auch dort das Pedantische gezeigt, wo es sinnlos erscheint und kontraproduktiv wirkt, denn „Störungen haben immer Vorrang."[17]

Wie aber sieht nun das freie Denken aus? Denn so besonders frei sind wir heute in unseren Denkstrukturen nicht mehr! Die methodische Anleitung „mit Kopf, Herz und Hand" wurde in der Postmoderne schließlich schleichend zu „Mit Kopf-Schmerz und Handy" bzw. zu Tablet und Tabletten. Doch mit Vernunft und Verstand sollten wir die Lerneinheiten planen, nicht aber mit dem sogenannten und in jede Richtung dehnbaren „gesunden Menschenverstand", der seit Jahrzehnten in vielen Lebensbereichen ein Vorgehen nach Lust und Laune legitimieren darf. Unsere gegenwärtige pädagogische Zeit erinnert auch in diesem Zusammenhang immer mehr an den Übergang von der Reformpädagogik in ein totalitäres Deutschland: die Kreativität wurde und wird dabei immer mehr und zumeist schleichend durch einen neuen Formalismus ersetzt, die kindliche Individualität der Gleichmacherei geopfert und aus Vielfalt wird Mainstream. Dabei liegt jedoch ein Trugschluss vor: Die Inhalte müssen nicht sauber ins Heft geschrieben, sondern vernetzt, also (durcheinander!) ins Gehirn – denn die Natur ist nicht aalglatt, sondern rau, wild und ungeordnet-chaotisch. „Die Bildungspolitik hat seit Jahren ein Menschenbild favorisiert, dass von dem Gedanken getragen war, dass Kinder, Jugendliche, aber auch Erwachsene messbare, testierbare Wesen sind. Inhaltliches wurde weitgehend ausgeklammert zugunsten einer Methodeneuphorie. Das Musische ebenso wie das Geisteswissenschaftliche"[18] wurden von diesem behavioristischen Ansatz an den Rand gedrängt.

Wer keine Musikinstrumente lernen darf, wem der Reiz und die Schönheit des sprachlichen Ausdrucks vorenthalten werden, wer nicht dazu angeleitet wird, produktiv zu malen, wer sich seiner eigenen Singstimme schämt oder wem niemals aufgezeigt wurde, welchen Wert es für die Persönlichkeitsentwicklung hat, sich zu überwinden und vor anderen zu sprechen bzw. zu schauspielern – diesen vielen Menschen fehlen schlichtweg die Möglichkeiten, um der eigenen Persönlichkeit selbststärkend Ausdruck zu verleihen.

Etwas genau zu beobachten und diese Beobachtung dann beispielsweise aus dem Gedächtnis zu zeichnen: das schult die Empathie sowie die Genauigkeit – und letztere vor allem auf eine Weise, welche ein strukturerfüllendes Ordnen und Einpassen im Gegensatz dazu längst nicht bieten kann. Das eigenaktive Erkennen, um damit produktiv tätig zu werden, stellt sogar das exakte Gegenteil eines (selbst-)direktiven Imitierens dar.

„Wir können uns es nicht leisten, unser wichtigstes Potenzial noch länger so zu zerstören: die Kreativität, Entdeckerfreude, Begeisterung und die Lust am Lernen unserer Kinder. In der Schule werden ihnen diese Anlagen genommen. Im Austausch dafür erhalten sie einen Schulabschluss."[19]

Wenn wir die Menschen in unserer Gesellschaft betrachten, dann fällt auf, dass es nicht wenige frühe Senkrechtstarter gibt und demgegenüber weitaus weniger Menschen, die erst im Laufe ihres Lebens zur Höchstform weiterwachsen. Der psychoanalytische Soziologe Erich Fromm hat sich mit diesem Phänomen, das auch anderen mit dem Menschen befassten Wissenschaftlern aufgefallen ist, auseinandergesetzt. Wir müssen dabei zwei Lebensmodelle differenzieren, welche viel mit dem Ursprung der Energie für die Aktivität und für unsere Aktionspotenziale zu tun haben:
- Physische Energie: „Es gibt eine Energiequelle, die rein physischer Natur ist. Sie wurzelt in der Chemie unseres Körpers. Von dieser Energiequelle wissen wir, dass sie etwa ab dem 25. Lebensjahr wieder abnimmt."[20]
- Psychische Energie: Diese entspringt aus dem Bezogensein auf die Umwelt und einer diesem Bezug erwachsenden Kreativität. Die Freude, Glücklichkeitserfahrungen und die Energie entspringen hierbei der Sinnhaftigkeit kreativen Tuns. Das Interessiert-Bleiben[21] stellt dabei die zentrale Haltung des an seinen Eigenkräften, wie auch der Umwelt wachsenden Menschen dar.

Mehr als Erich Fromm möchte ich noch den Aspekt des Kreativen im Zusammenhang mit dem Bezogensein auf die Welt betonen. Denn viel zu oft wird in den schulischen Klassenräumen und vor allem immer mehr an den Tablets inzwischen wieder mit Lückentexten und Multiple-Choice-Aufgaben gearbeitet; diese Formen sollten aber bestenfalls ergänzend eingeübt werden. Auf den ersten Blick gefallen diese Aufgabenformen Kindern möglicherweise sogar – aber letztlich doch nur deshalb, weil die Anforderungen sehr einfach zu bewältigen sind. Man weiß dementsprechend schließlich längst, dass das Lösen von Kreuzworträtseln als Alzheimer-Prävention nur wenig bis gar nichts hilft – dabei werden lediglich singuläre Gedächtnisinhalte „aus ihren Schubladen gezogen". Die Verknüpfung der Inhalte sowie das Lernen im Kontext bleiben außen vor.[22] Der Anspruch der angebotenen und eingesetzten Materialien lässt oftmals zu wünschen übrig: ausmalen, nachvollziehen und abarbeiten ist einfach; hingegen selbst etwas zu erfinden, kreativ zu sein, produktiv – im eigenen

5. Die Unterrichtsmethodik: Das Wie des Lehrens und Lernens

Wortsinn – zu leben, indem man etwas aktiv hervorbringt und ein leeres Blatt zum Leben erweckt – etwas Derartiges ist als weitaus anspruchsvoller und demzufolge auch als viel zufriedenstellender zu betrachten.

Der Schein des nominell sogenannten freien Lernens trügt allerdings auch manchmal. Denn selbst dann, wenn wir heute in der Postmoderne von Freiarbeit sprechen, wenden wir durchaus wieder Unterrichtsformen an, die sich lediglich in der Ablehnung des Frontalen ähneln – und oft nicht einmal das: z.B. die sogenannte Wochenplanarbeit wird heute nicht selten als Formalismus und kindliche Bürokratieorientierung praktiziert. Das Abarbeiten nach Plan ist allerdings alles andere als kindgerecht. Wir müssen daher feststellen: Von der kleinen Renaissance der Reformpädagogik im Zuge der 1968er-Revolte haben wir uns inzwischen wieder weiter entfernt als wir dieser damals nahegekommen waren. So zeigt sich unsere immer oberflächlicher werdende Überflussgesellschaft mittlerweile auch im Unterricht an den Schulen: Heutzutage werden Kinder in Schulen regelrecht „zugemüllt" mit Arbeitsblättern – was mit der direktiven Digitalisierung kaum besser werden wird – eher im Gegenteil! Wenn man aber mit Vorlagen, Büchern, Informationsmaterial und digitalen Inhalten (wo man nur noch auszuwählen hat) überhäuft wird, dann kann der Wert des einzelnen Inhaltes kaum mehr erkannt werden.[23] Es muss folglich beim oberflächlichen Durchblättern und Abarbeiten bleiben. Eine solche überbordende Informationsfülle tritt im Übrigen beim Suchen im Internet ebenfalls auf: Wenn man zu einem Thema noch nicht viel weiß, sind (Lehr-)Bücher daher der eindeutig bessere Weg, um sich in ein Thema einzuarbeiten.[24]

Ein äußeres Kennzeichen für die große Materialflut und den hohen Verbrauch ist auch der oft nachlässige und wenig wertschätzende Umgang mit Büchern – denn diese „halten" heute längst nicht mehr so lange wie früher, was nicht nur an einer oft nachlassenden Papierqualität des Druckes liegt. Ohne jegliche Verklärung ist somit festzuhalten: Die entbehrungsreichen Jahre der (Nach-)Kriegszeit – ohne ausufernd in Hülle und Fülle vorhandenes didaktisches Material – waren ungewollt methodisch gar nicht so verkehrt – denn man musste sich als Lehrer etwas einfallen lassen und dabei selbst kreativ sein! Aus wenig bis fast gar nichts etwas herzuzaubern – so etwas forderte heraus: auf beiden Seiten, bei Lehrenden wie den Lernenden. So wurde das gesunde Wachstum von Anbeginn an möglich und es kam in der Folge nicht nur in der Pädagogik zu einem großen Aufschwung.

5.4 Verschiedene Lerntheorien

„Das Prinzip Belohnung ist nichts anderes als eine raffinierte Verhüllung des Drucks zum Erfolg."[25]

Es gibt bestimmte Zeiträume – kritische Perioden bzw. sensible Phasen genannt –, während derer bestimmte Inhalte besonders leicht erlernt werden können. Das gilt bekannterweise für das Lesenlernen, aber auch für die Musikalität mit all ihren Ausdifferenzierungen und geschieht überwiegend in funktioneller Form. Heute wird allerdings bereits innerhalb der gängigen Orientierungs- und Bildungspläne das freie und ungestörte Spiel zugunsten eines am Output orientierten Lernens geopfert.[26] „Wenn wir uns nur für die Zahlen von Input und Output interessieren, kann ein System recht effizient erscheinen. Betrachten wir aber auch die Auswirkungen der angewandten Methoden auf die betreffenden menschlichen Wesen, so können wir entdecken, dass sie gelangweilt, ängstlich, niedergedrückt, angespannt oder dergleichen sind."[27]

Darüber hinaus herrscht in unserer alltäglichen Organisation von Lernen das Puzzle-Handeln vor: „Wir passen Wissenselemente in ein vorgefertigtes Schema ein, das formal festlegt, welche Elemente etablierten Wissens in welche Strukturen gehören."[28] Ein solches Lernen neigt allerdings zu binären Codes, findet eindimensional statt und führt – wie wir schon anhand der jüngeren Test-Novellen unschwer erkennen können – zu einer starken Zentralisierung. Doch „Denkwege bergen in sich das Geheimnisvolle, dass wir sie vorwärts und rückwärts gehen können, dass sogar der Weg zurück uns erst vorwärts führt."[29]

„Es haben ja doch alle gelernt!", wird als sogenanntes „Schlag-mich-tot"-Argument gerne einmal hervorgebracht, wenn es in einer Bildungsdiskussion wieder einmal darum geht, welche Methode zum Ziel führt oder wenn sich jemand für bessere Bedingungen einsetzen möchte; die entscheidende Feststellung lautet tatsächlich aber immer: Um welchen Preis wird gelernt? Unter welchen Umständen erreicht das Kind sein bzw. unser Ziel? Mit welchen (Spät-)Folgen? Darum sollte es uns tatsächlich gehen!

Behavioristisches In-/Output-Lernen und die konditionierte Methodik stellen immer noch einen großen Teil sowohl der Erziehung als auch schulischer Vermittlungstechnik im Unterricht dar. Dabei ist festzuhalten, dass lediglich die Einsicht, dass die Belohnung zum richtigen Zeitpunkt als effektiver gegenüber der Bestrafung gelten kann, einen doch sehr geringen „Fortschritt" markiert.[30] Die Belohnung erweckt als Erziehungsstil bei oberflächlicher Betrachtung den Eindruck, ein Kind könne sich stets frei entscheiden. Tatsächlich aber ist das Streben nach einer Belohnung für

Kinder alternativlos. „Nur die Erziehenden fühlen sich besser, da sie glauben, mit dem Prinzip Belohnung seien alle Entscheidungen dem freien Willen des Kindes überlassen."[31]

Das entdeckende Lernen hingegen, welches ein Lernen aus Interesse und durch die Einsicht ermöglicht, bleibt auch heute weitgehend unterrepräsentiert. Bereits die originale Begegnung mit dem Lerngegenstand, aus welcher sich kindgerechte Problemstellungen als unterrichtlicher Ausgangspunkt beinahe wie von selbst ergeben, ist der beste Lernhelfer – von Anfang an! Dabei bleibt funktionales Lernen immer das effektivere und hauptsächliche Lernen: Wir lernen also meistens unbewusst. Es bewirkt beispielsweise deutlich mehr, wenn der Schüler am Modell Lehrer funktionell erlernen kann, wie dieser z.B. seinen Apfelrest in den Biomüll gibt, als wenn er die entsprechende Regel intentional aufschreiben lässt: Denn unser Wissen und Können muss nicht ins (Regel-)Heft, sondern in den Kopf!

„Am besten lernt der Mensch, wenn das Abrufen der Gedächtnisinhalte unter weitgehend ähnlichen Bedingungen abläuft, wie diese bei ihrem Einprägen vorherrschen."[32] Ein verkrampft-ordnendes schulisches Strukturerfüllen hingegen stellt in seinem Wesenskern nichts anderes als eine fremdinduzierte extrinsische Motivation dar, welche ebenso ein hortender Bürokrat beispielsweise beim Abschluss einer Tätigkeit empfindet, wo man „wieder einmal etwas unter Dach und Fach gebracht hat" – wenn das Ganze auch noch so wenig sinnvoll sein mag: „Haben wir wieder einmal etwas geschafft!" – aber was geschafft wurde, welcher womöglich geringe und irrelevante Stellenwert dem Erledigten tatsächlich zugeschrieben werden kann, dies bleibt demgegenüber jedoch zweitrangig; die Frage nach dem echten inhaltlichen Sinn – durchaus im Hinblick auf das Leben bezogen – stellt man in so einem Fall viel zu selten.

Ein nekrophiles Denken samt Ordnungszwang manifestiert sich auch in einem sortierenden und klassifizierenden Lehrplan und zeigt zudem einen übergeordneten Sortiercharakter unseres didaktischen Denkens: Hierbei wird angehäuft und aufgeteilt sowie zerlegt und vereinzelt; ein Thema wird strukturerfüllend abgehandelt, dann kommt sogleich das nächste. Eine solche Fragmentierung und Trennung von Lerninhalten entspricht heute allerdings weder der Lebensrealität noch dem Funktionieren unserer Gehirne.

Natürlich merkt man mittlerweile allerorts längst, dass es mit der zunehmenden Lernbürokratisierung nicht gut gehen kann, weil der Vorwurf des „Bulimie-Lernens" längst die Verantwortlichen bzw. verantwortlich Gemachten erreicht hat; reflexartig erfolgen dann rationalisierende Abwehrreaktionen postmoderner Art: vom vernetzten Denken wird gerne fabuliert, vom digitalen Erretter und von integrativen Ansätzen. Dem kann man ganz einfach entgegnen: Weshalb erst etwas in seine Bestandteile zerlegen, um es dann wieder gekünstelt und mühevoll zusammensetzen zu müssen? Der diesbezügliche Vorwurf einer „überfütternden Mütterlichkeit, die langweilige Lernhappen serviert", um damit Informationsgut in seinen Besitz zu bringen, ist inzwischen durchaus zutreffend geworden.[33]

„Unser Schulsystem züchtet den Kindern Fähigkeiten an, die Computer jetzt schon viel besser können – kurzfristig banale Daten abrufen. Unser Schulkonzept stammt aus der Zeit der Industrialisierung. Die Schüler werden wie Objekte angesehen, die man nach einem standardisierten Muster formen will. Das führt dazu, dass die individuellen Fähigkeiten und Entwicklungsmöglichkeiten nicht nur ignoriert, sondern sogar unterdrückt werden."[34] „Es wird „Stoff" durchgenommen und dann geprüft, um dann zum nächsten „Stoff" überzugehen. Wer hier als Schüler ohne viel Aufwand durchkommen will, der lernt für die Prüfungen. Das System unserer Prüfungen bringt also den Lernenden bei, gerade nicht dauerhaft zu lernen."[35] Dass es schön ist, Neues zu lernen, zu wachsen und zu leben – vermittelt das die Schule? Oder werden wir dort nicht vielmehr dazu erzogen, mit wenig Aufwand möglichst viel erreichen zu wollen und prüfungsbezogene Punktlandungen hinzulegen?

Aus der kognitiven Psychologie ist zudem seit Jahrzehnten bekannt, dass die besten Lernerfolge dann generiert werden, wenn jemand täglich ein bisschen lernt und wiederholt: wichtige Inhalte müssen immer wieder gelernt werden![36] Der Anschluss an die vorhergehende Stunde ist daher exakt so bedeutsam wie der Anschluss jedes Tages in unserem Leben an den vorausgegangenen.

Daneben sind ebenso Ruhe- und Erholungsphasen, was das intentionale Lernen betrifft, im Sinne einer Rhythmisierung immer wieder erforderlich. So kommt es in der Phase des Schlafens zu einer Konsolidierung des Erlernten, sodass die Inhalte „über Nacht" reorganisiert, durchgearbeitet und dabei memoriert werden. Meiner Erfahrung nach gilt dies in besonderem Maße für Gattungen (wie z.B. Lieder mit Text, Rhythmus und Melodie), wo mehrere Sinne angesprochen werden und dabei in der ineinandergreifenden gegenseitigen Befruchtung das Lernen begünstigen. Zudem können Emotionen den Lernprozess in positiver Weise beeinflussen. Jede Erstklasslehrkraft kennt wohl auch das Phänomen, dass nach den Weihnachtsferien bei allen Kindern ein starker positiver Schub bezüglich der Lesekompetenz feststellbar ist. Dass dies nicht am Christkind liegt, welches allen Abc-Schützen die Lesefähigkeit als Geschenk verpackt unter den Weihnachtsbaum gelegt hätte, dürfte uns allen bekannt sein. Der tatsächliche Grund dafür ist die Möglichkeit, das viele Gelernte während der Zugewinnpause endlich einmal kognitiv strukturieren, verarbeiten und reorganisieren zu können.

Anmerkungen

1 Herbart, J.F. zit. nach Pawlak, M.: Zitate von A bis Z Herrsching 1989, S. 432
2 Gruen, A.: Der Verlust des Mitgefühls München 2016, 11. Aufl., S. 35
3 Spitzer, M.: Lernen Gehirnforschung und die Schule des Lebens Heidelberg 2006, Nachdruck 2014, S. 78
4 Spitzer, M.: Lernen Gehirnforschung und die Schule des Lebens Heidelberg 2006, Nachdruck 2014, S. 35 Es wäre auch sinnvoll, (Lehr-)Bücher graphisch etwas aufwändiger und bunt-strukturierter zu gestalten, um damit zusätzliche Memorierhilfen anzubieten.
5 Spitzer, M.: Lernen Gehirnforschung und die Schule des Lebens Heidelberg 2006, Nachdruck 2014, S. 267
6 Spitzer, M.: Lernen Gehirnforschung und die Schule des Lebens Heidelberg 2006, Nachdruck 2014, S. 183
7 Gruen, A.: Der Verlust des Mitgefühls München 2016, 11. Aufl., S. 87
8 Precht, D.: Anna, die Schule und der liebe Gott. Der Verrat des Bildungssystems an unseren Kindern München 2015, S. 16
9 Baumert zit. nach Spitzer, M.: Lernen Gehirnforschung und die Schule des Lebens Heidelberg 2006, Nachdruck 2014, S. 402
10 Spitzer, M.: Lernen Gehirnforschung und die Schule des Lebens Heidelberg 2006, Nachdruck 2014, S. 194
11 Spitzer, M.: Lernen Gehirnforschung und die Schule des Lebens Heidelberg 2006, Nachdruck 2014, S. 59
12 Fromm, E.: Über die Liebe zum Leben. München 1986, S. 28
13 Spitzer, M.: Lernen Gehirnforschung und die Schule des Lebens Heidelberg 2006, Nachdruck 2014, S. 10
14 Und höchstens noch zerstören: zertreten und im späteren phallischen Stadium möglicherweise sogar durchbohren.
15 Bloch, E.: Das Prinzip Hoffnung Band 1 Frankfurt am Main 2019, 11. Aufl., S. 22
16 Überzogene Anforderungen, beispielsweise in den Punkten Reinlichkeit, Ordnung oder auch moralisches Verhalten, führen dazu, dass das Über-Ich nahezu ständig in Konflikte mit bestimmten Triebregungen gerät." Althaus, D., Niedermeier, N.: und Nieschken, S.: Zwangsstörungen. Wenn die Sucht nach Sicherheit zur Krankheit wird München 2013, 2. Aufl., S. 85f. So ist die Natur in ihrem Wesen aber keineswegs. Nicht einmal die Umlaufbahn der Erde um die Sonne ist gleichmäßig rund!
17 Prieß, M. Burn-out kommt nicht nur von Stress München 2019, S. 110 Notwendigerweise lässt sich – so paradox es in der Zuspitzung klingen mag – deshalb folgern: Diejenigen, die wir „säubern" (im Sinne von therapieren!) müssten – es wären die „Sauberen", die Ordnungsfanatiker, die Bröseltupfer, die Teppichfransenkämmer, die Kissenfaltenmacher, die Essenportionierer und Tischtuchzurechtzieher!

5.4 Verschiedene Lerntheorien

18 Zöpfl, H. In: PNP vom 16.3.2021, S. 8
19 Müller, M. In: Paparazzi 2/2019, S. 8
20 Fromm, E. zit. nach Funk, R.: Die Helfer zwischen Haben und Sein In: Meier, J. und Bremer, F.: Der Mensch ist kein Ding! Neumünster 1996, S. 48 Erich Fromm schreibt: „...langsam wieder abnimmt."
21 Ich verwende bewusst diesen gegenüber dem bloßen Interesse mehr Dynamik ausdrückenden Begriff!
22 Vgl. Birbaumer, N.: Dein Gehirn weiß mehr, als du denkst Berlin 2014, 5. Auflage, S. 184f.
23 Als Lehrkräfte aus ärmeren europäischen Ländern an Schulen in Deutschland zu Gast waren, war es für uns als gastgebende Schule jedes Mal wieder regelrecht peinlich, wie überzogen unser wortwörtlicher Materialismus selbst in der Schule schon geworden ist.
24 Vgl. Spitzer, M.: Die Smartphone Epidemie Gefahren für Gesundheit, Bildung und Gesellschaft Stuttgart 2019, 3. Aufl., S. 115
25 Gruen, A.: Der Verlust des Mitgefühls München 2016, 11. Aufl., S. 91
26 Vor allem im Bildungsbürgertum herrscht die Ansicht vor, Kinder wären innerhalb der gesellschaftlich relevanten Kompetenzportfolios permanent zu fördern. Vgl. Anders, G. zit. nach Egger, R., Hummel, S.: Lernwelt Schulweg Wiesbaden 2016, S. 13
27 Fromm, E.: Die Revolution der Hoffnung Gießen 2019, S. 51
28 Anders, G. zit. nach Egger, R., Hummel, S.: Lernwelt Schulweg Wiesbaden 2016, S. 22
29 Heidegger, M. zit. nach Vgl. Anders, G. zit. nach Egger, R., Hummel, S.: Lernwelt Schulweg Wiesbaden 2016, S. 145
30 Vgl. Fromm, E.: Die Pathologie der Normalität. München 2014, 5. Aufl., S. 147
31 Gruen, A.: Der Verlust des Mitgefühls München 2016, 11. Aufl., S. 91
32 Birbaumer, N.: Dein Gehirn weiß mehr, als du denkst Berlin 2014, 5. Auflage, S. 23
33 Vgl. Wehr, H.: Biophile Alternativen in der Weiterentwicklung der Schule. In: Erich Fromm heute München 2000, S. 108
34 Müller, M. In: Paparazzi 2/2019, S. 9
35 Spitzer, M.: Lernen Gehirnforschung und die Schule des Lebens Heidelberg 2006, Nachdruck 2014, S. 410
36 Vgl. Spitzer, M.: Lernen Gehirnforschung und die Schule des Lebens Heidelberg 2006, Nachdruck 2014, S. 410

„In den vergangenen Jahren war in allen Medien und von vielen Politikern immer wieder gebetsmühlenhaft zu lesen und zu hören, dass Deutschland bei der Digitalisierung von Schulen noch abgeschlagen weit hinten läge. „Gott sei Dank!" – schoss es mir dann jedes Mal durch den Kopf!"

Manfred Spitzer[1]

6. Digitalisierung: Friss oder stirb!

"Protagonisten der digitalen Landnahme sind Technologiekonzerne mit oligopolistischer Marktmacht, die auf vielfältige Weise mit Kreditinstituten und institutionellen Anlegern verflochten sind."[2]

6.1 Der letzte Schrei

*"Das flücht'ge Lob, des Tages Ruhm
Magst du dem Eitlen gönnen,
Das aber sei dein Heiligtum:
Vor dir bestehen können."*[3]

Vom im Vorkapitel angesprochenen ordnenden und sortierenden Charakter ist es nicht mehr weit zur nüchternen Digitalisierung. So digital, wie inzwischen unser Arbeits- und Privatleben, die soziale Kommunikation und sogar Kriege geführt werden, soll in einem letzten Schritt nun endgültig von frühester Kindheit an der digitale Konsum flächendeckend etabliert werden. Es geht dabei offensichtlich in einer Art informellem Masterplan (der allerdings alles andere als einen formalen Lehrplan darstellt) darum, tabletfreie Zonen in Schulen abzuschaffen, Kinder vor Bildschirmen zu platzieren und alle an der krankmachenden W-LAN-Strahlung teilhaben zu lassen.[4] Dabei werden die Gefahren von Strahlung und Elektrosmog kleingeredet bzw. direkt negiert. So wurde z.B. auf eine Anfrage an einen Schadensversicherer, der viel mit Prävention wirbt, ob denn die heute gängigen Formen der Strahlenbelastung gesundheitsgefährdend wären, abgewiegelt und gleichzeitig empfohlen, den Menschen, die darin eine Gefährdung sähen, damit zu kontern, dass sie doch selbst allesamt Handys benutzen würden. Eine wissenschaftliche Tatsache ist es aber, dass die unterschiedlichen Strahlungen besonders in ihrer Summe eine reale Gesundheitsgefährdung darstellen: W-LAN, Mobilfunk, schnurlose Telefone und dergleichen. Es verhält sich schließlich bei der Risikobeurteilung hinsichtlich Herz-Kreislauf-Erkrankungen nicht anders: ein Risikofaktor ist allein noch nicht unbedingt krankheitsauslösend, aber mehrere zugleich auftretende potenzieren die betreffende Erkrankungsgefahr drastisch. Selbiges gilt im Übrigen auch für die Zulassungsverfahren von Pestiziden: Auch dort wird immer nur ein Stoff für sich hinsichtlich seines

Gesundheitsgefährdungspotenzials bewertet – der „Pestizid-Cocktail" aber macht die Wirkung, nicht die Einzeldosis! Müssen wir als aufgeklärte Menschen der Postmoderne immer erst aus einem Schaden klug werden – und manchmal nicht einmal das?

„Wenn sie mich fragen, ob sich unsere Gesellschaft momentan zu viel oder zu wenig Gedanken über die Folgen der digitalen Entwicklung macht, dann ist meine Antwort eindeutig. Sie macht sich vor allem im Hinblick auf die Zukunft unserer Kinder zu wenig Sorgen."[5]

Darüber hinaus laufen W-LAN-Systeme im Gegensatz zu fest installierten Netzwerkleitungen nicht stabil, sie können leichter gehackt werden (mit fatalen rechtlichen Folgen für den Besitzer der IP-Adresse), Passwörter werden weitergegeben bzw. von Schülern entdeckt und Strom wird auch unnötig verbraucht – im Gegensatz zu weitaus sinnvolleren Netzwerklösungen. Die hohe Belastung für die Menschen – insbesondere reagible Heranwachsende – durch verschiedene Strahlungsquellen und -arten müssten also gar nicht sein! Ginge es jedoch nach den unreflektierten Digitalisierungsbefürwortern, dann würde an jeder Schule ein Server 364 Tage im Jahr laufen und in jedem Klassenzimmer an allen Schultagen das Whiteboard erleuchten – immer nach dem verdrängenden Motto: „Klimaschutz? Das machen doch die anderen (für mich mit)!"

Im Zusammenhang mit der dogmatischen Verteidigung von Smartphones und W-LAN-Netzen kann einem als gesundheitsverantwortlichem Menschen zusätzlich zu vorgeschobenen Rationalisierungen schon einmal direkt ins Gesicht gelogen werden. Es ist uns allen aus anderen Bereichen schließlich bekannt, dass Suchtmittel bis aufs Blut verteidigt werden und entsprechende Reaktionsbildungen, wie etwa beim Kampf der Ex-Raucher gegen aktive Raucher, in ihrer Radikalität und Aggression mehr als nur aufhorchen lassen: Man müsse als Lehrkraft im Schulunterricht sein Smartphone unbedingt dabeihaben, damit man Begriffe nachschauen könne? Das alles kann mit einem einzigen Begriff erklärt und unter diesem subsumiert werden: „I-Phone" – denn ohne Smartphone bin ich nichts, nur mit diesem aber weiß und „bin" ich alles – vor allem aber ein Konsument der Unterhaltungstechnik!

Manche Schüler notieren heute schon ihre Hausaufgaben so manches Mal gar nicht mehr selbst, weil die betreffenden Mütter diese ohnehin über WhatsApp schon längst erfahren haben: Erzieht man auf diese Art und Weise selbstständige Kinder? Macht man so mündige Bürger? Wie war das noch einmal mit den Helikopter-Müttern, die heute vom „Hubschrauber" zur WhatsApp-Whereabout-Kontrolle gewechselt sind? Das ständige

6. Digitalisierung: Friss oder stirb!

Wissen-Wollen ist schließlich im Kern nur der Ausdruck eigener innerer Unsicherheit. Es regerediert auf die eigene Kindheitsphase und entstammt der Zeit, als man selbst immer suchend umhereilte, ob die eigene Mutter noch in der Nähe war.[6]

Um radikaler Kritik, die durch die eben getätigte Überspitzung bzw. die im Anschluss genannten Sachargumente programmgemäß hervorgerufen werden kann, gleich vorab entgegenzutreten: Beim Thema Digitalisierung handelt es sich um kein Schwarz- oder Weiß-Thema. Selbstverständlich kann man unter Berücksichtigung gesundheitlicher Aspekte sowie der Altersgestuftheit digitale Medien als ein Instrument des Lernens – und in höheren Jahrgangsstufen auch als direkten Lerninhalt – in die Schulrealität einbringen. Wer nun aber bedingungslos der gekauften Digitalisierung als Retter und Löser gegenwärtiger Probleme verfällt, liegt sicherlich nicht mehr richtig, denn Veränderung allein bedeutet noch längst nicht immer zugleich Verbesserung.

6.2 Ein blinder Fleck

„Je länger junge Menschen online sind, umso weniger wissen sie und umso schlechter lernen sie. Sie haben eine kürzere Aufmerksamkeitsspanne, sind weniger ausdauernd, wenn es um die Lösung komplexer Aufgaben geht, und sind schneller frustriert. Dass das Internet Lernleistung nicht fördert, sondern nachhaltig behindert und die vehement geforderte Digitalisierung von Schule so gesehen nur ein Flop werden kann, ist absehbar. Schon deshalb, weil der Nachwuchs lieber surft als tief schürft."[7]

Nicht unerwähnt bleiben sollte dabei auch, dass ein Studium (trotz aller zunehmenden Verschulung) immer noch große zeitliche Spielräume dafür lässt, dass sich der Internetkonsum suchtgefährdeter Studenten unentdeckt seine Bahn brechen kann. In dieser Phase entscheidet sich dann oft das Lebensschicksal davon gefährdeter Menschen. So, wie Eltern oft denken, solange sich das Kind bzw. der Jugendliche im Nebenzimmer aufhält, wären diese doch bestens vor allen Gefahren geschützt (was angesichts der dort getätigten Aktivitäten eben gerade nicht der Fall ist – tatsächlich wären die betreffenden Kinder und Jugendlichen in der Realität unterwegs deutlich sicherer!), dementsprechend entzieht sich die Internetabhängigkeit während der Studienphase jeglicher sozialen Kontrolle. Das parallel dabei auftretende Phänomen des Rückzugs auf das eigene Zimmer wird aus Japan kommend als „Hikkikomori" bezeichnet: „Es droht eine Generation, die ein imaginäres „Bitte-nicht-stören"-Schild an der Stirn hängen hat."[8]

Spätestens seit der Corona-Pandemie, die von so mancher politischer Seite skrupellos als Beweis für die dringende Notwendigkeit der Digitalisierung 4.0 eingesetzt wurde, ist es allerdings gelungen, den gesellschaftlichen Mainstream auf diesen Zug aufspringen zu lassen. Tatsächlich aber wäre die Lehre aus Corona nicht, noch mehr digitale Technik, Kybernetisierung und Entfremdung zu verkaufen, sondern zurück zu unserer menschlichen Herkunft zu finden – zu Natürlichkeit und Biophilie! Die Digitalisierung von Klassenzimmern beeinträchtigt schließlich „nachweislich das Lernen von Schülern – aber über die vielen Studien hierzu wird einfach nicht berichtet."[9]

Die Grundprämisse, welche sich allen am didaktischen Vermitteln beteiligten Personen stellt, sollte grundsätzlich immer folgende sein: Welche Mittel kann bzw. muss man sinnvollerweise zum jeweiligen Zweck einsetzen? Jegliche Verordnung eines unreflektierten PC-Einsatzes wird dabei gewiss nicht zielführend sein: Denn ein Medium – ganz egal welcher Art – kann immer nur so gut sein wie dessen didaktischer Einsatz im entsprechenden Unterricht. Wenn wir aber stur und dogmatisch „Digital total!" einfordern, dann wird sich dabei der Schulunterricht zwar verändern, jedoch nicht verbessern.

Wichtig ist es meiner Meinung nach vielmehr, Kindern von Anfang an den richtigen Umgang mit Computermedien beizubringen. Dazu zählt als allererstes die richtige Tastaturhandhabung – das früher einmal sogenannte „Maschinenschreiben": Denn es geht heute unermesslich viel Potenzial verloren, wenn im autodidaktischen Zwei-Finger-Suchsystem ein Arbeitsleben lang geschrieben, vertippt und schließlich wieder umständlich verbessert wird; dabei handelt es sich wohl um einen der unproduktivsten Faktoren der digitalen Gegenwart! Doch unsere Lösung heißt selbst hier – wie so oft – nicht Ausbildung, sondern schlichtweg Konsum; in diesem Fall sollen es digigene Helfer, wie etwa Rechtschreibprogramme, wieder richten. Warum aber nicht den direkten Weg nehmen, der umwegfrei zum Ziel führt?

Zum Nulltarif gibt es die richtige Schreibtechnik allerdings nicht: Ein ökonomischer Umgang mit der Computertastatur ist ebenso schwierig zu erreichen, wie etwa die richtige Stifthaltung: Den Computer allerdings zu benutzen, ohne von Anfang an dem User das Schreiben auf der Tastatur beizubringen, ist etwa damit vergleichbar als würde man einem Erstklässler gestatten, den Stift mit der Faust zu packen. Dabei erkennt man auch, wie schwierig und umständlich es für uns Menschen eigentlich

6. Digitalisierung: Friss oder stirb!

ist, etwas bereits verkehrt Gelerntes und Automatisiertes später schließlich doch noch umlernen zu müssen; zudem zeigt sich hier einmal mehr, wie sehr das ganzheitliche Lernen gegenüber isolierten Kompetenzen wirksam wird: Die hohe Persistenz des Zwei-Finger-Schreibens besteht auch darin, dass es sich um die Verbindung des Kognitiven mit dem Haptischen handelt. Wer – um ein Konvergenzbeispiel zu nennen – als Klavierspieler nie das richtige Übersetzen der Finger gelernt hat, wird in seiner Performanz aus technischen Gründen immer deutlich limitiert bleiben – das ist beim Computer nicht viel anders!

Wer heute leichtfertig Ja zum Tablet als Schülerarbeitsplatz sagt, sollte zudem wissen, dass er damit auch Nein zur Handschrift sagt! 87 Prozent der Lehrkräfte in Bayern geben an, dass ihre Schüler oftmals Probleme mit dem Handschreiben haben.[10] Nicht das Wischen auf dem Tablet fördert diese Kinder, sondern das Schreiben mit der Hand![11] „Durch den Umgang mit Bildschirmen und digitaler Informationstechnik lernt man weder Handschrift noch Rechtschreibung, Kopfrechnen oder Kartenlesen, etwas wollen und in die Tat umsetzen oder sich in andere einzufühlen und die Dinge aus deren Sicht zu betrachten."[12] Zudem drückt besonders die Handschrift immer auch die Individualität und Persönlichkeit eines Menschen aus – aber diese will man heute offenbar schon gar nicht mehr zur vollen Geburt bringen. Doch nur der individuell gefestigte Mensch kann zum gesunden Sozialwesen werden. Unsere fortwährende schriftsprachliche Degeneration wird meiner Ansicht nach in einem nächsten Schritt dazu führen, dass diese gänzlich verschwindet. Konkret meine ich damit, dass der Abstieg vom Text über das Wort zum Zeichen dort enden wird, wo endgültig keine Tastatur mehr nötig sein wird. Die Smartphones (welche im Prinzip schon seit Längerem eher eine Form der „Not-Tastatur" bieten), werden einmal mit Hilfe eines personalisierten Spracherkennungsprogrammes bedient werden. Die persönlichkeitsstiftende Kreativität und die eigene Phantasie werden damit endgültig „beerdigt". „Im Zweifelsfall sind die Kinder, die heute schon in Kindertagesstätten und Kindergärten über Tablet-Computer ins Internet gehen, die Internetabhängigen von morgen."[13]

Der Computer ist damit keinesfalls als der Löser von Schulproblemen anzusehen, sondern er schafft zusätzlich neue Probleme – die Lösung allein ist der Mensch, d.h. wir brauchen nicht mehr Tablets, sondern mehr Lehrkräfte! Es ist leider so, dass dem Politiker im wirtschaftsliberal-kapitalistischen Denksystem der Kauf von Computern näher steht, als schlichtweg mehr Lehrkräfte einzustellen: Lehrkräfte kosten Geld, während das Einkaufen von Computern demgegenüber zunächst weniger Ausgaben erfordert und über Steuereinnahmen sogar noch etwas Geld hereinbringt. Das ist allerdings äußerst kurzfristig gedacht, weil auf mittelfristige und vor allem längere Sicht, das Anwerben, Ausbilden und Einstellen von Lehrkräften die Zukunft sichert, während die Computerbesessenheit dem Menschen der Zukunft sein Leben raubt: „Fünfzehnjährige mit einem eigenen Computer in ihrem Zimmer weisen schlechtere Schulleistungen auf als Gleichaltrige ohne eigenen Computer."[14]

„Wer hat es noch nicht erlebt, mit welcher archaischen Wut Kinder manchmal darauf reagieren, wenn man ihnen ihr Computerspiel wegnimmt?"[15]

Die so immens bedeutsame soziale Interaktion Heranwachsender würde im Falle digitaler Klassenzimmer wegfallen, da jeder für sich im Wesentlichen auf seinen Bildschirm fixiert bliebe. Einer objektiven Aufklärung über Vorteile und Nachteile sowie über Sinn und Unsinn bedenkenloser PC-, Tablet- und Smartphone-Nutzung steht heute allerdings ein politisch-wirtschaftsliberales Denken gegenüber und oft auch entgegen, welches sich dem Digitalisierungshype bedenkenlos ergeben hat. Die IT-Firmen bzw. die ihnen anhängige Wirtschaft haben mit ihren Lobbyismus-Kampagnen mehr als nur einen Fuß in der Tür öffentlicher Bildungsanstalten – das Bild einer gewaltsam eingetretenen Türe trifft es eher! Die Eltern sind da allerdings ganz anderer Meinung: ganze drei Viertel der Eltern sind für ein Handyverbot an Schulen.[16] Denn es ist nun wirklich nicht dasselbe, ob Kinder und Jugendliche während der Pausenzeiten mit anderen ein Ballspiel oder ein Computerspiel ausüben![17]

Zum Thema Tablets in Schulen und Kinderzimmern ist last – aber wirklich alles andere als least – noch anzumerken, dass diese gewissermaßen als Anfix-Instrument für den früheren (und nicht selten durch den Einfluss digitaler Medien vorverlegten) Jugendbereich der Pubertät dienen; und ebenso als Tor zur digitalen Welt und für nicht wenige digital ausgegrenzte und gemobbte Kinder und Jugendliche das Tor zur ganz privaten psychischen Hölle darstellen können: Cybermobbing und Co lassen schmerzlich grüßen! Eine groß angelegte „Studie aus den USA hat gezeigt, dass die Suizidalität von Mädchen und jungen Frauen mit jeder Stunde Mediennutzung deutlich steigt."[18] Menschen werden im Netz bedrängt und hinterrücks bloßgestellt – nicht selten im wortwörtlichen Sinne in der Form (heimlicher) Nacktaufnahmen bzw. manipulierter Bilder: „Das Internet verleiht unseren Bösartigkeiten und Schwächen einen neuen Spielraum und eine manchmal beängstigende Dynamik."[19] „Der ganz einfache Grund, warum wir einen blinden Fleck für die Abhängigkeitsgefahren haben, die vom Internet ausgehen, ist ganz einfach der, dass sich unsere

6. Digitalisierung: Friss oder stirb!

Gesellschaft kollektiv längst derart abhängig von den digitalen Medien gemacht hat, dass uns die Einzelschicksale kaum auffallen."[20]

6.3 Vom Geigenkoffer zum Tablet Case

Jede zweite Woche wird von uns die PC-Servicefirma gerufen, weil etwas nicht funktioniert – so der Medienbeauftrage eines Schulhauses.

Der Wandel der Zeit bzw. die digitale Orientierung zeigen heute ein anderes Bild der typischen Lehrkraft als noch vor wenigen Jahrzehnten: Transportierte die Lehrkraft der Moderne noch eine Geige, eine Gitarre oder wenigstens eine Flöte von Klassenraum zu Klassenraum, so handelt es sich heute zumeist um ein Laptop, das sie begleiten darf. Der postmoderne Pädagoge macht sich dabei aber zum bloßen Bediener von Apparaten – einem besseren Hausmeister, der statt des Laubbläsers auf dem Schulhof eben im Klassenzimmer den PC oder den MP3-Player anwirft.[21]

„Rund zwanzig Jahre nach der Verbreitung des Fernsehens stellten Grundschullehrer fest, dass ihre Schüler immer unruhiger wurden und zunehmend unter Konzentrationsmangel litten. Als diese Kinder in die Universität kamen, beschwerten sich Professoren, sie müssten das Niveau ihrer Kurse jedes Jahr herunterschrauben, da die Studenten vor allem an Häppchenwissen gewöhnt seien und nicht mit längeren Texten umgehen könnten. Das Problem wurde durch eine Noteninflation unter den Teppich gekehrt. Gleichzeitig wurde allenthalben der Ruf nach „Computern in jedem Klassenzimmer" laut und es ging plötzlich mehr um die Erweiterung der Arbeitsspeicher und der Festplattenkapazitäten der Computer, als um die Erweiterung der Aufmerksamkeitsspanne und der Gedächtniskapazitäten der Schüler."[22]

Wie schon einmal um die Jahrtausendwende wird also heute ein weiteres Mal im großen Stil die Digitalisierung der Bildung politisch-medial gepusht. Bereits damals wurden den Schulen die Gebrauchsanweisungen von Produkten sowie Betriebsanleitungen einer einzigen Software-Firma flächendeckend als digitale Fortbildung verkauft. Das Erlernen des Umgangs mit der Anwendersoftware einer bestimmten Firma aber ist in etwa so sinnvoll wie das Erlernen der Bedienung von Bohrmaschinen oder Kreissägen.[23]

Wir sollten darüber hinaus auch nicht übersehen, dass wir mit dem Einsatz digitaler Technik die Gesundheit heranwachsender Menschen nachhaltig schädigen. Allein Fehlhaltungen mit entsprechend induzierten Erkrankungen und die digital verursachte Fehlsichtigkeit werden Generationen von Menschen betreffen! Der „Mausarm", der „WhatsApp-Daumen", der „Handy-Ellenbogen" oder der „Tablet-Nacken": eine schlechte Ergonomie ist besonders den digitalen Medieninstrumenten eigen, welche den Bildschirm und die Tastatur kombinieren.[24] Die Blaulichtanteile der Bildschirmstrahlung unterdrücken zudem die Bildung des Schlafhormons Melatonin, was zu einer schlechteren Schlafqualität führt.[25]

> *„Hier geht es darum, Profit dadurch zu machen, dass man der Bildung und Gesundheit junger Menschen schadet. Die IT-Lobby verhält sich mithin nicht anders als die Tabak-Lobby."*[26]

Auch führt der Bildschirmstress neben zu früh eintretender Fehlsichtigkeit zu tränenden und brennenden Augen: Wer auf einen Bildschirm schaut, blinzelt beispielsweise deutlich weniger. Die Konzentration auf einen kleinen Bildschirm, wie ihn die Smartphones besitzen, blendet zudem das Rundherum aus – was bewirkt, dass in der Netzhaut ein Stoff gebildet wird, der das Auge größer und länger werden lässt.[27] Von der Evolution sind unsere Augen weder dafür gedacht noch dafür gemacht, auf Bildschirme zu starren – schließlich kommen wir kleinen Kindern beim Lesenlernen auch mit großen Buchstaben entgegen, damit ihre Augen nicht ständig akkommodieren müssen!

Das irrigerweise immer wieder als Vorbild angeführte digitale Musterland Südkorea weist einen Anstieg der Kurzsichtigkeit bei unter Zwanzigjährigen auf über 90 % auf, während dieser in einer gesunden analogen Bevölkerung bei maximal 5 % liegt.[28] Im Übrigen kann auch übermäßiges Lesen – das möchte ich fairerweise anführen – während des kindlichen Wachstums ebenfalls zur Kurzsichtigkeit führen: Sich im Zimmer nur noch hinter Buchdeckeln zu verkriechen, ist für Kinder also auch nicht der Weisheit letzter Schluss. Wobei die vielfältigen kognitiven Prozesse, welche beim Lesen angeregt werden, im Gegensatz zum passiven Bildschirmkonsum selbstverständlich der kindlichen Entwicklung dienen. Auch hier entscheidet vorrangig das Motiv: Liest ein Kind in einer sensiblen Lernphase gerne, dann darf man es natürlich nicht davon abhalten. Zieht sich ein Kind hingegen mit Büchern zurück, weil dahinter soziale Probleme stecken, so ist das wiederum etwas Anderes. Zudem ist – um den Vergleich von Buch und Bildschirm nicht in eine falsche Richtung zu führen, die „Kurzsichtigkeit nicht die einzige Form der Behinderung, die auf Grund einer Störung der Gehirnentwicklung durch Smartphones zustande kommt."[29]

Die aus dem US-amerikanischen Raum stammenden Empfehlungen, regelmäßige Bildschirmkarenzen einzuführen (z.B. die 20–20–20-Regel: alle

6. Digitalisierung: Friss oder stirb!

20 Minuten eine Pause von 20 Sekunden einzulegen und in eine Entfernung von 20 Fuß zu blicken) sind nichts anderes als eine wortwörtliche „Augenwischerei". Hierzulande ist man, was die Gesundheit betrifft, in diesem Bereich sogar noch weiter zurück: „Stehen Sie, wenn es möglich ist, nach einer oder zwei Stunden Bildschirmarbeit auf und blicken sie bewusst in die Ferne."[30] Zudem wird empfohlen, die Augen mit künstlicher Tränenflüssigkeit aus der Apotheke zu befeuchten – damit wird allerdings etwas propagiert, das die Medikation von Vornherein mit einplant: Wollen wir das Kindern wirklich antun? Die funktionell eintretende zunehmende digitale Abhängigkeit stellt somit im gesellschaftlichen Bereich alles andere als einen Fortschritt dar, sondern ist vielmehr als ein großer Rückschritt zu betrachten.

6.4 Der Weisheit letzter Schluss?

Würde sich eigentlich ein großer Theologe wie Martin Luther für Smartphones interessieren, wäre er heute unter uns? Wäre Kopernikus auf die Jagd nach Likes für seine heliozentrische Theorie gegangen? Hätte Christoph Columbus genügend Crowd-Funding-Spender und Sponsoren für sein Ocean-Project gefunden, bei welchem er die Direttissima nach Übersee wagen wollte? Hätte er wohl das allerneuste satellitengesteuerte Navi von Garmin installiert und dafür immer gleich die neueste Software heruntergeladen? Hätte Baruch de Spinoza sein Facebook-Profil regelmäßig aktualisiert und Immanuel Kant täglich sein Instagram-Profil gepflegt? Und hätten Schiller und Goethe ihre Werke gleich immer nach jedem literarischen Erguss stante pede öffentlich ins Netz gestellt?

Es gibt aus bildungspolitischer Sicht weitere kritische Diskussionsbeiträge gegenüber einer als alternativlos verkauften Digitalisierung 4.0:
- Eine zu frühe Nutzung digitaler Geräte beeinträchtigt die Neuroplastizität der Gehirne Heranwachsender:[31] „Junge Erwachsene, sogar Hochschulabgänger, beherrschen weder Rechtschreibung noch analytisches Denken. Ihre E-Mails und Berichte sind unstrukturiert, unverständlich und strotzen vor Fehlern."[32]
- Ein zu rascher (digitaler) Wandel führt zudem auch zu einem gesellschaftlichen Konservatismus; denn jede Veränderung erzeugt Ängste und führt zu Rückzug und Abschottung.
- Ein weiteres Argument, welches ich noch nirgendwo entdecken konnte (was auch nicht verwunderlich ist, schließlich propagiert die veröffentlichte Meinung nichts anderes mehr als die Notwendigkeit totaler

Digitalisierung), soll hier noch dargestellt werden: Kinder im Grundschulalter befinden sich in einer Entwicklungsphase, welche unter anderem damit einhergeht, dass der Bereich empathischen Denkens zugunsten des visuellen Bereiches zurückgedrängt wird. Verstärken wir nun diesen Effekt, dann hat das auch starke Auswirkungen auf die Entwicklung der menschlichen Gehirnstruktur: Denn die für die Empathie zuständige rechte Gehirnhälfte wird bei der Computernutzung kaum angesprochen, sodass diese zu wenig stimuliert wird – mit dem Effekt ungenügender Entwicklung von wichtigen sozialen Fähigkeiten, wie z.B. echtem Mitgefühl. Die „Entwicklung geschieht immer nur am menschlichen Gegenüber mit seinen aktiven Reaktionen. Ein Tablet, und genauso natürlich auch andere elektronische Geräte, können dieses Gegenüber niemals ersetzen."[33] Die emotionale und soziale Entwicklung ist heute mehr denn je der wichtigste Grundpfeiler der Erziehung und Bildung geworden. Vor digitalen Bildschirmgeräten verbrachte Stunden rauben jedoch diese Zeit und können keinesfalls in einer komprimierten Form kompensiert werden.

„Alle echte Begabung beginnt und wurzelt im Sinnlichen."[34] Eltern freuen sich allerdings heutzutage oft darüber, wenn ihre Kleinsten bereits Interesse an Smartphones und Co. zeigen – tatsächlich sollten sie ein solches Interesse aber besser nicht generieren! Denn die linke Gehirnhälfte wird durch eine gesellschaftliche Überbetonung des Banal-Rationalen (Preisvergleich, Aktienkurs-„Studium" oder Tabellenkalkulation) und ein Fehlen des schöpferisch-kreativen und mitfühlenden Denkens in der schönen neuen Welt des Dauerdigitalen ohnehin kaum mehr stimuliert; auch das so wichtige Probehandeln fehlt, wenn Kindern die Zeit für direkte und intensive Primärerfahrungen von der virtuellen Welt gestohlen wird. Das in unserer Gesellschaft äußerst dürftig entwickelte Verhältnis zum eigenen Körper wird zudem nicht weiterentwickelt, wenn nicht auf den Baum geklettert, sondern stattdessen die „digitale Sprossenwand" als E-Sport virtuell erstiegen wird. Kinder mit zu wenig Bewegungserfahrungen haben bereits heute vielfach haptische Probleme: Greifen sie zu, können sie ihre Kraft nicht richtig dosieren; sie zerdrücken dann ungewollt Gegenstände. Schlagen sie zur Verteidigung einmal zu, dann verletzen sie andere Kinder viel schwerer als dies eigentlich beabsichtigt war: Kinder brauchen sehr viel Bewegung, um selbige zu erlernen. Bereits ohne Computerfixierung steckt in Kindern die Unruhe drin – der Hunger nach Leben! Wenn wir nun aber versuchen, diesen abzutöten, schaffen wir damit keine lebensfrohen Menschen mehr, sondern leidende. Wenn dann zu allem Überfluss nicht mehr die Wolken am Himmel inspirieren, sondern die Cloud im

6. Digitalisierung: Friss oder stirb!

Netz, dann sind sowohl die Kindheit wie auch das Leben in seiner auf das Virtuelle reduzierte keine echten Daseinsformen mehr.

„Sie sollten wissen, dass die Ausbildung der für das gesamte Leben wichtigsten Fähigkeit – der Selbstkontrolle – durch digitale Medien und vor allem durch Smartphones verhindert wird."[35]

Den Wert des echten Lebens einem der digitalen Nekrophilie verfallenen Marktmenschen beizubringen, scheint allerdings ein immer aussichtsloserer Kampf gegen Windmühlen zu werden, wenn man – wie mit diesem Buch – noch etwas Richtungsweisendes ändern will; versuchen müssen wir es dennoch – schließlich geht es hierbei um die Zukunft der nächsten Generationen! In aller Kürze deshalb die Faustregel zum Thema digitale Schule: Zielgerichteter PC-Einsatz? Ja! Digitale Dauerbefeuerung? Nein! Man sollte den Computer zeitlich ähnlich verwenden wie ein Buch – und Computerräume wie eine Bücherei. Diese als eigene Fachbereiche eingesetzt, sind weitaus sinnvoller als der „Fernseher im Klassenzimmer"; denn das Kind soll zum PC kommen und nicht umgekehrt der Computer zum Kind! So hat Frankreich bereits im Jahr 2018 digitale Endgeräte, wie Handy, Tablet und PC in den Schulen abgeschafft. Der langjährige PISA-Krösus Finnland musste seinen Spitzenplatz nach der Einführung digitaler Medien abgeben.[36] Gleiches gilt für skandinavische Staaten, wie z.B. Schweden oder Dänemark, wo die Digitalisierung in den letzten Jahren stark vorangetrieben wurde und parallel dazu eine deutliche Verringerung der Schulleistung festgestellt werden musste.[37] Das Smartphone ist ohnehin in seiner Hauptnutzung nichts anderes mehr als ein kleiner tragbarer Fernsehapparat geworden, der auch als Spielkonsole und Awareness-Alarm zur narzisstischen Entgrenzung genutzt wird.

6.5 Digitale Dinosaurier: Rettung in der virtuellen Welt?

„Natürlicher Verstand kann fast jeden Grad von Bildung ersetzen, aber keine Bildung den natürlichen Verstand."[38]

Ein wirtschaftsliberales Dogma lautet: „Wenn wir zukünftig Menschen haben wollen, die mit Verantwortung Medien steuern könnten, bräuchten wir deshalb heute digitalisierte Kinder." Forschungen und Beobachtungen belegen allerdings exakt das Gegenteil: Es gibt keinen wissenschaftlichen Grund für die frühe Mediennutzung bei Kindern.[39] Bezeichnenderweise nennt sich der digitale Mutterkonzern von Goggle, YouTube und Co.

„Alphabet". Für die Alphabetisierung scheint dieser allerdings nicht zu stehen![40]

Drittklässler lernen programmieren. Der ehemaligen Bundeskanzlerin Angela Merkel zufolge ist angeblich das Programmieren genauso wichtig wie Lesen, Schreiben und Rechnen. Wo sie das gesagt hat? Bei ihrer Eröffnungsrede auf der IT-Fachmesse Cebit.

Blicken wir aber dennoch einmal etwas genauer auf diese Aussage: Wenn diese vier Kulturtechniken angeblich gleichermaßen wichtig wären – weshalb wird dann heute eigentlich nur einseitig die digitale Bildung in den Fokus gestellt und auch noch so viel Geld dafür ausgegeben? Warum fördern wir nicht die Lesekompetenz mit denselben Mitteln? Weshalb nicht das kreative Schreiben?[41] Haben wir heute schon wieder alles vergessen, was unsere großen Dichter und Denker uns lehrten?

„Weisheit, die du lang gesucht
In den Büchereien,
leuchtet jetzt aus jedem Blatt –
Denn nun ist sie dein."[42]

„Von den vielen Welten, die der Mensch nicht von der Natur geschenkt bekam, sondern sich aus eigenem Geist erschaffen hat, ist die Welt der Bücher die größte."[43]

Man könnte doch ebenso eine Bücherei pro Grundschule bzw. Klassenzimmer mit Leseecken finanziell fordern: Schwerter zu Pflugscharen? Computer zu Literatur! Dies wäre auch viel billiger, denn zehn gute Kinderbücher kosten beispielsweise sechzig Euro und sind absolut wartungsfrei – ihre Lebensdauer beträgt mindestens fünfzig Jahre! Zehn Computer kosten hingegen sechstausend Euro, müssen ständig gewartet, ge-updatet und mit neuer gebührenpflichtiger (Leih-)Software versehen werden – ihre Laufzeit beträgt inzwischen höchstens noch drei Jahre. Eine kindgerechte Bücherei einzurichten, kann mit der Einbeziehung der Eltern, die eine Couch, einen Korbstuhl oder auch einen Sitzsack spenden, nahezu kostenfrei erfolgen – und hat dabei sogar noch den positiven Effekt, die Schulgemeinschaft sowie das Wohlbefinden von Kindern am Lernort Schule zu stärken – der damit zu einem Lebensort wird. Aus diesen haptischen und sozialen Gründen funktioniert der Distanzunterricht auch nicht, da besonders der Tastsinn die sensorische Basis für unser Vertrauen in die Umwelt darstellt[44] – und damit ist ganz gewiss nicht das Berühren einer Bildschirmoberfläche gemeint!

6. Digitalisierung: Friss oder stirb!

In einer Stunde, die man lesend mit einem Buch verbringt, wird bekanntlich weit mehr erlernt als in einer Stunde vor dem PC oder mit dem Smartphone. Die digitale Aufrüstung verlangt zudem hohe finanzielle Aufwendungen seitens des Sachaufwandsträgers – besonders bei der Wartung –, welche dann anderenorts wieder fehlen. Computer werden im didaktischen Kontext dennoch selbst wider besseres Wissen bzw. Nachdenken zunehmend verabsolutiert; die allerorts anzutreffende Technikgläubigkeit und ein – wie naiv erhofft – alle Probleme lösender und nahezu prophetischer Stellenwert, welcher besonders der digitalen Technik zugedacht wird, sollen nun die großangelegte propagierte Rettung aus der Bildungsmisere darstellen: statt einer analog-veralteten Schultafel muss es heute das elektrisch betriebene interaktive Whiteboard sein. Wer sich hier als mitdenkender Mensch einem solch unnötigen Stromverbrauch widersetzt, wird sich schnell einmal dem Vorwurf ausgesetzt sehen, dass er wohl noch in der „Kreidezeit" leben würde und als gealterter Dinosaurier bald vom Aussterben bedroht wäre. Doch keine tausend Plastikblumen lassen eine Wüste erblühen und fünfundzwanzig leere Gesichter machen keinen lebendigen Raum!⁴⁵

Der didaktische Stellenwert des illuminierten Whiteboards unterscheidet sich darüber hinaus gar nicht so sehr von demjenigen einer Tafel – es ist nur ein anderes „Betriebssystem", denn beides verleitet zum Frontalunterricht – was im Übrigen für sämtliche digitale Bildschirmmedien in ihrer die Aufmerksamkeit auf sich fokussierenden Eigenheit zutrifft. Besonders bezüglich des Whiteboards wurde auch noch eine falsche Zeitrechnung eingeläutet: So, wie sich mancher zunächst darüber freute, dass man inzwischen Lerninhalte im Netz nur noch bequem anklicken bräuchte, hat sich dabei längst eine unbewusste Ernüchterung eingestellt; denn mit den Multi-Touch-Displays hat es inzwischen das überdimensionierte Fernsehgerät sogar ins Klassenzimmer geschafft – und die Fernbedienung in die Hand des Lehrers!

Wenn man zur Zeit der Vorwehen unserer zweiten großen Digitalisierungswelle einmal nachfragte, wozu denn eigentlich so ein frontal im Klassenzimmer aufgestellter Bildschirm wirksam sein sollte, dann gab es immer dieselbe Antwort: „Wenn sie im Unterricht Filme anschauen wollen." Eine neue Form und Ära des digital-autoritativen Frontalunterrichts nahm damit ihren Anfang – einmal abgesehen davon, dass Schulzimmer nicht zu Kinosälen werden sollten! Selbst dann, wenn man kein großes Display bzw. keine zentrale Projektionsfläche frontal für alle einsetzt, sondern die Schüler stattdessen jeden für sich auf dem Platz individualisiert arbeiten lässt, minimiert man jedoch die Frontalsituation nur; denn nichts

6.5 Digitale Dinosaurier: Rettung in der virtuellen Welt?

ist so die Aufmerksamkeit einnehmend wie der Blick auf einen digitalen Bildschirm. Woll(t)en wir das wirklich? Is this the life we really want? Man sollte als (universitär) gebildeter Pädagoge doch eigentlich dazu in der Lage sein, den so kommerziellen wie oberflächlichen Edutainment-Charakter der Digitalisierung von Schulen in den unausgesprochenen Absichten ihrer Verkäufer und Vermittler zu erkennen!

Seit etwa 2018/19 wird von fachlichen Beratern sogar schon von Beamern zugunsten großer Displays – wie die „Riesenfernseher" verdrängend genannt werden – abgeraten. Besonders die Bildschirmmedien stehen aber in hoher Verantwortung dafür, dass unsere Gesellschaft – und insbesondere die damit aufwachsende Generation der digital Natives – immer leistungsschwächer und physisch wie psychisch kränker wird.[46] Wer digital sozialisiert wird, steht der Fülle unterschiedlichster Meinungen im Internet um Vieles unbedarfter und unsicherer gegenüber als wir analog bzw. wenigstens nur halbdigital aufgewachsenen Erwachsenen uns dies vorstellen wollen.[47]

> *„Postmoderne Wahrnehmung ist auf rasch folgende sinnliche Reize angewiesen. Wahrgenommen wird nur noch, wenn in schneller Folge wechselnde und möglichst gleichzeitig unterschiedliche Reize gesetzt und Eindrücke produziert werden."[48]*
>
> *Werden Schüler (und ebenso Erwachsene) einen Inhalt, der das eigene produktive Denken erfordert (wie z.B. die Zeitgleichung) eher verstehen, wenn sie einen Film dazu ansehen oder vielmehr dann, wenn man ihnen als Basis ein Modell, wie das Tellurium gibt, wo der Lernende im praktischen Vollzug die eigene (und in diesem Fall geozentrische zugunsten der heliozentrischen) Perspektive verlassen kann?*

Wie viel Strom kostet es zudem, wenn andauernd PCs samt Bildschirmen, Ports, Druckern und dergleichen laufen müssen? Die überzogene Technisierung und dabei vor allem die Digitalisierung bringen es mit sich, dass sich Schulen zunehmend zu Stromfressern entwickeln: Dort, wo einmal eine analoge Schiefertafel ausreichte, steht heute das elektronisch betriebene Whiteboard; und das, was einst das Klavier oder ein Akkordeon ausmachten, stellen heute ein elektrisches Keyboard, ein E-Piano oder der Bluetooth-Player dar. Neben dem hohen Stromverbrauch im Betriebsmodus schlucken solche Geräte – wie z.B. ein Beamer oder eine Projektorkamera – besonders im Stand-by-Modus schon unnötig viel Strom: Das andauernde Standby kostet oftmals sogar mehr Strom als die eigentliche Nutzung des Geräts im Betriebsmodus – ohne irgendeinen Nutzen davon zu haben:[49] Wenn z.B. die Projektorkamera und der Beamer eine Stunde pro Tag tatsächlich genutzt werden, dann laufen sie dennoch nicht selten auf Stand-by-Betrieb noch 23 Stunden weiter – Wochenenden und Ferien gar nicht mit eingerechnet.[50] Sicherlich mag es die eine oder andere Lehrkraft geben, die alle Geräte jedes Mal nach der Benutzung aussteckt – aber dieser Fall stellt aus Gründen der Praktikabilität eher die Ausnahme denn die Regel dar: Wie oft brennt schließlich in den Klassenzimmern während der Pausen weiterhin das Licht?

6.6 Spätanaloge Torschlusspanik

„In der Grundschule, also in den Klassen eins bis vier, liegen die Dinge recht einfach: man braucht keinen Computer."[51]

Deutschland wäre bei der Digitalisierung ganz hinten – so heißt es gerne von denjenigen, die daran verdienen möchten. Dass ist allerdings nicht nur hierzulande so: In vielen Ländern wird von den sich von der Digitalisierung einen Profit erwartenden Personen auf ähnliche Weise gedroht. Wenn dem nun tatsächlich so wäre, wieso sollte man dann eigentlich bei den Schulen – und dort auch noch ganz unten – anfangen? Bis die Kinder aus der Grundschule im Erwerbsleben Verantwortung übernehmen, vergehen doch noch mindesten zehn bis fünfzehn Jahre. Dieses Argument sticht sachlich schon einmal gar nicht.

Wer sich nun aber das Gefühl einreden lässt, irgendwo hintendran zu sein, kann in der Reaktionsbildung das, wo er gefühlte Minderwertigkeitsgefühle aufweist, deshalb stark überhöhen: So geschehen im Lehrerberuf, wo sich nicht wenige Pädagogen haben weismachen lassen, dass sie nicht mehr up to date wären – und deshalb bei jeder kommerziellen Digitalisierungspropaganda am lautesten „Hier!" rufen. Viele Eltern und Aufwandsträger verteidigen heute zudem ebenso eifrig die digitale Welt – was bleibt ihnen als Betroffenen und oft auch Abhängigen (Smartphones, WhatsApp und Co.) auch anderes übrig? Ihre entwickelte Sucht bzw. diejenige der Kinder können und wollen sie sich keinesfalls eingestehen, also wird die Flucht nach vorne angetreten und das Suchtmittel als harmlos, weil allgemein etabliert, verteidigt: Immer mehr Eltern denken, „dass ein besonders frühes Heranführen an die Computer sinnvoll sei. Sie haben Angst, dass ihre Kinder den Anschluss an die digitale Welt der Zukunft, die längst die Welt von heute ist, verpassen"[52] – was tatsächlich aber nichts anderes als die eigene elterliche Angst ausdrückt, möglicherweise nicht mehr dazuzugehören – ganz im Gegensatz zu den „digital Eingeborenen": Diese werden als die Menschen der Zukunft bezeichnet und die „digitalen

Einwanderer" als rückständig abgestempelt. Doch was ist, wenn es sich gerade umgekehrt verhält?⁵³

Besonders die Smartphone-Sucht stellt dabei eine noch weitaus gefährlichere als beispielsweise die Ess-Sucht dar, weil sie kein natürliches Sättigungsgefühl kennt. „Bei digitalen Medien im Kindergarten und in der Grundschule handelt es sich daher in Wahrheit um nichts weiter als eine Art von Anfixen."⁵⁴ Wozu diese so neue wie allgemein verleugnete pandemische Sucht führt, sehen wir im Straßenverkehr, wo bekanntlich besonders Kinder als gefährdet gelten: „Was den Straßenverkehr anbelangt, so wissen die Wenigsten, dass Smartphones mittlerweile bei jüngeren Verkehrsteilnehmern den Alkohol als Unfallursache Nummer eins abgelöst haben."⁵⁵

> *„Die deutschen Printmedien machen fröhlich mit und überbieten sich gegenseitig mit Hinweisen dazu, wie weit Deutschland bei der Digitalisierung den europäischen Nachbarn hinterherhinkt – irgendeiner der 1400 Medienpädagogen in Deutschland findet sich immer, um einen entsprechenden Artikel zu schreiben oder zumindest ein Statement im Interview abzugeben: „Wer nicht mitmacht bleibt zurück und wird von der Entwicklung überrollt", so lautet die überall von der mit Abstand zahlungskräftigsten Lobby der Welt bezahlte Botschaft. Und wenn 16 Länderkultusminister und die Bundeswissenschaftsministerin das auch sagen, dann muss es ja stimmen."⁵⁶*

Da Deutschland bereits vor dem Siegeszug des Internets seine Wirtschaft stark auf die Informationstechnologien ausgerichtet hatte, betrachtete es der Staat als sinnvoll, den Netzausbau zu subventionieren – und dies offenbar ohne jegliche Rücksicht auf das Alter der Nutzer und Kunden in spe. Innerhalb von zwei Jahrzehnten wurden sowohl die Volks- und Betriebswirtschaft als auch die Lebensführung der Menschen fundamental aus den Angeln gerissen. Die Corona-Krise erwies sich schließlich als der katalysierende Digitalisierungsbeschleuniger. Doch „unser Bildungssystem krankt nicht erst seit Corona."⁵⁷

Schnelle Entwicklungen sind immer mit großer Unsicherheit und vielen Risiken verbunden. Fest steht jedenfalls, dass angesichts neuer und teilweise überhasteter Entwicklungen viele Fragen offen bleiben sowie zahlreiche bisher nicht bekannte Probleme auftreten: So gilt der Staat Südkorea mittlerweile als ein tief gefallenes ehemaliges IT-Vorzeigeland, welches auf „bestem" Wege dazu ist, zur kollektiven offenen „Vorzeige-Psychiatrie" zu mutieren; dies sollte uns eigentlich ein mahnendes Beispiel für die negativen Folgen blinder Digitalisierungswut sein.⁵⁸ Dort sind offiziellen Angaben zufolge (!) über dreißig Prozent der Zehn- bis Neunzehnjährigen Smartphone-süchtig.[59] Leider schließen sich diesen Erkenntnissen nur sehr wenige Verantwortliche an – zudem befürchtet mancher bei einen Widerspruch gegen einen solchen wirtschaftsliberalen Trend persönliche Nachteile.[60]

Wir kennen aus der ersten Digitalisierungsoffensive der späten Neunziger Jahre bereits die aus Übersee kopierten Slogans, wie z.B. „Schulen ans Netz". Es gelang dabei sogar, allen zur Teilnahme genötigten Lehrkräften für damals noch 50 D-Mark ein veraltetes Softwarepaket verpflichtend zu verkaufen (Windows 95!) – welches sie bei tatsächlichem persönlichem Interesse am Computer ohnehin schon in einer neueren Version besessen hatten. BYOD („Bring your own device") heißt das entsprechende Schlagwort bei der zweiten großen Digitalisierungswelle zwanzig Jahre später – die nichts anderes darstellt als eine erneute Kaufwelle US-amerikanischer Produkte samt wirtschaftlicher wie psychischer Abhängigkeitsgarantie als trojanischem Pferd: Schüler und Eltern werden dabei allerdings indirekt von der Schule dazu aufgefordert, sich digital hochzurüsten. Tatsächlich aber sollten Schulen nicht das freie WLAN haben, sondern frei vom WLAN sein: denn Kinder sollten offen und direkt miteinander sprechen und nicht im Internet übereinander schreiben! „Die Digitalisierung bringt Menschen nämlich nicht, wie oft behauptet wird, zusammen."[61] Darüber hinaus ist längst belegt, dass Schüler, Studierende und auch Lehrkräfte ihre persönlichen Endgeräte für themenferne Inhalte verwenden; dabei leidet – was die Schülerseite betrifft – der Lernfortschritt.[62]

> „Oft sind es besorgte Eltern, die sich in unserer Ambulanz melden, weil sie befürchten, dass ihr Sohn oder ihre Tochter an einer Internetabhängigkeit erkrankt ist. Meistens haben sie recht damit."[63]
>
> In der Pause drängen sich Schulkinder an den als solche ausgewiesenen WLAN-Spots zusammen – wie früher die Raucher in ihren Ecken: Was für ein großer Fortschritt! Einmal ganz davon abgesehen, dass die (Kinder-)Pornographie, welche dann von Jugendlichen während der Pausen dort möglicherweise konsumiert und heruntergeladen wird, womöglich sogar noch über die IP-Adresse der Schule läuft.
>
> „Smartphones sind für den unterrichtlichen Einsatz wenig bis gar nicht geeignet – weder aus Sicht der sicheren Technik noch in Bezug auf ergonomische Aspekte."[64]
>
> Es gibt keine fachlichen Lehrpläne für die Digitalisierung und ebenso keine Wissenschaftstheorie dazu – aber eingekauft wird beinahe wie von Sinnen. Kennen Sie ein Beispiel aus unserer Bildungsgeschichte, wo etwas ohne

wissenschaftliche Fundierung, ohne pädagogisch-didaktische Konzeption und ohne Lehrplan derart überhastet eingeführt wurde? Zumal es immer nur um die Hardware geht und überhaupt nicht um die Software oder das, was beim Lernen tatsächlich im Vordergrund stehen sollte: namentlich pädagogische und didaktische Inhalte!

„Da wird das „digitale Lernen" von Marktschreiern ohne jeden wissenschaftlichen Hintergrund – d.h. ohne dass es Daten gäbe, die das Vorgehen empirisch begründeten und damit rechtfertigen könnten – propagiert, obwohl dadurch die Bildung und die Gesundheit von Kindern ruiniert"[65] werden.

Schlagen wir den selbst meist schon mehr oder minder schwer suchtabhängigen radikalen Digitalisierungsbefürwortern doch einmal einen Tausch vor: Sie lernen als Nichtspieler ein neues Musikinstrument und der Nicht-Smartphone-Besitzer lernt im Gegenzug, mit dem Smartphone umzugehen. Nach einer Woche wird verglichen, wer mehr kann – und vor allem, welches Instrument anspruchsvoller zu erlernen ist: Der Smartphone-Neuling wird sehr wohl damit umgehen können, während der digitale Junkie auf dem Klavier bestenfalls „Alle meine Entchen" zustande bringen wird.

„Kein Mensch würde auf die Idee kommen, dass ein staatlich erzwungener IT-Anschluss bei einem Schreiner- oder Installationsbetrieb den qualitätsvollen Einbau von Holzmöbeln oder Heizungsanlagen verbessern könnte."[66] Wir aber verschreiben uns der Hoffnung auf einen digitalen Nürnberger Trichter, der die Bildung retten soll – „als wäre Bildung eine fertige Größe – die man, wie ins Gefäß den firnen Wein, ein Totes in ein Unlebendiges gösse!"[67]

„Fliege nicht eher, als bis dir die Federn gewachsen sind."[68]

Der Umgang mit digitalen Geräten ist grundsätzlich anwenderfreundlich gestaltet und in methodischer Hinsicht wirklich nichts besonders Schwieriges. Demzufolge kann sich daraus auch kein Anspruch ableiten lassen, man müsse möglichst frühzeitig damit beginnen. Gerade das Argument, dass bereits Grundschulkinder mit digitalen User-Mechanismen umgehen können, zeigt doch, dass es keine biografische Eile gibt, dies zu tun![69] Mediziner, Geisteswissenschaftler, Biologen, Chemiker, Mathematiker, Physiker, Juristen oder Ingenieure – sie alle haben sich ein solides Fundament an speziellem Fachwissen angeeignet, welches es ihnen erlaubt, entsprechend fachkompetent zu handeln.[70] Wenn sich unsere Kultur aber „beherrschen lässt von Wissen, das in Datenbanken abgelegt wird, und beschränkt ist auf Informationen, die in digitaler Form weitergegeben können, opfert sie das eher unterschwellige, in Kontexten verankerte und im Gedächtnis gespeicherte Wissen, das in einer mit der Natur verbundenen Kultur, im sinnvollen Lernen durch den Austausch mit anderen Menschen und in einem auf ökologischem Bewusstsein gründenden Wertesystem zusammengetragen wird."[71] Denn „um sich in der Welt zuhause zu fühlen, muss der Mensch sie nicht nur mit dem Verstand, sondern mit allen Sinnen erfassen mit seinen Augen, seinen Ohren, seinem ganzen Körper. Er muss mit seinem Körper das, was er in seinem Hirn denkt, ausagieren. Körper und Geist können in dieser Hinsicht so wenig wie in irgendeiner anderen Hinsicht voneinander getrennt werden."[72]

Zum Abschluss dieses Abschnittes zum Thema Digitalisierung ist noch etwas keineswegs zu Vernachlässigendes zu bedenken: Denn besonders rechtsgerichtete Parteien profitieren „vom neuen Strukturwandel der Öffentlichkeit durch die sozialen Medien, bei deren professioneller Nutzung sie der Konkurrenz meilenweit voraus sind."[73]

Anmerkungen

1 Spitzer, M.: Die Smartphone Epidemie Gefahren für Gesundheit, Bildung und Gesellschaft Stuttgart 2019, 3. Aufl., S. 34 Mir auch, Herr Spitzer: Sie sprechen mir aus der Seele! – der Verf. Doch: Wie viele Menschen in pädagogischen Berufen können heute noch ebenso denken?
2 Dörre, K.: Kapitalistische Landnahme – Marx, das Expansionsparadoxon und der Charme einer neuen Rebellion In: Fromm Forum 23/2019: Gefangen in der Gesellschaft Tübingen 2019, S. 265
3 Fontane, T.: Es kann die Ehre dieser Welt In: Müller-Alfeld, T. und Kraft, H.: (Hrsg.) Buch der Lyrik Darmstadt 1954, S. 17
4 Diese Trendoffensive begann just zu einem Zeitpunkt, als der Tabletmarkt in Deutschland bereits gesättigt war und diese sich als Auslaufmodell erwiesen.
5 Te Wildt, B.: Digital Junkies Internetabhängigkeit und ihre Folgen für uns und unsere Kinder München 2016, S. 11f.
6 WhatsApp verschärft darüber hinaus noch etwas, das den Schülern und Jugend- bzw. Kinderleben sehr zu schaffen macht – nämlich das Verbreiten von Gerüchten.
7 Hillert, A.: Gebrauchsanweisung für das Leben in der Postmoderne Stuttgart 2019, S. 239
8 Winterhoff, M.: SOS Kinderseele München 2013, 4. Aufl., S. 16
9 Spitzer, M.: Die Smartphone Epidemie Gefahren für Gesundheit, Bildung und Gesellschaft Stuttgart 2019, 3. Aufl., S. 10
10 Vgl. Fleischmann, S.: In: Bayerische Schule 4/2019
11 Vgl. Keller, M.: In: Niederbayerische Schule 6/2019, S. 12
12 Spitzer, M.: Die Smartphone Epidemie Gefahren für Gesundheit, Bildung und Gesellschaft Stuttgart 2019, 3. Aufl., S. 20
13 Te Wildt, B.: Digital Junkies Internetabhängigkeit und ihre Folgen für uns und unsere Kinder München 2016, S. 250

14 Fuchs, T. et Woessmann, L. zit. nach Spitzer, M.: Die Smartphone Epidemie Gefahren für Gesundheit, Bildung und Gesellschaft Stuttgart 2019, 3. Aufl., S. 114
15 Te Wildt, B.: Digital Junkies Internetabhängigkeit und ihre Folgen für uns und unsere Kinder München 2016, S. 14
16 Vgl. Bayerische Schule 12/2019 o.S.
17 Vgl. Te Wildt, B.: Digital Junkies Internetabhängigkeit und ihre Folgen für uns und unsere Kinder München 2016, S. 305
18 Spitzer, M.: Die Smartphone Epidemie Gefahren für Gesundheit, Bildung und Gesellschaft Stuttgart 2019, 3. Aufl., S. 28
19 Te Wildt, B.: Digital Junkies Internetabhängigkeit und ihre Folgen für uns und unsere Kinder München 2016, S. 84
20 Te Wildt, B.: Digital Junkies Internetabhängigkeit und ihre Folgen für uns und unsere Kinder München 2016, S. 14
21 Apropos Musikinstrument: Wäre es nicht viel sinnvoller, um das intellektuelle Denken zu schulen, ein Musikinstrument zu erlernen – oder wenigstens verschiedene Sprachen? Schließlich sind beide Lernprozesse weitaus komplexer als die Programmiersprachen: Der Mensch ist bekanntermaßen kein Algorithmus, sondern ein hochgradig komplexes Wesen, wie es ein Computer niemals sein kann! Wer z.B. zwei Sprachen lernt, dem fallen die zu übersetzenden Ausdrücke in der Regel in der lebendigeren Sprache ein. Im Sinne Ranschburgscher Hemmungen wird die zweite und die weniger lebendige Sprache in den Hintergrund gerückt – ein weiteres Kennzeichen für die Kraft der Lebendigkeit des sprachlichen Erlebens in der Wirklichkeit.
22 Doidge, N.: Neustart im Kopf Wie sich unser Gehirn selbst repariert Frankfurt am Main 2008, S. 296
23 Vgl. Spitzer, M.: Lernen Gehirnforschung und die Schule des Lebens Heidelberg 2006, Nachdruck 2014, S. 420
24 Vgl. Haring, M.: Das sollten Schulen im Zuge der Digitalisierung beachten In: Unfallversicherung aktuell 1/2020, S. 19 Wenn es schließlich einmal so weit kommt, dass sich auch das US-amerikanische Rechtsmodell bei uns etabliert haben wird, dann dürfte der Staat diesbezüglich mit hohen Klagesummen rechnen, da er sehenden Auges eine ganze wehrlose Schülergeneration der gesundheitlichen Schädigung preisgegeben hat.
25 Neben den Blaulichtanteilen sind es vor allem auch die Rotlichtanteile, die nicht nur Jugendliche an den Computer fesseln! Gemeint ist hier das Rotlicht als (scherzhaftes!) Synonym für die nicht gerade geringen pornographischen Anteile der Internetnutzung.
26 Spitzer, M.: Die Smartphone Epidemie Gefahren für Gesundheit, Bildung und Gesellschaft Stuttgart 2019, 3. Aufl., S. 132
27 Halten sich Kinder und Jugendliche vor allem draußen auf und blicken in die Weite, verläuft die Entwicklung der Augen hingegen normal. Vgl. Spitzer, M.: Die Smartphone Epidemie Gefahren für Gesundheit, Bildung und Gesellschaft Stuttgart 2019, 3. Aufl., S. 50
28 Vgl. Spitzer, M.: Die Smartphone Epidemie Gefahren für Gesundheit, Bildung und Gesellschaft Stuttgart 2019, 3. Aufl., S. 9
29 Spitzer, M.: Die Smartphone Epidemie Gefahren für Gesundheit, Bildung und Gesellschaft Stuttgart 2019, 3. Aufl., S. 54 Der Vollständigkeit halber möchte ich darauf hinweisen, dass es auch Studien gibt, die einen Zusammenhang zwischen Kurzsichtigkeit und Smartphone-Nutzung nicht bestätigen können – allerdings

6. Digitalisierung: Friss oder stirb!

mit niedrigem Evidenzgrad (Datenerhebung über Elternbefragung). Vgl. Schuster, K. et al: Prävalenz von Kurzsichtigkeit und deren Veränderung bei Kindern und Jugendlichen In: Deutsches Ärzteblatt Jg. 117 Heft 50 vom 11.12.2020, S. 855ff.
30 Unfallversicherung aktuell 4/2019, S. 16
31 Hofstetter, Y. In: Niederbayerische Schule 6/2918, S. 12
32 Hofstetter, Y. In: Niederbayerische Schule 6/2918, S. 10
33 Winterhoff, M.: SOS Kinderseele München 2013, 4. Aufl., S. 111
34 Hesse, H.: Mit Hesse durch das Jahr Bühl 1977, o.S.
35 Spitzer, M.: Die Smartphone Epidemie Gefahren für Gesundheit, Bildung und Gesellschaft Stuttgart 2019, 3. Aufl., S. 31 Mit „Sie" adressiert Manfred Spitzer die Eltern sowie den Staat.
36 Vgl. Seibert, N.: Woran krankt die Lehrerbildung In: PNP vom 25.2.2020, S. 10
37 Vgl. Spitzer, M.: Die Smartphone Epidemie Gefahren für Gesundheit, Bildung und Gesellschaft Stuttgart 2019, 3. Aufl., S. 31f.
38 Schopenhauer, A. zit. nach Pawlak, M.: Zitate von A bis Z, Herrsching 1989, S. 455
39 Vgl. Keller, M. zit. nach Niederbayerische Schule 6/2019, S. 12
40 Vgl. Spitzer, M.: Die Smartphone Epidemie Gefahren für Gesundheit, Bildung und Gesellschaft Stuttgart 2019, 3. Aufl., S. 41
41 Vgl. Bayerische Schule 4/2017, S. 6
42 Hesse, H.: Mit Hesse durch das Jahr Bühl 1977, o.S.
43 Hesse, H.: Mit Hesse durch das Jahr Bühl 1977, o.S.
44 Hollander et al. zit. nach Funk, R.. Das Unbewusste, worin noch niemand war In: Fromm Forum 25/2021 Erich-Fromm-Gesellschaft (Hrsg.) Tübingen 2021, S. 23
45 Vgl. Lauster, P.: Lassen Sie der Seele Flügel wachsen Wege aus der Lebensangst Reinbek bei Hamburg 2003, S. 161
46 Vgl. Te Wildt, B.: Digital Junkies Internetabhängigkeit und ihre Folgen für uns und unsere Kinder München 2016, S. 54
47 Vgl. Spitzer, M.: Die Smartphone Epidemie Gefahren für Gesundheit, Bildung und Gesellschaft Stuttgart 2019, 3. Aufl., S. 230
48 Funk, R.: Ich und Wir. München 2005, 2. Aufl., S. 75
49 https://utopia.de/ratgeber/standby-die-wichtigsten-fakten, Seitenaufruf am 3.10 2019
50 Der Beamer ist in der Regel an der Zimmerdecke angebracht – kann also oftmals gar nicht so einfach vollständig ausgeschaltet werden. Bei der Elektroinstallation könnte man zwar bereits einen zusätzlichen Netzschalter einbauen – nur geschieht dies in aller Regel nicht.
51 Spitzer, M.: Lernen Gehirnforschung und die Schule des Lebens Heidelberg 2006, Nachdruck 2014, S. 419
52 Te Wildt, B.: Digital Junkies Internetabhängigkeit und ihre Folgen für uns und unsere Kinder München 2016, S. 252
53 Denn die digitalen Gerätschaften selbst stellen noch nicht allein das ganz große Problem dar, sondern vielmehr das dahinter stehende Geschäftsmodell! Vgl. Spitzer, M.: Die Smartphone Epidemie Gefahren für Gesundheit, Bildung und Gesellschaft Stuttgart 2019, 3. Aufl., S. 293
54 Spitzer, M. In: Niederbayerische Schule 6/2018, S. 13

55 Spitzer, M.: Die Smartphone Epidemie Gefahren für Gesundheit, Bildung und Gesellschaft Stuttgart 2019, 3. Aufl., S. 25
56 Spitzer, M.: Die Smartphone Epidemie Gefahren für Gesundheit, Bildung und Gesellschaft Stuttgart 2019, 3. Aufl., S. 264
57 BLLV In: Niederbayerische Schule Ausgabe 2/April 2021, S. 12
58 Vgl. Te Wildt, B.: Digital Junkies Internetabhängigkeit und ihre Folgen für uns und unsere Kinder München 2016, S. 145f.
59 Vgl. Spitzer, M.: Die Smartphone Epidemie Gefahren für Gesundheit, Bildung und Gesellschaft Stuttgart 2019, 3. Aufl., S. 134
60 Darüber hinaus schafft man durch das bezeichnete „Anfixen" eine Situation, in welcher beispielsweise Lernspiele gegenüber den kommerziellen Spielen in jeglicher Hinsicht zurückbleiben: dies betrifft die Bereiche Grafik, Handling, Fun Factor, Action und Spannung.
61 Spitzer, M.: Die Smartphone Epidemie Gefahren für Gesundheit, Bildung und Gesellschaft Stuttgart 2019, 3. Aufl., S. 167
62 Vgl. Kammerl, R. et al. zit. nach Spitzer, M.: Die Smartphone Epidemie Gefahren für Gesundheit, Bildung und Gesellschaft Stuttgart 2019, 3. Aufl., S. 40
63 Te Wildt, B.: Digital Junkies Internetabhängigkeit und ihre Folgen für uns und unsere Kinder München 2016, S. 138
64 Haring, M.: Das sollten Schulen im Zuge der Digitalisierung beachten In: Unfallversicherung aktuell 1/2020, S. 19
65 Spitzer, M.: Die Smartphone Epidemie Gefahren für Gesundheit, Bildung und Gesellschaft Stuttgart 2019, 3. Aufl., S. 147
66 Cremer-Zech, H. In: Deutsches Ärzteblatt JG. 117 Heft 38 vom 18. 9.2020, S. A1755 Der Urheber des Zitates bezieht diesen Einwand auf die unnötige Digitalisierung des Gesundheitswesens
67 Grillparzer, F. In: Der ewige Brunnen Ein Hausbuch deutscher Dichtung Reiners, L. (Hrsg.) München 1959, S. 477
68 Sprichwort zit. nach Pawlak, M.: Zitate von A bis Z Herrsching 1989, S. 94
69 Die Banalität des Digitalen stellt in der Methodik wie im Inhalt den wesentlichen Grund dafür dar, weshalb das Internet und dessen Konsorten für intelligentere Menschen völlig reizlos bleiben.
70 Vgl. Spitzer, M. In: Niederbayerische Schule 6/2918, S. 13
71 Bowers, C.A. zit. nach Mander, J.: Technologien der Globalisierung In: Schwarzbuch Globalisierung München 2002, S. 89
72 Fromm, E.: Wege aus einer kranken Gesellschaft. München 2014, 8. Auf.; S. 292
73 Decker, F.: Rechtspopulismus in Europa – eine Gefahr für die Demokratie? In: Fromm Forum 24/2020 Rechtspopulismus und Demokratie Tübingen 2020, S. 98

„Lehrer hätte ich werden müssen, nur die Kinder sind für Ideale reif."

Erich Kästner[1]

7. Das Los der Lehrkräfte

„Den Pädagogen schob man in die Schuhe, was im Volke misslang."[2]

7.1 Das Lehrer-Schüler-Verhältnis

„Lehrer sei ein herrlicher Beruf, Kinder führen, wo man selbst keinen Weg wisse, und ihnen Geschichten erzählen, damit sie den Abgrund nicht sehen."[3]

Der Lehrerberuf ist derjenige, den jeder von uns kennt – die meisten aus Schülersicht. Als Erwachsene selbst zu Lehrern werden schließlich nur die wenigsten Menschen. Dabei besteht ein eigentümliches Verhältnis der Bevölkerung zum Lehrerberuf: In Krisenzeiten schlägt dem Lehrerstand als Beamten der Neid entgegen, weil sie auch dann weiterhin ihr Gehalt beziehen; in Zeiten wirtschaftlicher Prosperität hingegen haben Lehrbeamte das Nachsehen, weil sie weder von hohen Unternehmensgewinnen noch von den daraus resultierenden Steuereinnahmen etwas abbekommen: „Jedenfalls hat der Lehrerstand in vielen Krisenzeiten als Prügelknabe der Öffentlichkeit herhalten müssen."[4]

Bereits in der Historie galt der Lehrerstand zu vielen Zeiten als alles andere als angesehen. Besonders die Masse der Elementarschullehrer musste sich mehr schlecht als recht durch das Leben schlagen. Den Grammatik- und Rhetoriklehrern höherer Schulen ging es immerhin etwas besser.[5] Einige Lehrer mussten in ihrer Historie ihr karges Gehalt sogar dadurch aufbessern, dass sie einen Schankbetrieb führten und „eilige Gäste oft genug ihren Krug Bier mitten unter den Schulkindern tranken."[6]

„Da war der Schulmeister oder Rektor, das Haupt der ganzen Schule, der von den städtischen Behörden bezahlt wurde, schlecht und recht bezahlt; für den geringen Lohn musste er noch zusätzliche Dienste leisten."[7]

Was heute die Lehrkraft dem Schüler überlegen macht und zugleich ihren Status rechtfertigt, ist nicht die Fachtheorie allein, sondern vielmehr das Wissen um ihre Vermittlung. Der Lehrer ist nicht ebensolcher, weil er besser lesen, schneller rechnen und gezielter Rückfragen beantworten könnte bzw. kann – dass setzt man ohnehin voraus; sondern deshalb, weil er sich Gedanken macht, wie er den ihm anvertrauten Schülern die jeweiligen Inhalte am besten beizubringen weiß: „Der Lehrer soll ein Meister sein. Denn Meister lehren dadurch, dass sie Wege zeigen, die sie selbst gehen, darin eine gewisse Meisterschaft erreichen und deshalb die Wege als hilfreich erfahren haben. Ein Lehrer, der lehrt, ohne dass er das lebt, überzeugt nicht wirklich."[8] Kinder sollten im Idealfall am Beispiel ihrer Lehrkraft erkennen, dass ihr Lernen essentiell ist und neue Erkenntnisse zu erlangen Freude macht. Schüler brauchen dabei allerdings nicht zwangsläufig denselben Weg zu gehen wie ihre Lehrkraft, doch sie sollten an seinem Exempel erkennen, dass es immer einen Weg gibt, der es wert ist, gegangen zu werden: Jeder sollte dabei seine eigene Façon finden und damit die notwendige Individualität entwickeln können.[9]

Direkt Schüler-meisterhaft im traditionell-patriarchalischen Sinne sollte die Beziehung zwischen den beiden Parteien – Schüler und Lehrer – in der konkreten Schulwirklichkeit nicht im Übermaße werden, weil die genannte Beziehungssituation in so einem Falle dann eine sich übertragende Idealisierung des Vorbilds mit sich bringen würde – welche wiederum Aggressionen gegenüber dem Lehrmeister und seiner allmächtigen Überlegenheit bedingen könnte. Kinder folgen ihrer Lehrkraft in Gedanken und Tat schließlich nicht deshalb, weil diese Lehrperson so überzeugend, so autoritär oder sonst etwas wäre – sie folgen ihr deshalb, weil andere Gleichaltrige dasselbe tun. So, wie auch Kleinkinder vorrangig nicht ihren Eltern, sondern vielmehr ihren Geschwistern als näherstehenden Artgenossen in direkter Weise entsprechen wollen, verhält es sich auch bei Schulkindern: „Die angenehme Vorstellung, dass Kinder ihre Eltern „lieben", bevor sie irgendjemanden sonst lieben, muss man unter die zahlreichen Illusionen rechnen, welche dem Wunschdenken entstammen."[10]

Kinder und Jugendliche orientieren sich somit vorwiegend an Ihresgleichen und weitaus weniger am geliebten „Model(l)" Lehrer(in). Lehrkräfte begleiten Schüler auch nicht beim Lernprozess, wie es heute – im postmodernen Moderationsdenken verhaftet – von wirtschaftlicher Seite auf die Schulen übertragen wird; Lehrkräfte sind manchmal eher Elternersatz und Idol, stellen große Geschwister dar, fungieren – besonders während der Pubertät – als (notwendige!) Feindbilder, treten als Tröster auf und sind oft auch die Projektionsfläche vieler Sehnsüchte von Schülern – sie erfüllen damit eine Vielzahl an Rollen.

Fleißige Schüler machen fleißige Lehrer[11]

7. *Das Los der Lehrkräfte*

7.2 Die Rolle der Schüler

„In welcher Hinsicht können einzelne Denker vor den anderen einen Vorzug haben? Muss denn nicht das, was Mose und Salomon erkannt haben, dasselbe sein wie das, was irgendein beliebiger Schüler erkennt?"[12]

„Für ihn strengen sie sich an, ihm wollen sie eine Freude machen, ihn wollen sie nicht enttäuschen:"[13] Wer ist nun dieser ominöse Mensch, für den es sich seitens der Schüler anzustrengen lohnt?

Zunächst erscheint es etwas übertrieben, dass das Lehrer-Schüler-Verhältnis ein – wie manche Menschen dieses idealisieren – väterlich-bewunderndes sein könne. Denn „alle Angebote, bei denen eine Identifizierung mit dem Lehrer, Glaubensstifter, Weisheitsträger, Guru vorausgesetzt wird, stärken nur die Tendenz, sich abhängig zu machen."[14] Die Schüler sollen schließlich für das da sein, was vermittelt wird und nicht für diejenigen, welche vermittelnd tätig sind. Es wäre von daher betrachtet wesentlich sinnvoller, das Verhältnis als Anforderung umzukehren: Lehrkräfte sollten eher ihre Schüler lieben (wobei Liebe als entgegengebrachtes Interesse am Menschen zu verstehen ist) – aber selbst nicht auf die Gunst seitens der Schüler angewiesen sein. Besonders die bedingende Liebe, etwas für eine Autoritätsperson zu tun, um diese nicht zu enttäuschen und stets ihrer Gunst gewogen zu bleiben, bedeutet nichts anderes, als die entsprechende Abhängigkeit zu fördern!

Die Erkenntnisse der Psychologie sprechen ohnehin eine ganz andere Sprache, was die Lern- und Verhaltensmotive der Schüler angeht: Die Schule wirkt als gesellschaftliche Repräsentanz dabei nicht direkt, sondern vielmehr über das „So-sein-Wollen wie die anderen", also über den Konformismus. Eine Schulklasse ist und bleibt schließlich immer eine Gruppe von noch wenig gefestigten Menschen in der Entwicklung, deren Wesen durch vielfältige Regressionen auf vorherige Stufen geprägt ist. Bereits in der zweiten Jahrgangsstufe überwiegt der gesellschaftliche Druck der Konformität zumeist das individuelle Sein: Kinder wissen auf dieser Altersstufe schon genauestens, was sie zu tun haben, was sie sagen dürfen, was sich geziemt – und was eben nicht: „Regelkonformes Denken wird von den Lehrern und vom System belohnt, mit Lob und mit guten Noten, während abweichendes Verhalten getadelt wird und Misserfolg nach sich zieht. Die jungen Menschen werden auf diese Weise zu „dressierten Bürgern" erzogen, die nur an ihren Schulabschlüssen gemessen werden."[15] Oft genug werden dabei leider auch zahlreiche Inhalte und ebenso viele Eigenschaften konditioniert, welche nicht dem Naturell der jeweiligen Person entsprechen. Doch „mit Lob und „Liebe" lässt sich ein Mensch sehr leicht um den Finger wickeln."¹⁶ Der Hunger nach Liebe als krankhaftes Defizit „ist in unserer Leistungsgesellschaft, den Industrienationen mit dem praktizierten autoritären Erziehungssystem von Lohn und Strafe, sehr häufig zu beobachten."¹⁷

Der Schultag einer Lehrkraft, die Abc-Schützen in einer ersten Klasse unterrichtet, beginnt eigentlich stets mit einem großen Erfolgserlebnis: Denn von 25 Schülern haben 22 die Hausaufgabe gemacht – und dies vor allem deshalb, weil sie ihre Lehrkraft als ihnen für ihre Entwicklung die notwendige Sicherheit gebende Leitperson nicht enttäuschen wollen. Trotzdem dürfte die Stimmung an einem solchen Tag nicht gerade euphorisch sein; denn man freut sich nicht über 22 gemachte Hausaufgaben, sondern verwendet nun einen großen Teil der Lernzeit darauf, sich diesen drei nicht (vollständig) gemachten Hausaufgaben bzw. den betreffenden Schülern zu widmen.

7.3 Förderliche Eigenschaften der Lehrkraft

*Will ein Staat gute Lehrer einstellen, so tut er gut daran, die zum Lehrberuf Begabten und Motivierten zu Beginn der Ausbildung auszuwählen, denn die Qualität des Lehrers ist für den Unterricht nach allen Untersuchungen weitaus wichtiger als die Lehrpläne, zumal die Pädagogen voraussichtlich 40 Jahre im Schuldienst bleiben sollen.*¹⁸

Lehrkräfte dabei zu einem nicht mehr mitdenkenden Exekutivorgan und zum stummen Befehlsempfänger zu machen – dies würde auf Dauer nicht besonders gut funktionieren. Denn Lehrkräfte sind zwar Beamte, aber von ihrer berufscharakterlichen Prägung doch in einer völlig unterschiedlichen Rolle, beispielsweise gegenüber Polizisten. Lehrkräfte haben in der Tat eine Sonderstellung – ihr berufliches Tun unterscheidet sich grundlegend von dem, was man allgemein unter der Beamtentätigkeit versteht: ihre Klientel, die Kinder, sind lebendig und biophil; ihr Metier ist nicht die Sache, sondern der leibhaftige und lebendige, junge und wachstumswillige Mensch – nicht von ungefähr kommt es daher auch, dass wir genau dort bei der Lebendigkeit häufig die größten Probleme und Lernhemmnisse finden.

Der dem immer noch streng hierarchischen Beamtentum so leicht entspringende und auf seine Bediensteten übergreifende autoritäre Charakter übernimmt bei den davon betroffenen Menschen dann die Funktion des Gewissens. Das Über-Ich in der vaterimagosierten Instanz ersetzt beim Berufseintritt zunächst partiell, womöglich aber auch zur Gänze das ei-

7. Das Los der Lehrkräfte

gene vernunftgeleitete Denken. Diesen Vorgang halte ich für eine der schädlichsten Manifestationen der autoritativen Charakterprägung, weil ihr antidemokratischer Abgrund im blinden Vertrauen, ausgedrückt in der absolut gesetzten Bürokratie, nicht erkannt wird. Nicht nur im Zusammenhang mit der totalen Bürokratie im Dritten Reich haben die großen Dichter und Denker unserer Geschichte auf die Gefahr einer Verabsolutierung dieser hingewiesen:

> *„Bei jeder Geburt ist künftig sofort*
> *Der Antrag zu formulieren,*
> *Dass die hohe Behörde dem lieben Kind*
> *Gestatte zu existieren!"*[19]

> *„Mein alter Freund, der Rechnungsrat,*
> *Ist doch der echte Bürokrat!*
> *Er brachte glücklich es so weit,*
> *Dass er schon seit geraumer Zeit*
> *Auch mit sich selber – wie man hört –*
> *Nur „auf dem Dienstweg" noch verkehrt."*[20]

> *„Der Lehrer geriet als Beamter durch seine Abhängigkeit vom jeweiligen Staat oft in eine schiefe Lage. Einerseits hatte er seinen Treueid geleistet, andererseits war er aber auch ein unabhängiger Mensch mit eigenen Meinungen."*[21]

Nicht ganz von ungefähr kommt die öffentliche Beurteilung des Lehrerstandes zur Drittreich-Zeit, diese als politische Wandervögel zu bezeichnen: Die Lehrer litten zuerst an Rotlauf, dann an Wechselfieber und schließlich an Bräune.[22]

Ein ausgeübter Beruf ist darüber hinaus nicht mit einer entsprechenden Berufung gleichzusetzen, was auch vor der Lehrerprofession nicht haltmacht: Immanuel Kant beispielsweise, war bekanntermaßen auch Philosoph und nicht nur Pädagoge. Diese Einheit fehlt heutzutage aber weitgehend – Lehrer sind auf informellem Weg in den letzten Jahren schleichend zu uniformen Erfüllungsgehilfen des Staates geworden. Der vorauseilende Gehorsam tat sein Übriges dazu – eine fatale Fehlentwicklung, denn: Wer selbst nichts ist, kann auch aus anderen nichts machen! In einer Demokratie muss daher immer der Einzelne gestärkt und nicht geschwächt werden; besonders dann, wenn er direkt und in professioneller Position auf andere wirkt. Doch die Rückmeldung von unten nach oben im Hinblick auf die Erziehungsrichtung unser aller Zukunft scheint im immer noch hierarchisch wie eh und je strukturierten Bildungssystem wenig erwünscht zu sein.

Parallel dazu erleben wir gegenwärtig bereits gesamtgesellschaftlich eine stille Renaissance des Autoritären: Es ist – was das Lehrersein vor der Schulklasse angeht – ohnehin ein Unterschied, ob sich jemand lediglich autoritär gibt oder tatsächlich echte Autorität besitzt: denn autoritär aufzutreten, bedeutet schließlich noch lange nicht, über die erforderliche Autorität auch wirklich zu verfügen. „Viele Kollegen haben vor dem Unterricht regelrecht Angst. Angst vor den Frechheiten und Demütigungen, denen sie jeden Morgen sechs Stunden lang ausgesetzt sind. Die einen werden davon krank, die anderen böse, die dritten zu Zynikern."[23] Lehrkräfte, die sich stets autoritär-stark geben, sind tatsächlich oftmals die schwächsten im Kollektiv – denn irgendwann kommt immer jemand, der sie an ihre Grenzen stoßen lässt – dann brechen sie hilflos zusammen; sie haben schließlich keine Ebene der Verständigung zu Schülern aufgebaut, weil sie sich in ihrem Autoritätsgebaren immer von ihnen abgrenzten.

Wir stellen hierbei fest, dass wir viel mehr biophile Lehrkräfte benötigen. Direkte erziehliche Hinweise wie „Mach deine Hausaufgaben!", „Iss deinen Teller leer!" oder „Sei anständig!" bewirken ohnehin nichts: Sie gehen – wie man so treffend zu sagen pflegt – bei einem Ohr hinein und beim anderen unbefolgt wieder hinaus. Bestenfalls lässt man dabei den sich einstellenden Tadel über sich ergehen – eine Verbindlichkeit für das Handeln entwächst daraus aber nur äußerst selten.[24] Ein Lehrer etwa, der gegenüber Schülern laut schreit bzw. meint, dies (tatsächlich meist gezwungenermaßen aus Ohnmachtsgründen) tun zu müssen, verhält sich selbst nicht anders als ein schreiendes kleines Kind.

„Deutschland verfügt über mehr psychosomatische Betten als der Rest der Welt. Und in diesen Betten liegen vor allem Lehrer."[25]

„Man muss nicht psychisch krank sein als Lehrer – aber es hilft ungemein!", diesen Wortwitz hört man immer wieder. Hinsichtlich solcher Tendenzen tragen allerdings nicht die Kinder oder Jugendlichen die Hauptschuld, sondern stattdessen ein Zwangsstatus, der die Lehrkräfte von oben dirigiert, aber bei Problemen, wo sie dann plötzlich selbstständig sein sollen, doch alleinlässt – was in einem krassen Widerspruch zueinanderstehrt. Es ist allerdings einfacher, gemäß dem autoritären Charakter auch hier wieder den Schwächeren – also den Schülern – die Schuld in die Schuhe weiterzuschieben. Wer sich also in die masochistische Position begibt, lebt sich im Beruf gegenüber einem sadistischen Vorgesetzten tatsäch-

7. Das Los der Lehrkräfte

lich leichter: Soll man sich deshalb der Radfahrer-Mentalität hingeben? Nach oben buckeln und nach unten treten?

Damit kommen wir an den Punkt der Identitätsfrage schulischen Personals: Was soll ein Lehrer eigentlich hauptsächlich sein: (Alt-)Philologe, Moralist, Stuhdenlöhner oder gar Informatiker? In erster Linie doch wohl Pädagoge und Psychologe im Hinblick auf die Entwicklung von Kindern und den Aufbau ihres sozialen Wesens; das bedeutet: er muss weniger Didaktiker und Stofftheoretiker und auch nicht einfach nur Macher und bedingungsloser Pragmatiker sein, sondern in erster Linie ein fühlender und denkender Mensch, der sich an den ihm anvertrauten Kindern orientiert.

7.4 Die verschiedenen Lehrertypen

„Als die Lehrer noch Originale waren."[26]

Wir mögen als Erwachsene, welche die Schule längst hinter sich gelassen haben, in unterschiedlichen Bundesländern zur Schule gegangen sein – und doch finden wir immer wieder verblüffende Übereinstimmungen, wenn wir uns darüber unterhalten, welchen Lehrertyp wir im Grundkurs Mathematik, welche Lehrkraft in der Mittelstufe in Deutsch oder welchen Typ Kunst- bzw. Musiklehrer wir als Schüler selbst erlebt haben. Diese Menschen werden dann manchmal als Zyniker entlarvt, als Alles-in-sich-Reinfresser, als Gutmenschen oder vielleicht auch als „Abtaucher" und Unscheinbare. In diesen Charakterisierungen steckt allerdings immer mehr als nur ein Funken Wahrheit, denn den Charakter eines Menschen erkennt man besonders in seinem (beruflichen) Tun. Entscheidend ist letztlich immer eine Fragestellung, die im ehrlichen Selbsttest das Wesentliche auf den Punkt bringt: Möchte ich als Schüler zu mir als Lehrer in die Schule gehen?

Ein Lehrer, der regelmäßig seinen Sadismus an wehrlosen Kindern ausgelassen hat, welche diesen durch ihre Abhängigkeit noch zusätzlich bis in das Maßlose hinein verstärkt haben, erkrankt zum Pensionierungszeitpunkt schwer und verstirbt bereits kurz danach.

Unabhängig davon, welche Krankheit vorliegt und ob diese psychisch durch das Wegfallen der sadistischen Möglichkeiten im veränderten Lebensdasein mitausgelöst wurde: Im Lichte einer Erkrankung, die als eine echte bedrohliche Lebenskrise auftritt, muss sich jeder Mensch zwangsläufig seinem Selbst stellen. In diesem Fall dürfte bei der geschilderten Person unweigerlich ein sehr tiefschürfendes Schuldgefühl aufgetreten sein. In dessen Unverarbeitetheit könnte dieses durchaus dazu geführt haben, dass derjenige, welcher eigentlich alle Kraft für seine Genesung bräuchte, hierfür nur eingeschränkt Stärke aufwenden konnte – sofern es nicht sogar zur vollständigen resignativen Apathie kam. Das Sterben des Sadisten zum Pensionsalter hat also nichts mit einer Strafe Gottes für seine Sünden in der Schule zu tun, sondern in gewissen Anteilen womöglich mit negativ verstärkender zu später Selbsterkenntnis.

Die grundlegend ungleiche Relation von Lehrern und Schülern – was nicht nur das Alter und die Position betrifft, sondern vor allem den Wissensstand – ist in der Tat für alle autoritären Lehrkräfte ein Fallstrick, der nicht übersehen werden darf. Besonders das pädagogische Hierarchieverhältnis verleitet – zumeist funktionell und von der Lehrperson selbst meist nicht bemerkt – leicht dazu, sich Kindern (fachlich durchaus zu Recht) überlegen zu fühlen. Wenn nun Vorstörungen aus der eigenen Biografie dazukommen, ist man schnell einmal bei einem Führungstypus angelangt, der Kindern (unausgesprochen) ihre Unvollkommenheit vorwirft. Dass diese Ungleichheit dem Wesen des Berufsverhältnisses entspricht, gerät dabei nur allzu leicht in den Hintergrund.

Des Weiteren können neben einem Abgleiten in das Autoritäre die Abhängigkeit, die Erwartungshaltung und die Suche nach der Identifikation mit einem vorbildlichen Rollenmodell bei allen Lehrkräften, welche sich dieser Mechanismen nicht bewusst sind, die Entwicklung einer narzisstischen Persönlichkeitsstörung bedingen. Denn Lehrkräfte werden von Kindern aus Gründen der Beziehungssituation schnell einmal über die Maßen geliebt und bei entsprechend narzisstisch überzogener Verstärkung dann regelrecht idolatrisiert.

Übertragungsphänomene und Projektionen spielen beim Lehrer-Schüler-Verhältnis ohnehin eine große Rolle. „Bekanntermaßen hat der, der die Verantwortung trägt, auch das Recht, über den anderen zu verfügen. Und so dienen Kinder, Behinderte, Alte, Kranke, Therapiebedürftige zur Definition des eigenen Selbstseins."[27] Wenn darüber hinaus ein großer Teil des Berufswesens darin besteht, beständig nach Fehlern anderer zu suchen, dann hinterlässt auch das seine Spuren in der Persönlichkeit des professionell Korrigierenden bzw. lockt dies bereits bestimmte Charaktertypen an.

„Man will über sich nicht im Klaren sein."[28]

Die allgemein bekannte Binsenweisheit, Lehrer hätten vormittags Recht und nachmittags frei, wird zumeist fälschlich verstanden. Lehrer haben

7. Das Los der Lehrkräfte

vielleicht nachmittags frei – doch ihre Gedanken sind oftmals nicht frei! Das wirklich negativ Wirksame ist in diesem Zusammenhang weniger der oft karikierte „Halbtagsjob", sondern vielmehr die Aussage „haben ... recht": Dieses absolute, unwidersprochene und kritikfreie Rechthaben und der Besitz des gültigen letzten Wortes sind die Ur-Ursache für zahlreiche Probleme, welche in diesem Berufszweig entstehen. Man bedenke in diesem Zusammenhang besonders die Dichotomie und den sadomasochistischen Charakter des diskutierten Berufes: einerseits der gottgleiche uneingeschränkte Herrscher im Klassenzimmer, andererseits jedoch der weitgehend widerspruchsunfähige Befehlsempfänger gegenüber dem nächsten Vorgesetzten. Hinzu kommt der Duktus des Beamtenapparates, mit beispielsweise Unterwürfigkeit ausdrückenden Verhaltensweisen. Doch bereits der maßgebende Pädagoge Heinrich Pestalozzi wusste: „Wir wollen nicht die Verstaatlichung des Menschen, sondern die Vermenschlichung des Staates."[29]

Der Vollständigkeit halber sei ergänzend erwähnt, dass es nicht nur die autoritäre und narzisstische Charakterströmung im Berufsbild der Lehrperson gibt; denn auch die unbewusst erkannte produktive Charaktergesinnung verleitet so manchen Kreativen dazu, sich im Lehrerberuf zu versuchen. Im Gegensatz zu den beiden zuvor genannten Charakterausrichtungen wird es dieser allerdings deutlich schwerer haben, seiner charakterbedingten Hauptanlage in einem hierarchischen Struktursystem treu zu bleiben.

7.5 Dominante Charaktere in der heutigen Pädagogik

Alle Menschentypen sind es wert, im gleichen Maße berücksichtigt zu werden!

Wie zuvor angesprochen, kennt jeder Mensch aus seiner eigenen Schulzeit unterschiedliche Lehrertypen: den autoritär „Aufgeblasenen", das empfindliche „Mimöschen", den Weltverbesserer, die „Mensch gewordene Sorgenfalte", die leicht Reizbare, den Dauerbeleidigten, den Zyniker, den Durchwinker, den gemütlichen Beleibten, den ehrgeizig-adretten Emporkömmling, ebenso auch die hilfsbereite Kümmer-Frau, den mütterlichen Typus und vor allen auch die einfach natürlich und nett auftretende Lehrperson. Diese große Vielfalt kommt deshalb zu Stande, weil die Motive für die Berufswahl eingangs so vielfältig wie die einzelnen Typen im Laufe ihres Berufslebens ihrerseits verschieden sind: Solche Motive können eine Empfehlung der Eltern sein, das persönliche Karrierestreben oder auch einmal der erhoffte Ansatz, die Welt im Kleinen zu verbessern. Auch ein spezifisches Fachinteresse kann zum Lehrerberuf führen: Manche Menschen studieren beispielsweise Geografie, weil sie gerne bildlich-räumlich denken.[30] Viele dieser motivationalen Erscheinungsformen sind aber lediglich sichtbare Manifestationen innerer persönlicher Charakterstrukturen, welche vollkommen unterschiedliche Ursprünge haben; sinnvoller als eine physiognomische Einteilung nach dem jeweiligen Auftreten ist daher eine genetisch-motivationale nach dem Grundmotiv des individuellen Charakterwesens.

Dazu ist sogleich festzuhalten, dass wir Menschen im Allgemeinen nahezu allesamt Mischcharaktere darstellen, wobei aber in der Regel eine Charakterdisposition prominent in den Vordergrund tritt. Wie eng beispielsweise die Verwandtschaftsbeziehung des Narzissmus einerseits und weiteren vorwiegend neurotischen Charakterstörungen ausgeprägt ist, lässt sich dadurch verdeutlichen, dass man eine Parallele zur Lebensverbundenheit zieht: Denn ebenso unwahrscheinlich wie der rein biophile Mensch vorkommt, bleibt auch der Narzisst ohne jegliche Elemente weiterer psychischer Charakterbeeinflussungen ein seltener Sonderfall – zumal psychische Störungen untereinander sich gegenseitig begünstigende Beziehungen aufweisen.

„Die Tatsache, dass der, der Hilfe braucht, auf einen Helfer angewiesen ist, macht die helfenden Berufe besonders anfällig für ein autoritäres Bezogenheitsmuster."[31] Bei den autoritären Lehrertypen besteht grundsätzlich durchaus eine symbiotische Beziehung zu seinen Schülern: Diese bedeutet, dass beide Seiten in eine Abhängigkeit voneinander geraten können: „Hier der Lehrer am Pult – dort der Schüler in der Bankreihe."[32] Der autoritäre Lehrertyp braucht dabei die ihm gewissermaßen hörigen Schüler, er ist „existenziell auf jene angewiesen, die sich ihm unterwerfen müssen."[33]

„Magst den Tadel noch so fein,
Noch so zart bereiten,
Weckt er Widerstreiten.
Lob darf ganz geschmacklos sein,
Hocherfreut und munter
Schlucken sie´s hinunter."[34]

An dieser Stelle muss ein warnender Hinweis ausgesprochen werden: Denn jede charakterliche Klassifizierung, die sich an der Empirie einer überwiegend nekrophil geprägten Gesellschaft orientiert, läuft stets Gefahr, wenig positiv zu erscheinen. In der Tat sind angesichts des gegenwärtigen Gesellschaftscharakters die biopilen Menschen, zu welchen der benign-narzisstische, der hysterische, aber besonders auch der produktive Charakter zählen, in der Minderzahl – dies betrifft allerdings nahezu alle Berufs- und Bevölkerungsgruppen und nicht nur den Lehrerstand![35] Gemäß einer empirischen Studie kann eine biophile Orientierung der Lehrerschaft nicht angenommen werden.[36] Meiner Erfahrung nach sind dennoch nicht wenige Lehrkräfte von ihrer grundsätzlichen Charakterprägung sehr wohl am Leben orientierte Menschen; jedoch werden die Lehrkräfte nicht selten entfremdet, ihre eigenen Überzeugungen und Bedürfnisse widersprechen „ihrer Rolle als Lehrplanbeamte, sodass sie sich hinter einer Charaktermaske verstecken müssen."[37]

„Zwar kann der biophile Lehrer eine positive Orientierungsmöglichkeit darstellen, jedoch ist zu fragen, ob der einzelne biophile Lehrer in einer schulischen und sozialen Umwelt, die (der Pädagoge Helmut Wehr – der Verf.) wohl mit Recht als nicht biophil bewertet, nicht überfordert ist."[38] Schlussendlich steht die hierarchisch-bürokratische Struktur der heutigen Schulrealität im Widerspruch zur Idee einer Bildung, welche in Anlehnung an den Erziehungswissenschaftler Wolfgang Klafki darin besteht, die Fähigkeiten zur Selbstbestimmung, Mitbestimmung und zur Solidarität zu entwickeln.[39]

Übergreifend wirksame Störeinflüsse, wie sie der postmodernen Gesellschaft im Gegensatz zu einer Naturgesellschaft systemimmanent sind, ergeben damit als Resultat folgende dominante Charaktertypen: den Zwangscharakter, den narzisstischen Charakter (mit den Subtypen des narzisstisch-phallischen bzw. prägenital fixierten narzisstisch-femininen Charakters, wobei letzterer mit dem hysterischen Charakter in enger Beziehung steht), den produktiven Charakter (aufgesplittet in den kreativen bzw. den aktiven Charakter), den bereits angesprochenen hysterischen Charakter, den schizoiden Charakter, den sadistischen Charakter, den depressiven Charakter, den destruktiven Charakter, den rebellischen Charakter, den inzestuösen Charakter sowie den autoritär-masochistischen Charakter.

Hierbei ist weiter zu erwähnen, dass der Charakter eines Menschen nicht immer offenkundig auftritt;[40] es gibt auch Fälle, wo die Reaktionsbildungen derart prominent in den Vordergrund treten, dass diese als echter Charakter des betreffenden Menschen fehlgedeutet werden. So ist etwa jemand, der sich gezwungenermaßen in eine reaktionsbildende Albernheit flüchtet, in Wahrheit oftmals gar nicht so humorvoll, wie er von anderen gesehen wird. In der Folge nun eine Übersicht über die wichtigsten Charakterdeterminierungen im Lehrerberuf:[41]

- **Narzisstisch-fürsorglich:** Dieser Pädagogentypus agiert bevorzugt mit Lob und Tadel – wobei Erstgenanntes weitaus öfter vorkommt. Die

Liebe ist dabei oft bedingend: Wer als Zögling die Erwartungen erfüllt, erhält verdientermaßen eine quasi mütterliche Zuwendung und Anerkennung. Solche Lehrkräfte weisen allerdings oft die Eigenschaft auf, dass sie auch abseits ihres Berufes nicht mehr abschalten können. Sie sprechen auch zu Hause nicht mehr über viel anderes als über das, was sie im Berufsleben bewegt. Eine solche berufsnarzisstische Ausprägung kann dabei schnell einmal zum Bumerang werden, weil die Distanzierungsfähigkeit fehlt. Dieser Pädagogentypus ist aber zugleich auch im Hinblick auf die Gefühle anderer Menschen besonders empfindsam; solche Lehrkräfte werden von Kindern deshalb oftmals idealisiert und innig geliebt. Dies überträgt sich ebenso auf deren Eltern. Die narzisstische Kränkung bei einer möglichen Enttäuschung fällt dann allerdings umso heftiger aus, je größer die Begeisterung zuvor geworden war. Eine solche Kränkung tritt vorwiegend im Konfliktfall auf, wenn z.B. der Übertritt auf eine höhere Schulart nicht so zu gelingen droht, wie erhofft und wirkt sich bei der Lehrkraft vor allem in der Angst vor einer möglichen weiteren Kränkung aus: Es kommt dabei zum Konflikt-Vermeidungsverhalten und zu einer latenten Angststörung gegenüber Auseinandersetzungen, weil diese die narzisstischen Kränkungen wieder aktivieren oder möglicherweise sogar noch übertreffen könnten: „Die derart auf Händen getragenen können keine Enttäuschungen mehr verkraften."[42] Die in diesem Absatz besonders aus Kindersicht durchaus positive Charakterorientierung des guten Narzissmus findet man bei mindestens der Hälfte aller Lehrkräfte. Das kommt nicht von ungefähr, denn „Kinder sind mit ihrer Idealisierungsfähigkeit und Anhänglichkeit besonders dankbare Gegenüber für Menschen, die der Selbstbestätigung bedürfen."[43]

- **Narzisstisch-malign:** Der gutartige Narzissmus kann – wenn auch in seltenen Fällen – grundsätzlich auch zum malignen werden, wenn besonders negativ wirksame Ereignisse und Rahmenbedingungen Enttäuschung, Trotz und Wut entstehen lassen. Darüber hinaus kann die wiederholte narzisstische Kränkung auch zu einer Verbitterung bzw. einem Arbeitszynismus und in die von mir so genannte „Narzissmusfalle" führen: Jedes Wort wird dann im malignen Fall des Narzissmus einzeln betont – man muss es der sprechenden Person regelrecht von den Lippen ablesen; und wehe, ein Schüler blickt dabei weg und ist nicht aufmerksam; ihn trifft dann die ganze Härte der Kränkung eines bösartigeren Narzissmus und der daraus resultierenden destruktiven Aggression. Der Umgang von narzisstisch geprägten Menschen mit anderen wird zur Stärkung des eigenen Selbsterlebens verzweckt.[44] So, wie es nicht gerade wenige Therapeuten gibt, die ihre Patienten mindestens ebenso notwendig brauchen wie der Patient den Therapeuten, benötigen solche Lehrkräfte auch ihre Schüler zur Sublimierung ihrer charakterlichen Ausprägung. Ganz allgemein betrachtet aber disponiert der Lehrberuf – besonders in der Primarstufe – nicht zu malignen, sondern zu autoritär-fürsorglichen und eher „leicht" narzisstischen Charakterorientierungen.[45]

- **Autoritär-sadistisch:** Die sadistische Variante des Lehrenden unterscheidet sich am Beispiel des Tadels vom Narzissmus-Typus nicht allein auf Grund der Häufigkeit ihres Auftretens: Bei der Disziplinierung von Schülern wird vor allem eine motivational destruktive Aggression bestimmend. Die Protagonisten dieser für Kinder durchweg negativ wirksamen Charakterorientierung spielen immerhin keine verdeckte Rolle: Schüler und Eltern durchschauen den betreffenden Lehrertypus sehr schnell als autoritär. Dieser Typus gibt sich in gewisser Hinsicht dabei manchmal auch wie eine Art Schauspieler, der immer funktionieren muss und notfalls auch einmal eine Krankheit verdrängt: Denn die Zöglinge dürfen nicht merken, dass man schwach oder verwundbar – also menschlich – sein könnte und von sich selbst als Schwäche empfundene Gefühle besitzt, welche auch abseits des Berufes verleugnet werden. Dieser Lehrercharakter ist im Kern sehr unsicher und auch leicht kränkbar – nämlich bereits bei einer Widerrede, weil diese für ihn stets einen Machtverlust bedeutet. Dieser Typus lobt durchaus auch einmal, allerdings tendenziell eher selten und bevorzugt bei formaler Erfüllung seiner Aufträge. Wie bei der Zirkusdressur sollen die Kinder bei ihm auf konditionierte Signale reagieren; nach dem Motto: „Wenn ich das sage, dann machst du das! Wenn ich das will, dann hast du das zu tun!" Für die betroffenen Lehrpersonen dürften autoritäre Orientierungen auch aus der weithin bürokratisch-hierarchischen Organisationsform der Schule und den speziellen Rollenanforderungen dort herrühren: Anleitung geben und Autorität sein; Erfüllung des Stoffplan-Solls; für die Einhaltung von Disziplin, Regeln und Ordnung sorgen sowie die Beurteilung und Auslese, welche übertrieben in den Vordergrund gestellt wird. 36% der Pflichtschullehrer weisen gemäß einer wissenschaftlichen Untersuchung eine autoritäre Disposition auf.[46]
- **Masochistisch:** Es besteht eine sadomasochistische Grundorientierung, wie man sie etwa vom Militär kennt: Der Vorgesetzte hat ebenso immer Recht wie dies auch die Lehrperson innerhalb der Klasse haben muss. Im Umgang mit allen Höhergestellten jedoch gibt man unabhängig vom sachlichen Inhalt stets nach. Ein solches Grundverhalten stellt

das Stadium autoritärer Charakterbildung dar. „Nimm dir an deinem Nachbarn ein Beispiel!" bzw. „Der ... kann das auch!": Eine schwache Lehrkraft sucht sich dann oft Schwächere aus, um sich damit selbst in ihrer Position wenigstens über die Erzeugung anderer Schwächerer noch etwas zu stärken. Es kommt aber auch oft vor, dass die masochistischen Typen viel Verständnis für ihre Schüler aufbringen, weil sie ihr eigenes Leid dort unbewusst wiedererkennen.

- **Mütterlich:** Dieser Charakter ist oftmals regressiv fixiert und schließt – bildlich gesprochen – alle Kinder in seine weit geöffneten Arme. Er ist eng mit dem narzisstisch-fürsorglichen Typus verwandt, betont aber noch mehr das Nachsichtige, Unbedingte und Gütige.
- **Natürlich:** Naturnah, ungeschminkt und manchmal ökologisch angehaucht: ein solcher Mensch, der das Leben liebt, ist „vom Prozess des Lebens und des Wachstums in allen Bereichen angezogen. Er baut lieber etwas auf und gestaltet etwas, als dass er es für sich zurückhält. Er kann noch staunen und will eher etwas Neues entdecken, als dass er nur die Sicherheit der Bestätigung des bereits Bekannten findet."[47] Die Natur wird als der große Lehrmeister verstanden: die Wiese wird zum Klassenzimmer und der PC-Raum oder die „Kraftkammer" (schuleigenes Fitnessstudio) werden zu sprichwörtlichen No-Gos!
- **Individuell:** Der Idealtypus: Dieser Mensch ist und bleibt stets er selbst. Deshalb kann man ihn auch nicht einordnend skizzieren! Kinder haben ein sehr feines Gespür dafür, ob die Menschen, welche ihnen begegnen authentisch sind; „ob sie ernstgenommen werden mit dem, was sie selbst wollen, fühlen oder denken, oder ob ihnen etwas Fremdes übergestülpt werden soll."[48]
- **Konformistisch-marketingorientiert:** Das Ziel dieses Lehrertypus ist die eigene Schulkarriere; die Effizienz gilt hierbei als hoher Leitwert und die stark auf den Eigennutz abzielende Anpassung sowie eine persönliche Profillosigkeit lassen diesen Typus als austauschbar erscheinen. Auf Seiten der Schüler steht er nicht, denn er hat stets seine eigene Karriere im Blick.[49]
- **Produktiv-kreativ:** Hierbei handelt es sich um einen gezwungenermaßen unangepassten biophilen Charaktertyp, dessen Kreativität gegenüber dem bürokratischen Staatssystem immer wieder sublimiert werden muss. Jedoch „der produktive Lehrer ist kein Tyrann, ist er gar ein Künstler, seine größere Freiheit für die Entfaltung der eigenen Regungen kann sich die Klasse"[50] nur wünschen! Er will weiterwachsen und es den Kindern ermöglichen, selbsttätig zu sein und stets etwas zu schaffen – möglichst etwas, das es bisher noch nicht gab. „Selbstver-

ständlich gibt es in unseren Schulen zahlreiche Lehrer, die auf ihrer eigenen Werteskala Kreativität, Begeisterungsfähigkeit und frisches, unkonventionelles Denken höher einschätzen als Anpassungsleistungen. Doch das Schulsystem, wie wir es noch mehrheitlich vorfinden, erlaubt diese Eigenschaften nur in einem abgesteckten Rahmen von Fächern, Dreiviertelstunden-Takten und Klassenarbeiten, sodass ihre Entfaltung kaum möglich ist."[51]

- **Am Sein orientiert:** Die Beziehung zwischen Lehrer und Schülern ist von Interesse und solidarischer Nähe geleitet. Das Interesse ist dabei besonders im etymologischen Wortsinne zu verstehen: „Inter-esse" bedeutet, dazwischen bzw. unter den Anderen zu sein.[52] Durch die dem Prozess des anleitenden Lernens und Helfens immanent entwickelte Autonomie bleibt dieser emotional-affektive Typus stets kränkungsfrei; ebenso benötigt dieser auch keinen übertriebenen Stolz, sondern bleibt in seinem Sein und dem Umgang stets selbstverständlich. Schließlich steht die Entwicklung der Wachstumskräfte der Schüler im Zentrum der beruflichen Lehr(er)tätigkeit.[53]

- **Hysterisch:** Chaotisch, laut, liebevoll, mit schwankenden Stimmungen und zugleich stets mitfühlend – der Lehrertypus entspricht hier weitgehend dieser Charakterprägung im Allgemeinen.[54]

- **Schizoid:** Dünnhäutig und empfindlich – so sehen Eltern, Kinder und Kollegen diesen seltenen Typus: Denn er trägt in seinem Selbst starke Kämpfe sich diametral gegenüberstehender innerer Strebungen aus – was ihn nach außen hin unsicher macht. Ein im allgemeinen Sprachgebrauch sogenannter unsicherer Charakter „ist etwa durch ein überdauerndes Muster von sozialem Unbehagen und der Angst vor negativer Bewertung durch andere sowie Schüchternheit gekennzeichnet",[55] welche aber reaktionsbildend überspielt werden kann.

- **Oral:** Der oral geprägte Erwachsene wendet regelmäßig Elemente aus seiner frühesten Kindheit an bzw. adaptiert und etabliert in seiner Lebensführung entsprechend sublimierte Verhaltensformen: mit Essen, Trinken und Rauchen wird dabei die eigene Lebensausgangssituation kompensiert; die oral regressive Tendenz zeigt sich besonders auch in einem immer wieder auftretenden Lospoltern mit dem unbewussten Streben nach anschließender Versöhnung. Im Großen und Ganzen ist dieser Menschentyp aber wohlwollend.[56]

- **Hortend:** Im Gegensatz zum Oralcharakter bleibt bei diesem Typus die Regression auf eine bestimmende Kindheitsphase – namentlich die anale – ein Leben lang bestimmend. Besonders die Sparsamkeit wird als konstituierendes Merkmal des anal-hortenden Charakters be-

trachtet.⁵⁷ In der Schule betrifft dies dann beispielsweise ein Geizen mit guten Noten und Beurteilungen, denn die eigene charakterliche Sozialisation gibt vor, stets alles zurückzuhalten.⁵⁸
- **Zwanghaft:** Neben dem hortenden Charakter ist auch der zwanghafte Charakter eine Folge falscher Reinlichkeitserziehung während der analen Phase: „Die Gegenstände auf dem Schreibtisch in geheiligter Ordnung, die Meinung über etwas in unverrückbarer Gültigkeit, ein moralisches Urteil in paragraphenhafter Starre."⁵⁹ Korrekt, überpünktlich und unfrei – so könnte man das affektgesperrte Wesen einer zwanghaften Lehrperson insgesamt auf den Punkt bringen. Gegen alles, was von der Norm abweicht, wird hierbei eine erhebliche Intoleranz entwickelt. Der Gehorsam um des Gehorsams Willen ist eine typische Ausprägung einer solchen Charakterstörung. Im Lehrerberuf kommen die zwanghaften Charaktere insgesamt selten vor – denn solche Menschen versuchen eher, von Kindern wegzukommen und die bürokratische Seite ihres Berufes zum Inhalt zu machen.

Besonders was das Zusammensein mit anderen Menschen ausmacht, wird die dominante Charakterdisposition von Menschen zu einer steuernden Größe: Das betrifft die berufliche Zusammenarbeit – zwischen Erwachsenen ebenso, wie das Verhältnis von Lehrern und Schülern: Der zwanghaftanale und der biophil-produktive Charakter beispielsweise können keine gemeinsame Basis finden, während der sadistische und masochistische Charakter im Hierarchieverhältnis sicherlich ein berufliches Auskommen finden werden – wenn sich dabei auch die eingenommenen Rollen verhärten dürften und insbesondere die Persönlichkeit des Masochisten weiter reduziert wird. Das gilt nicht nur für das berufliche Tun und Wirken, sondern ebenso im privaten Lebensbereich.⁶⁰

7.6 Die Angst vor dem freien Lernen

„Das ist klarste Kritik von der Welt, wenn man neben das, was ihm missfällt, einer was Eigenes, Besseres stellt."⁶¹

Der am positivsten wirksame Charaktertyp, den es immer anzustreben gilt, indem dessen in jedem Menschen vorhandene Anteile gefördert werden, ist die produktive Charakterorientierung. Diese steht im Dienst des Wachstums und lässt den Menschen geistig-moralisch größer werden. Sie gibt ihm den erforderlichen Sinn in seinem Leben, welchen z.B. das Horten, Ordnen und Aufräumen niemals zu vermitteln in der Lage sind. Wir alle wollen in unseren Biografien schließlich etwas schaffen, das keinen sisyphushaften Selbstzweck darstellt. Wenn wir sinnstiftend und aufbauend agieren, dann fühlen wir, dass unser Leben gelingt und es wichtig ist, dass es uns gibt. Der gerne für das intellektuelle Lernen als abwertend wie abwehrend eingesetzte Begriff des „ewigen Studenten" trifft unsere biographische Lernsituation damit sehr wohl: Wir als Menschen lernen niemals aus!

Heute finden wir aber im Allgemeinen – und dies betrifft nicht nur unsere Schule, sondern die gesamte Gesellschaft – eine Tendenz dazu, Neuem skeptisch und ablehnend gegenüberzustehen. Das Dazulernen wird dementsprechend sogar als etwas Bedrohliches empfunden: Denkfreiheit macht Angst, weil sie eine zur Tat verpflichtende Möglichkeit bedeutet und zudem an das ursprüngliche Sein als Mängelwesen erinnert. Solche Fälle zeigen auf, dass in früher Kindheit die Chance der offenen Lernbereitschaft von Kindern nicht genutzt wurde. Demzufolge kann diese Disposition, die uns als Menschen auszeichnet und zur erfolgreichen Evolution geführt hat (da wir im Gegensatz zum Tier nicht an Instinkte gebunden sind, sondern offen und alternativ dazulernen können), zum Gegenteil dessen werden, was sie eigentlich sein sollte: zur Bedrohung. Besonders zu wissenschaftlichem Denken verwehren sich viele Menschen unserer Gesellschaft selbst den Zugang – und werden dabei medial auch noch kräftig unterstützt. Die zentrale Folge ist es, dass sie unsicher werden und stets das ablehnen müssen, was ihnen Angst machen könnte: das Neue, das Anstrengende, das Gewinnbringende – kurzum: das Lernen. Bemerkenswerterweise gibt es ein solches dem informellen konformistischen Diktat folgendes Phänomen selbst im universitären Bereich: Das betreffende Personal tritt dann die Flucht in den Formalismus an.

Erziehlich und unterrichtlich entscheidend ist darüber hinaus auch immer die betreffende Lehrperson, und ob diese ein Vorbild für den einzelnen – und zwar für jeden (!) – Schüler ist; und nicht (wie so manches Mal falsch verstanden) ein Vorbild für Dienstvorgesetzte; diese notwendige Deckungsgleichheit mit den Schülerbedürfnissen bleibt aber nicht selten ein frommer Wunsch und wirkt sich im Divergenzfall äußerst negativ auf die Kinder aus. Wer es hingegen schafft, dass die Interessen von Schülern und Lehrern in dieselbe Richtung laufen, schließt diese Kluft und ermöglicht so schrankenfreies Lernen: ganz im Sinne des kantischen Kategorischen Imperativs: stets so zu handeln, dass daraus jederzeit eine allgemeine Maxime abgeleitet werden könnte.

Im anderen Falle, nämlich dem einer Lehrer-Schüler-Antipathie, würde sich der Schüler möglicherweise ausgebeutet fühlen – folglich entstünden Groll und Feindseligkeit. Da die Ohnmachtsposition des Schülers jedoch in aller Regel ohne Aussicht auf eine Durchsetzung seiner Interessen bleibt, wird er diese Gefühle gezwungenermaßen verdrängen und vielleicht sogar durch ein Gefühl blinder Bewunderung ersetzen. Diese Bewunderung erfüllt dann zweierlei Funktion: zum einen, das schmerzhafte und auf Dauer unerträgliche Gefühl des Hassen-Müssens zu verdrängen, und zum anderen, die wiederholt erfahrenen Demütigungen abzuschwächen. Denn dann, „wenn der Betreffende, der mich beherrscht, so wunderbar und vollkommen ist, dann brauche ich mich nicht zu schämen, wenn ich ihm gehorche."[62] Beiden skizzierten Fällen ist allerdings jeweils eine negative Tendenz immanent, die betreffenden Kompensationsmechanismen weiter anwachsen zu lassen. Wenn es den Lehrenden dabei jedoch nicht gelingt, Schüler nachhaltig zu fördern, sind schließlich nicht nur Lehrer und Schüler, sondern auch die angewandte Pädagogik gescheitert.

7.7 Die Freiheit der Lehrkraft

> *„Denn ich weiß immer nur das, was ich selbst gefunden, und kenne nur das, was ich selbst erfahren habe. Deshalb darf ich mir nicht von anderen sagen lassen, was ich bin, sondern muss selbst untersuchen, welches meine Bestimmung ist."*[63]

Im Dienstheer der pädagogischen Berufe sind heutzutage nicht wenige Arbeitnehmer frustriert und haben deshalb in einer gewissen Hinsicht „auf Durchzug geschaltet". An der informell wie formal attestierten Dienstunfähigkeit vieler Pädagogen tragen dennoch nicht die Kinder Schuld. Diese sind selbst oftmals Opfer, und – da ganz unten in einer repressiven Kette – dabei sogar die größten! Der nicht selten nekrophil mitgeprägte Charakter des Beamtentums und dessen widersprüchliche Stellung gegenüber dem biophilen Kind-Sein gestalten das Berufsleben der Pädagogen grundsätzlich schwierig. Dies geht zudem mit einer strukturellen Machtlosigkeit einher, gekennzeichnet durch eine weitgehende Fremdbestimmung. Dieses Befehlsempfängertum im Dienstwesen kann dann zu einem kritiklosen Umgang mit erhaltenen Anweisungen führen.

> *„Es ist bemerkenswert, wie deutlich vor allem Lehrer werden, wenn man sie ehrlich nach ihrer Meinung zum herrschenden Schulsystem fragt und direkt aus der Praxis erzählen lässt."*[64]

Wenn Lehrkräfte heutzutage von ihrem Beruf frustriert erscheinen, dann liegt dies in aller Regel weder an den Schülern noch an deren Eltern oder an deren Beirat – sondern die das Lehrerindividuum als unterstes und letztes Glied einer Kette treffender kumulierter psychischer Belastungen sind oft auf das Wesen einer streng hierarchischen Berufskultur zurückzuführen. Denn das Schulwesen gilt mit seiner vertikal-hierarchischen Struktur als ebenso rückständig wie reaktionär. Setzt man diese Kette weiter bis ganz nach unten fort, so bedeutet dies, dass Kinder mit ihren spezifischen Interessen in einem System, das eigentlich nur ihnen dienen sollte, tatsächlich am wenigsten zu vermelden haben. Ein solches durchweg hierarchisches System steht allerdings dem Polizei- oder Militärwesen wesentlich näher als der kantischen Philosophie oder einer objektiven und freien Wissenschaftlichkeit. Zudem lockt ein hierarchisch gegliedertes System auch vermehrt autoritäre Charaktertypen an, sodass sich dessen autoritärer Charakter im Lauf der Zeit immer weiter zementieren wird.

Aus skandinavischen Ländern wissen wir jedoch, dass das Schulwesen auch in einem Primus-inter-Pares-System bestens funktionieren kann. Denn nur Menschen, die kein inneres Selbst entwickeln konnten, sind auf äußere Regeln angewiesen.[65]

Die aus einem repressiven Situationsverhältnis resultierende Unsicherheit des Arbeitnehmers an der Basis äußert sich besonders bei Rechtsfragen. Vieles, das Widerspruchscharakter aufweist, ist in Wahrheit jedoch ein Ausdruck fehlender inhaltlicher Sicherheit: Man glaubt selbst nicht so ganz daran. Wie will man aber andere von etwas überzeugen, wenn man selbst nicht davon überzeugt sein kann? Was daran so richtungsweisend verkehrt ist? Ganz einfach: Die heute mehr denn je seit dem Zweiten Weltkrieg notwendige Demokratieerziehung benötigt als Voraussetzung ein gefestigtes basisdemokratisches System; wenn schon Hierarchien, dann wenigstens solche, die gleichermaßen von unten nach oben gerichtet sind! Denn gemäß Erich Fromm „sind Fassaden aus Beton und Stahl, Technophilie, die Vergeudung von Ressourcen im Konsumismus und die Art, wie der Bürokratismus Menschen als Dinge behandelt, Symbole des Nekrophilen."[66]

7.8 Der berufliche Aufstieg und ein systemstabilisierender Selbstverstärkungsmechanismus

„Wer eine Stelle zu besetzen hat, sollte nicht nur fragen: „Was muss die Person können?", sondern auch: „Welche Art von Persönlichkeit erfordert die Aufgabe?"[67]

Bei der Auswahl des pädagogischen Personals müssen grundsätzlich alle Menschentypen berücksichtigt werden, sonst geschieht das, was wir immer

7.8 Der berufliche Aufstieg und ein systemstabilisierender Selbstverstärkungsmechanismus

wieder erleben müssen: dass eine ehrgeizige Konkurrenz die Qualität keineswegs steigert. Dennoch geht es heute auch im Lehrerstand – wie in nahezu allen Berufszweigen – vor allem darum, sich anzupassen: auch hier um des eigenen individuellen Vorteils willen.

Dass es immer noch zu wenige Frauen in Führungspositionen gibt, bleibt ebenso weiterhin eine Tatsache. Darüber wurde viel diskutiert und noch mehr polemisiert. Eine der Folgen dieses Diskurses ist jedenfalls ein falsches Erscheinungsbild und Verständnis von Frauen in Führungspositionen im Allgemeinen. Das dabei immer wieder als Konformmodell fungierende burschikose Auftreten gilt in seiner Anbiederung an das Männliche inzwischen beinahe schon als gesetzt. Würden nun ebenso bei den Männern nur die ehrgeizigen Typenvertreter die jeweiligen Ämter bekleiden, dann hätte das männliche Geschlecht in der Chefetage wohl schnell einen vergleichbaren Ruf weg. Deshalb gilt es, möglichst alle Menschentypen einzustellen und auch zu befördern, weil jeder Typ Mensch gebraucht wird. Denn erst dann, wenn es einmal normal geworden ist, dass Frauen in Führungspositionen ubiquitär zu finden sind, werden schließlich auch „normale" – also weibliche – Frauen in Führungspositionen aufsteigen! Eine Schein-Emanzipation auf dem Rücken der Kinder zu vollziehen, wäre ohnehin nicht zielführend: Die qualitativ am besten geeigneten Lehrkräfte auszuwählen, sollte deshalb grundlegend das angestrebte Ziel darstellen, unabhängig vom Geschlecht. Am Kampf zur Befreiung der Frau „müssen Männer und Frauen völlig gleichberechtigt teilnehmen. Hier handelt es sich nicht um einen Kampf gegen die Männer, sondern um einen Kampf gegen die politischen und geistigen Strukturen."[68]

Speziell die Beurteilung von Lehrkräften sollte – unabhängig vom Geschlecht – nicht ausschließlich hierarchisierend von oben, sondern auch von unten erfolgen und aus der Mitte des Berufslebens heraus – um mit gutem Beispiel voranzugehen. Denn der doch recht schmale Personenkreis, welcher ein Interesse an einem höheren Amt hat, könnte auch auf andere Art und Weise den entsprechenden Karriereschritt machen – wie es in vielen anderen europäischen Ländern der Fall ist.[69] Es ist ohnehin nicht möglich, im pädagogischen Bereich objektiv zu urteilen – zu vielfältig können die (Stör-)Einflüsse sein. Dennoch denken die Beurteilenden (bzw. glauben diese nicht selten, so denken zu müssen), dass sie sehr wohl wüssten, wer welche Position mit Recht erhalten würde und dass ihre Einschätzungen absolut richtig wären. Denn es kann aus der Sicht der Aufgestiegenen zumeist gar nicht anders sein – sonst müsste man sich ja eingestehen, dass etwas falsch liefe, man nicht mehr so weitermachen könnte und stattdessen etwas Fundamental ändern müsste. Doch genau

161

diese Änderungen wären längst überfällig! Wie sollen Lehrkräfte, bei deren eigener Beurteilung es womöglich nicht immer gerecht zugeht (selbst dann, wenn es „nur" so empfunden wird) wiederum selbst Kinder gerecht beurteilen?

Wer nach oben kommt, sich also im betreffenden System bewährt hat, hält dieses verständlicherweise aus seiner Sicht meist für richtig. Ansonsten würde er sich selbst die Eignung wenigstens teilweise absprechen. Besonders hier wird aber die objektive Selbstkritik eine Sache menschlicher Größe. Denn tatsächlich sagen mündliche und praktische Leistungserhebungen im Allgemeinen – im Sinne falscher Projektionen – manchmal sogar mehr über die Prüfer als über den Prüfling aus. Die Unterschiede hinsichtlich Notenergebnissen zwischen verschiedenen Beurteilern erscheinen dann manchmal fast größer als diejenigen zwischen unterschiedlichen Beurteilten. Es wird folglich zweitrangig, wer geprüft wird; entscheidender ist stattdessen, wer prüft. Ein solches Phänomen kennen viele Studenten und Lehrlinge.

Eine verzerrte Wahrnehmung wird in Prüfungs- und Beurteilungssituationen zudem wirksam, wenn unbewusst nicht nur das Verhalten des Beurteilten, sondern auch seine Person zum Urteilsgegenstand erhoben wird: Solche Generalisierungen und Pauschalisierungen, Sympathieeffekte, die Projektion eigener (meist unerwünschter) Eigenschaften, Hierarchie-Effekte, die Übertragung von Situationen oder der Halo-Effekt (eine auffällige Einzeleigenschaft wird überzogen generalisiert) machen in der Summe eine objektive Beurteilung des Menschen durch den Menschen gemäß wissenschaftlichen Gütekriterien nicht möglich. Abgesehen von der Fehlerbehaftetheit dieser sachlich unzulässigen Generalisierung, stellt dieses Vorgehen, den Menschen als Person in Summa zu beurteilen, einen Angriff auf die Gesamtpersönlichkeit dar, der besonders im Bereich der Pädagogik befremdend anmutet.[70]

Eine Stunde lang wird in Prüfungssituationen alles registriert. Diese „Wahrnehmungen" sollen dann ein realistisches Bild der beurteilten Person abgeben. Es handelt sich dabei allerdings um eine unrealistische, gekünstelte und punktuelle Situation – einen Sonderfall, der nicht dem Alltag entspricht. Kann dabei ein objektives Urteil gefällt werden?

7.9 Vertikale Hierarchien, Solidarität und Teamwork

Ein Schulleiter in einem gegenüber der heutigen Bundesrepublik Deutschland sozialeren skandinavischen Staat erledigt als Aufgabenbereiche „nur" die Verwaltung, die Planung und die Administration. Diese Position ist damit den Lehrkräften im Wesentlichen gleichgestellt – nur eben mit einem anderen Aufgabenprofil. So muss man nicht den Experten für etwas geben, der man vielleicht gar nicht in jedem Bereich sein kann. Jeder hat dort ganz einfach seinen Fachbereich, wo er kompetent ist.

Vieles hängt heutzutage beim beruflichen Aufstieg neben dem Zufall von der Person ab, welche die dafür erforderliche Beurteilung erstellt. Wer allerdings selbst fachlich unzureichend qualifiziert oder – wie in den vielen Fällen subjektiven Urteilens über den beruflichen Aufstieg anderer – aus charakterlichen Gründen nicht dafür geeignet ist, kann das Tun und die Leistung anderer Menschen nicht zutreffend beurteilen. Besonders derjenige, der die betreffende Tätigkeit niemals selbst ausgeführt hat, wird die entsprechenden Anforderungen in vielen Bereichen nicht richtig einschätzen. Daher werden unterschiedliche Anstrengungen unternommen, welche dieses Defizit ausgleichen sollen: strukturierte Personalbeurteilungskataloge oder digitale Auswertungsschablonen sollen ersatzweise die fehlende Objektivität vortäuschen. Erreicht wird dabei funktionell jedoch lediglich, dass die individuelle Kompetenz, andere einzuschätzen gegenüber dem Formalismus noch mehr in den Hintergrund tritt – gerecht ist eine berufliche Beurteilung deshalb noch lange nicht!

„Was in ihren Personalakten steht, das ist ihnen so festgeschrieben wie die Nase im Gesicht."[71]

Jedem seiner Natur entsprechend lebenden vernunftgeleiteten Menschen ist es im Kern seines Wesens grundsätzlich unangenehm, andere beurteilen zu müssen. Wer eine in sich konsistente Persönlichkeit entwickelt hat, braucht weder andere Menschen über, noch unter sich – er betrachtet diese Menschen vielmehr als Seinesgleichen und neben sich stehend. Wem hingegen ein Beurteilen und Bewerten anderer Menschen außerordentlich gefällt, derjenige sollte sich wohl eher Gedanken über seine psychisch-moralische Verfassung machen! Man sollte schließlich folgendes Faktum nicht übersehen: Wenn wir andere beurteilen, beurteilen wir stets auch unsere Beziehung zu ihnen. Auch je narzisstischer sich beispielsweise ein begutachtender Mensch erweist, umso mehr rückt dieser Einfluss dabei in den Vordergrund seiner Betrachtung.[72]

7. Das Los der Lehrkräfte

Mitarbeitergespräche wurden in der allgemeinen Arbeitswelt zunächst als ein Instrumentarium etabliert, um den Arbeitnehmern zu helfen. Angesichts einer inneren autoritär-hierarchisch geprägten Charakterorientierung zur sozial-kollegial Gesprächsführung ungeeigneter Vorgesetzter sowie einer allgemeinen Abwertung der Arbeitnehmer in der Postmoderne hat sich daraus aber inzwischen oft das Gegenteil entwickelt. Um dennoch den schönen Schein zu wahren, werden daher formale Kriterien für die Gesprächsführung auferlegt: die Blickzuwendung, die Intonation, die Mimik und die räumliche Position (z.B. die Gesprächsführung übers Eck) spielen demnach eine wesentliche Rolle als Voraussetzungen für den Transfer von Inhalten – so die entsprechenden Handreichungen für Führungskräfte. Wir müssen hier allerdings einmal mehr erkennen: Wer keine demokratisch-soziale innere Grundhaltung aufweist, kann auch nicht durch äußere Strukturmaßnahmen dazu gebracht werden!

Kommt es zu einem Konflikt zwischen der Gesetzeslage einerseits und einer anders lautenden Weisung eines Vorgesetzten, dann folgt der Untergebene in der Regel nicht dem Gesetz, sondern der Meinung des Vorgesetzten – so vollzieht sich bereits weit unten eine Erosion der mitbestimmenden Demokratie. Weil dies inzwischen im Arbeitsbetrieb so oft geschieht, wurde sogar ein Fachbegriff dafür gefunden, wenn der Vorgesetzte faktisch immer recht hat – auch dann, wenn dies inhaltlich nicht der Fall ist: Die sogenannte „Remonstration" gibt insbesondere den Beamten das Recht, Bedenken gegen die Rechtmäßigkeit dienstlicher Anordnungen in gestufter Form zu artikulieren. Eine solche Möglichkeit dient neben der behördlichen Selbstkontrolle auch der haftungs- und disziplinarrechtlichen Entlastung bei rechtswidrigen Weisungen.

Im Zusammenhang mit kommunikativen Kompetenzen sollte aber immer auch an das Teamwork gedacht werden. Der Mensch denkt immerhin weitaus schneller als er sich mitteilen kann. Wenn z.B. die erste Reaktion bei einer Meinungsverschiedenheit nicht sofort eine Abwehrreaktion darstellt, dann ist schon einmal ein erster wesentlicher Schritt nach vorne gegangen worden und folglich eine für alle funktionierende Lösung einfacher und schneller möglich geworden: Face-to-face-Groups funktionieren schließlich immer besser als große anonyme Einheiten! Am sinnvollsten sind in jedem Fall flache Hierarchien: jeder Mitarbeiter steigt dabei in die Verantwortlichkeit für den betreffenden Teilbereich auf, wo er Experte ist – ohne anderen etwas wegzunehmen. Das ermöglichen vorwiegend horizontale statt vertikale Strukturen: ein Neben- statt ein Gegeneinander. Wenn damit ein fachlich gut qualifizierter Arbeitnehmer nur für sein Kerngeschäft zuständig bleibt, kann er sich wirksam darauf konzentrieren.

Müsste er nun aber zusätzlich auch noch seine Mitarbeiter „up-" bzw. „down-graden", wenn ihm die dafür erforderliche didaktisch-pädagogische Kompetenz fehlt, würde er riskieren, seine hohe Glaubwürdigkeit im fachlichen Kernbereich zu verlieren. Zur echten beruflichen Empathie und Solidarität kommen wir somit am besten über Primus-inter-Pares-Systeme.

7.10 Entmenschlichte Hierarchie

Es gab Menschen, die im Dritten Reich Karriere machen wollten, dies aber wegen ihrer jüdischen Frau nicht konnten. Sie waren vor die Wahl gestellt: meine Frau oder ich? Liebe oder Erfolg? Nicht alle waren stark bzw. altruistisch genug, um diese unmenschliche Entscheidung im humanen Sinne zu treffen. Es gab aber auch viele, die sich für die Liebe und demzufolge auch für ihr persönliches Märtyrertum und Martyrium entschieden hatten.

Karriere und Charakter lassen sich selbst in der heutigen Arbeitswelt nicht mehr besonders gut miteinander vereinbaren; auch eigene Kinder gelten immer noch als ein sogenannter Karrierekiller. Ändern will man dies offenbar nur vordergründig, indem Kinder in Kindertagesstätten verfrachtet werden; damit findet aber nur eine Verlagerung von Leben und Kosten statt.[73] Wenn wir nun aber den Personenkreis, welcher in Berufen mit Kindern arbeitet und in der Gesellschaft für diese zuständig ist, nicht genügend wertschätzend behandeln, dann werden auch die von ihnen betreuten Kinder mit ihren Anliegen dementsprechend nicht ganz ernst genommen: Wollen wir das? Die ehrliche Antwort darauf lautet mittlerweile leider: Wir wollen es zwar nicht, aber wir nehmen es dennoch in Kauf!

Früher gingen Kinder zur Schule, um möglichst viel zu lernen, damit sie später etwas Gutes arbeiten konnten. Heute gehen Kinder hingegen auch deshalb zur Schule, damit ihre Eltern arbeiten können – und oftmals nicht einmal etwas Gutes![74]

Jeder moralisch intakte Mensch stellt sich nicht selbst, seine Integrität und sein Denken in den Dienst einer austauschbaren Sache. Doch häufig wird das individuelle Gewissen „durch das Bedürfnis, sich anzupassen und die Billigung der anderen zu finden, ersetzt."[75] Konformismus statt Leistung![76]

Zur zeitgeschichtlichen Erhellung daher ein Vergleich mit dem größten Negativbeispiel unserer Geschichte: Die wenigsten Karrieristen im Dritten Reich waren überzeugte Nazis; es waren überwiegend Opportunisten, die in jeder anderen Gesellschaftsform ebenfalls rücksichtslos zum eigenen

7. Das Los der Lehrkräfte

Vorteil nach oben gestrebt wären: Heinrich Himmler, man könnte auch Martin Bormann oder Albert Speer einsetzen, waren in der gleichen Lage „wie viele, die Nazis wurden, weil sie weder gesellschaftlich noch beruflich einen anderen Ausweg wussten und doch ehrgeizig und von dem glühenden Wunsch erfüllt waren, Karriere zu machen."[77] Menschen wie Albert Speer oder Adolf Eichmann waren im tiefsten Grunde für alles geeignet, daher a-moralisch und trotz blendender sozialer Erscheinung ohne innere Identität. Sie repräsentierten „das Seelenlose eines Angepassten ohne Selbst", so wird über einen bekannten Karrieristen aus dem Dritten Reich – Martin Bormann – berichtet: „Kein einziges Ereignis in seinem Leben trägt die Marke einer Individualität."[78] Er hat seine Seele stets den herrschenden Herren und Gebietern verkauft. „Offensichtlich werden in den meisten kriminellen Organisationen die großen Verbrechen von kleinen Rädchen begangen, und man könnte sogar sagen, dass eines der Merkmale des organisierten Verbrechens in Dritten Reich darin bestand, dass es von allen seinen Dienern – und nicht nur von den unteren Rängen – einen handfesten Beweis ihrer verbrecherischen Mittäterschaft verlangte."[79]

> *„Jedes dieser Rädchen, also jede Person muss ersetzbar sein, ohne dass das System geändert wird; dies ist eine Voraussetzung, die allen bürokratischen Systemen, dem ganzen öffentlichen Dienst und eigentlich jeder Verwaltungsmaschine zugrunde liegt."[80]*

Wenn man nun heute Arbeitnehmer erneut im Gegensatz zu einem ganzheitlichen Beschäftigungsverständnis wenig bzw. überhaupt nicht mitreden lässt, sondern lediglich zu Befehlsempfängern degradiert, dann braucht man sich schließlich nicht allzu sehr darüber zu wundern, wenn sie einmal als autoritär wählende Mitläufer enden werden. Denn viel zu oft wird bereits wieder der Sachverstand einseitig „über den Menschenverstand gesetzt. Dementsprechend gibt es bei uns viele „Sachverständige", aber nur wenige „menschenverständige". Tatsächlich ist es jedoch so, dass der Erfolg eines Menschen nur zu etwa 15 Prozent vom Sachverstand abhängt, zu 85 Prozent jedoch von der Persönlichkeit."[81] „Bei 90 Prozent der Menschen, die im Leben keinen Erfolg haben, liegt der Grund darin, dass sie nicht mit ihren Mitmenschen zurechtkommen."[82]

7.11 Schulkarrieren

Kinder spielen Himmel und Hölle mit einer Hingabe, Intensität und Verbissenheit als ginge es dabei tatsächlich um das nackte Überleben. Der Grund ist ganz einfach: Sie setzen sich selbst extrinsische Motive als Leistungsanreize; jederzeit können sie jedoch das Spiel zugunsten der Realität wieder verlassen.
Wenn aber die Kindheit „vor allem als Zeit der Vorbereitung auf ein beruflich möglichst erfolgreiches Erwachsenenleben verstanden wird, wenn es vor allem um eine Anpassung an einen ökonomischen und intellektuellen Erwartungsdruck geht, dann geht das Leichte und Spielerische verloren, das Kinder ebenfalls brauchen, um gesund heranzureifen."[83]

Lehrer zu sein ist – einmal ganz grundsätzlich betrachtet – kein Karriereberuf. Mittlerweile findet man aber auch dort derartige Charaktertypen; diese erodieren mit ihrem Eigennutz-Denken ungewollt das soziale und pädagogische Klima, welches andere vor ihnen aufgebaut hatten. Lehrkräfte und Schulleiter sind zudem keine karrieristischen Aufsteiger, Rat-Racer oder PR-Agenten in eigener Sache, sondern fachwissenschaftlich ausgebildete Personen! Für Lehrkräfte gibt es schließlich keine Boni, sondern nur in sehr geringem Umfang von der Wirtschaft abgekupferte Leistungsprämien und damit auch keine dominant steuernden extrinsischen Leistungsanreize. Schließlich gilt immer noch, dass jegliches Lernen mit gratifizierender Belohnung diese Belohnung selbst zu einem Bedürfnis werden lässt – und damit eine Abhängigkeit davon begründet wird.[84]

Eine Lehreridentifikation statt Beamtenidentifikation wäre wohl die allererste notwendige berufsbezogene Änderung, welche sowohl im individuellen Denken wie auch hinsichtlich des Berufsethos dringend notwendig wäre. Als sinnvolle Entlastung von unnötigem Bürokratismus in den Schulen wäre weiter die Abschaffung der Formalismen zu nennen. Jede Schule hat schließlich einzig und allein für ihre Kinder da zu sein: Kinder müssen deshalb immer gefragt werden – man sollte sie grundsätzlich bei allem mitentscheiden lassen! Denn Demokratie und Partizipation kann man so am besten von Beginn an funktionell erlernen. Müssen wirklich immer Sechzigjährige für Sechsjährige entscheiden? Es würde doch umgekehrt auch nicht funktionieren! Dennoch gilt im jetzigen System unserer allgemeinen Arbeitswelt immer noch: je älter, desto höher – was generell nicht verkehrt sein muss. Wenn allerdings aus „alt" „zu alt" wird, dann sieht die Sache aber doch etwas anders aus.

Man wird als Bürger der postmodernen Medienwelt darüber hinaus inzwischen den Eindruck nicht los, die Zielgruppe von Bildungspolitik

7. Das Los der Lehrkräfte

wären gar nicht mehr vorrangig die Kinder, sondern eher die Journalisten und damit indirekt die Öffentlichkeit; sie wissen so manches Mal vor den Schulfamilien an der Basis über neue Verordnungen Bescheid: Immer wieder wird beklagt, dass man wesentliche Neuerungen aus der Zeitung erfahren muss (nicht nur bei der Corona-Pandemie); es dürfte aber jedem klar sein, dass diese PR-dienliche Methodik nicht richtig sein kann: Schulpolitik macht man nicht mit dem Sektglas in der Hand![85]

7.12 Die Lehrerversorgung und das gedeckelte Aquarium

„Ihr seid doch zur Freiheit berufen, liebe Brüder. Wenn ihr aber Euch untereinander beißt und fresst, so seht zu, dass Ihr nicht voneinander verschlungen werdet."[86]

Das Schulwesen befindet sich gegenwärtig im Sparmodus: aus sieben Klassen müssen beispielsweise fünf gemacht werden und so manche Klasse muss aus Lehrermangel zum Halbjahr ganz aufgelöst werden. „Der Lehrermangel wird zu einem zentralen Problem. Es wird schwierig, die Bildungsqualität an unseren Schulen zu halten bzw. sie zu verbessern."[87] Eigentlich sollte man froh sein, dass der Kindermangel, welchen es Mitte der zweitausendzehner Jahre gab, inzwischen wieder als überwunden gilt; doch dieser neuen Entwicklung wurde man nicht gerecht, denn nun gibt es einen Lehrermangel: „Was wir brauchen, ist die Ehrlichkeit zu sagen: Es herrscht Lehrermangel."[88]

Wie bedeutsam jedoch wäre es für alle Kinder, wenn sie frühzeitig in Neigungsgruppen, Wahlfächern und Arbeitsgemeinschaften ihre individuellen Stärken entwickeln könnten und dabei das so notwendige Selbstvertrauen aufbauen dürften: auf einer Bühne stehen, vor Publikum sprechen, etwas vorsingen oder im Schultheater mitspielen! Unser Schulsystem ist angesichts der hohen Anforderungen und Erwartungen, die alle Eltern an die Schule stellen, allerdings erkennbar unterfinanziert;[89] und das alles geschieht heute bei allerbesten Wirtschaftsdaten. Hierbei erklärt der Vergleich mit einem Aquarium einiges:

In ein Aquarium mit einhundert Fischen wird nur Futter für achtzig Tiere gegeben. Was geschieht? Die Fische werden sich beim Kampf um die besten Futterplätze gegenseitig zerfleischen, aber weiterhin ihrem Herren aus der Hand fressen.

7.12 Die Lehrerversorgung und das gedeckelte Aquarium

Gibt man ihnen hingegen genügend zu fressen, so werden sie stark und leistungsfähig; womöglich wollen sie dann noch mehr, z.B. ein größeres Aquarium.

Gibt man ihnen zu viel und lässt man die Geschöpfe im Überfluss leben, dann werden sie wiederum übersättigt, selbstgefällig und faul: Welche Variante wird nun unbewusst gewählt – bei Renten, der Sozialfürsorge oder den Leistungen der Krankenversicherungen, wenn man in der entsprechenden Verantwortung steht? Oder etwa bei der Lehrerversorgung?

Ein künstliches Kleinhalten bewirkt nichts anderes als die Etablierung der Tatsache, dass – egal, wie sehr sich jemand auch anstrengen und strecken mag – wir alle stets zu kurz greifen werden. Im Falle des Lehrerstandes machen dabei Rationalisierungen zur Unterbesetzung die Handhabung der betreffenden Berufsgruppe leichter: „Es gibt nicht mehr Lehrkräfte!", „Wir können nicht!" – „Weil dafür kein Geld da ist!" bzw. „Weil die Köpfe fehlten": So lauten in etwa die gängigen Aussagen bzw. Ausflüchte derjenigen, die das verteilen sollen, was nicht mehr in ausreichendem Maße bereitgestellt wird. Weil „kein Geld vorgesehen ist", wäre de facto jedoch die treffendere Formulierung.

Die Ausgaben für Kampfmittel und Destruktivität („Verteidigungshaushalt") betrugen im Jahr 2021 beispielsweise knapp fünfzig Milliarden, die Ausgaben für Bildung und aufbauende Produktivität etwa zwanzig Milliarden Euro.[90] Es fehlen also nicht die Köpfe, sondern es fehlt in den Köpfen – und zwar an kindorientiertem und biophilem Denken, das vom Kinde ausgeht sowie grundlegend dessen Wesen und Werden in den Mittelpunkt aller Bildung stellt. Computer oder Tablets kann man erwerben, echte Bildung hingegen muss man sich verdienen. Dazu braucht es Freude am Lernen und Interesse am Leben auf allen Ebenen!

Leidtragende sind bei Fehlentwicklungen neben den Pädagogen vor allem die Kinder, um die es immer zuallererst gehen sollte und für welche die Bildung letztendlich immer etabliert wird. Schließlich sollte unser Bildungssystem nicht schlechter oder auf demselben Niveaustand gehalten werden wie bisher; es müsste – technischer, wirtschaftlicher und kultureller Entwicklung folgend – eigentlich ständig besser werden: viel besser sogar – wenn man betrachtet, wie überexponentiell sich postmoderne wirtschaftliche Entwicklungen vollziehen.

7. *Das Los der Lehrkräfte*

7.13 Mangel als Norm

„Wie gering ist doch der Prozentsatz der Lehramtskandidaten, die wirklich Lehrer werden könnten!"[91]

Zu wenige Lehrkräfte einzusetzen, hält stets die Probleme vor Ort leicht am Köcheln: die lokalen Schulverantwortlichen sind dann mit sich selbst und mit ihrem Überleben im „Haifischbecken Schule" beschäftigt und für strukturelle Fragen und Verbesserungen bleibt so gut wie keine Luft mehr. Die schlagwortartige statische Begriffsdiagnose „Lehrermangel" ist damit keine Entschuldigung oder Erklärung mehr, sondern tatsächlich die Krankheit selbst: Es werden schlicht und einfach zu wenige Lehrkräfte angeworben und eingestellt. Diese Lehrer gab es allerdings zwei Jahrzehnte lang – nur standen sie gewissermaßen auf der Straße – und dies trotz äußerst erfolgreichen Studienabschlüssen; sogar Absolventen mit ausgesprochen guten Gesamtbeurteilungen wurden nicht übernommen. Zunächst handelte es sich also keineswegs um einen Lehrermangel, sondern um einen Finanzierungsmangel: zwei Jahrzehnte lang sind angehende Lehrkräfte arbeitslos geworden – und das trotz eines Eins-Komma-Schnittes im Ersten und Zweiten Staatsexamen! Daraus erwuchs in der Folge schließlich ein tatsächlicher Lehrermangel, da ein Beruf mit schlechten Einstiegschancen für Neustudierende unattraktiv wird. Selbiges gilt im Übrigen auch für den Ärztemangel: Man hat auch dort einen bedeutsamen und sogar in aller Welt bewunderten deutschen Vorzeigeberuf kaputtgespart. Die Ärzte – besonders bei der Arbeit in Krankenhäusern – sind aus ökonomischen Rationalisierungsgründen in eine relativ prekäre Situation gestoßen worden, bis weit über ihre gesundheitlichen Leistungsgrenzen gehen zu müssen und dafür nicht angemessen entlohnt zu werden. Die Folge war eine Abwanderung: seitens der bereits Ausgebildeten – beispielsweise in Länder, wie etwa die Schweiz oder in skandinavische Staaten; und seitens derjenigen, die vor dem Berufseinstieg standen, in andere Richtungen – zumeist zu großen Pharmakonzernen. So kam unter anderem der gegenwärtige Ärztemangel zustande, der sich – ebenso wie der Lehrermangel – als nichts anderes erweist als ein Finanzierungsmangel. Wirtschaftsliberalismus und kapitalistisches Marktdenken investieren nun einmal nicht in Non-Profit-Bereiche: jeder Kostenfaktor, der keinen Gewinn erzeugt, wird dieser informellen Ideologie zufolge sowohl gering eingeschätzt als auch dementsprechend kleingehalten. Sich mit der Schule oder dem Gesundheitswesen bzw. dem Sozialbereich im Allgemeinen am Wirtschaftswesen zu orientieren, ist volkswirtschaftlich betrachtet glatter „Selbstmord" – auch wenn dieser gestuft auf Raten erfolgt. Tatsächlich würden bei

7.13 Mangel als Norm

vernünftiger Zukunftsorientierung (Stichwort: Fachkräftemangel) die Interessen von Bildung und Ausbildung (also von Schule und Wirtschaft) durchaus eine große Schnittmenge aufweisen. Ein guter Facharbeiter wird man eben nicht dann, wenn man nur zum Facharbeiter ausgebildet wird, sondern wenn die Menschenbildung in den Mittelpunkt gestellt wird.[92] Dazu ist es allerdings erforderlich, dass die Schule bei sich selbst bleibt und nicht ständig nach so manchem gegenwärtig (und oft genug nur kurzfristig) erfolgreichem Start-up-Unternehmertum schielt, sondern ihre eigenen Anliegen – namentlich diejenigen der Kinder – herausarbeitet, artikuliert und erfolgreich vertritt. Echte Bildung ist also weitaus mehr als nur ein Düngemittel des Bruttoinlandsprodukts: Bildung ist vorrangig die Fähigkeit, eigene Gedanken zu entwickeln und produktiv zu denken. In diesem Sinne verstanden, ist die Bildung auch nicht mit Tests messbar oder gar an Manieren ablesbar.[93]

Was angesichts der heutigen Situation dabei wirklich fatal wirkt, ist die billigende Inkaufnahme der sich entwickelnden Meinung, dass am Lehrermangel als gesuchte und gefundene Sündenböcke sogar schon Asylbewerber als zahlreiche neue Schüler Schuld tragen würden. Wie in vielen anderen Fällen sind jedoch auch hier nicht „die Ausländer" als die Schuldigen anzusehen, sondern diese Schuld ist vielmehr dem inländisch politischen Wirtschaftsliberalismus und denjenigen anzulasten, welche sich diesem zum eigenen Vorteil unterwerfen und diesen dann auch noch vehement verteidigen – ohne ihn jemals studiert, geschwiege denn inhaltlich überhaupt verstanden haben.

Zudem sollte man in Zeiten eines vielzitierten Lehrermangels erwarten, dass für den Lehrerberuf auch intensiv geworben würde – aber selbst davon war lange Zeit überhaupt nichts ersichtlich! Für Soldaten hingegen wurde von Seiten der Bundeswehr großflächig geworben – für Lehrkräfte, an welchen es so dringend mangelte, hingegen nicht!

Wenn es nun aber zu wenige Lehrkräfte gibt, dann ist dies in etwa vergleichbar mit einer schlechten Zahlungsmoral bei unseriösen Unternehmen – und diesen Schuh sollte sich der Staat besser nicht anziehen!

Bei der Lehrer-Situation mag eine einhundertprozentige Versorgung als Soll gut klingen, diese ist aber längst nicht ausreichend! So könnte Schule hingegen gut gelingen: Wenn mindestens 125 bis 150 Prozent die wahre Leistungsreserve darstellen würden. Denn es ist ja nicht so, dass Mobile Reserven, wenn diese nicht wie meist einen kranken Lehrer ersetzen, nur Däumchen drehend im Lehrerzimmer säßen: zur Differenzierung werden diese als Helfer im Team-Teaching auch ohne Erkrankungsfälle händeringend gesucht. Gegen Jahresende – wenn nicht schon früher zur zweiten

7. Das Los der Lehrkräfte

Erkältungswelle im Spätwinter – bricht ohnehin stets der Notstand in der Schulwelt aus. Im Übrigen müssen nicht nur kranke Lehrkräfte ersetzt werden: auch internationale Schulprojektvorhaben, Weiterbildungsmaßnahmen, besondere Veranstaltungen und nicht zuletzt die individuelle Förderung, verlangen nach mehr als nur einer dünnstmöglichen Personaldecke. An jeder Schule sollte daher – je nach Größe – mindestens eine zusätzliche freie Lehrkraft vor Ort sein. Dann wäre der Unterrichtsbetrieb sichergestellt und darüber hinaus könnte einiges an zusätzlichen Ideen und Angeboten, insbesondere im Hinblick die individuelle Förderung, direkt für die Kinder ermöglicht werden. Langfristig könnte damit eine Gesellschaft, welche diesen Umstand einmal erkannt hat, in ihrer Zukunft viele erwartbare Probleme erst gar nicht entstehen lassen und vor allem große Entwicklungschancen ergreifen, die der gesamten Volkswirtschaft zu Gute kämen.

> *Im Schuljahr 2000/01, bei meinem ersten von vier Comenius-Projekten, waren Lehrkräfte und Schulbedienstete aus Ländern, wie Italien, Spanien, Griechenland und Finnland an unserer Schule zu Gast. Allein die Tatsache, dass wir als deutsche Schule das erste Treffen ausrichteten, sagte bereits einiges aus: Deutschland genoss damals noch ein sehr hohes Bildungsansehen in Europa! Als die europäischen Gäste allerdings mitbekamen, dass eine Schulklasse an unserer besuchten Schule ohne Lehrer in ihrem Klassenraum war, zeigten sie sich völlig entsetzt: „Wo sind die Lehrer?", wurde entsetzt gefragt. Die Antwort lautete wahrheitsgemäß, dass die betreffende Lehrkraft erkrankt war. „Ja, aber wo ist der andere Lehrer?", kam drauf postwendend als Replik. Wir mussten erst einmal erklären, dass es im wohlhabenden Deutschland nur einen Lehrer pro Klasse gibt und kein Team-Teaching wie in vielen volkswirtschaftlich ärmeren Staaten Europas. „Gibt es keinen Ersatz?", fragte man uns weiter. Auch diese Antwort fiel verneinend aus, worauf völlig verständnislos entgegnet wurde – und diesen Satz und den denkwürdigen Gesichtsausdruck der Fragenden werde ich gewiss mein (Berufs-)Leben lang nicht mehr vergessen: „Aber, das ist doch Deutschland!" Ja, das ist Deutschland![94]*

Das so hilfreiche Team-Teaching als Standard wäre ohnehin der Schlüssel zu einem erfolgreichen Unterricht und zu fundamentierter Bildung. Die gegenwärtige Einzelkämpfer-Situation hingegen stellt sich schließlich folgendermaßen dar: Die Lehrkraft erklärt 27 Kindern einer Klasse etwas; ein Kind versteht das nicht und braucht die Lehrkraft. Diese geht nun zu diesem Kind hin und hilft ihm – währenddessen aber warten 26 andere darauf, dass es wieder weitergeht; dabei verlieren sie verständlicherweise

7.13 Mangel als Norm

die Konzentration, werden unruhig oder beginnen damit, mit anderen zu reden. Steht die Lehrkraft nun wieder vor der Klasse, so muss sie erst wieder für Ruhe sorgen, damit es endlich weitergehen kann. Solche unnötigen Lernunterbrechungen gibt es beim Team-Teaching nicht: Dort kann ein pädagogischer Assistent zu dem betreffenden Kind hingehen und der Unterricht läuft parallel dazu ungestört und ununterbrochen weiter. Ein wenig ist das so, als wäre der Lokführer auch der Fahrkartenkontrolleur und müsste jedes Mal die Fahrt unterbrechen, wenn ein neuer Passagier zugestiegen ist. Die Folge – nun wieder zurück vom Zugvergleich in die Schulklasse – ist es, dass sich die Anteile des geistig aktivierenden Unterrichtsgesprächs schleichend reduzieren und immer mehr passiv gearbeitet wird: Stillarbeit, Übungshefte und Arbeitsblätter: Das Ausfüllen von Arbeitsblättern ist im engeren Sinne aber eigentlich gar kein Unterricht.

Dank der Möglichkeit multilateraler Kontaktnahme seitens von der Europäischen Union geförderter Programme konnte ich im Rahmen von mehreren Comenius-Projekten mehr als 50 Schulen in Europa vor Ort in Augenschein nehmen. Davon hatten bereits zu Beginn dieses Jahrtausends einige die Mittagsverpflegung für Schüler im Angebot. Uns Beteiligten klingeln heute noch die Ohren von der immensen Geräuschkulisse dieser miterlebten Massenspeisungen!

Den zweiten auffällig unterschiedlichen Aspekt europäischer Schullandschaften stellen die gravierenden Unterschiede bei der Sachausstattung und Personalaufstellung dar: für Ersteres gilt am Bildungsstandort Deutschland, dass wir beim Sachaufwand tatsächlich Europameister sind. Unser materieller Überfluss trägt allerdings dazu bei, im Ausland ein falsches Bild von der deutschen Bildungssituation zu zeichnen: Es entsteht nämlich der unrichtige Eindruck, man könne hierzulande auf nahezu alle Ressourcen zurückgreifen; dabei ist dies in Deutschland gerade beim Personal gegenüber so manchem anderen europäischen Staat, dessen Bildungssituation ich aus erster Hand kennen lernen durfte, nicht der Fall! Der trügerische Eindruck unseres Mehr-Schein-als-Sein-Wesens wird durch das „Nicht kleckern, sondern klotzen"-Prinzip beim Materialeinkauf weiter gefestigt. Dabei fehlt es in Deutschland allerdings immer noch an dem, was wirklich „kostbar" im eigenen Wortsinn, und was wirklich etwas wert ist, nämlich an Lehrkräften; beim Lehrer-Schüler-Verhältnis ist Deutschland im Sinne eines europäischen Rankings weit hinten angesiedelt. Hinter der materiellen Hochglanzfassade verbirgt sich genau das, was Berthold Brecht als allgemeines Phänomen bereits festgestellt hatte: Das, was jemand besonders auffällig ins Schaufenster legt, führt er im Wahrheit gar nicht!

7. Das Los der Lehrkräfte

Zum Thema Kinder und Schulen im Ausland ist es mir in diesem Zusammenhang ein wichtiges Anliegen, darüber aufzuklären, dass das Klischee von den lauten und wilden Südländern nicht zutrifft; denn vielmehr das Gegenteil ist der Fall: Kinder können im südlichen Europa in der Regel mit mehr Liebe, mehr Hautkontakt und im Allgemeinen mit mehr Geborgenheit aufwachsen; dies führt insgesamt schließlich zu deutlich weniger Aggressionen. Einschränkend auf die psychische Gesundheit wirkt dort allerdings ein höherer Grad an oft patriarchalischer bzw. religiöser Repressivität. Hierzulande ist ein unruhiges Schülerverhalten oft an die Aggression geknüpft; unruhige Kinder erlebte ich bei Schulpatenschaften von Nordirland bis Südspanien und vom Baltikum bis Griechenland: sie waren durchaus lebhaft, aber nicht aggressiv.

7.14 Die Lehrerausbildung: Auch Erwachsene werden in der Schule geprüft

„Wenn es so weit gekommen ist, dass wir mit einem Kind streiten müssen, dann können wir sicher sein, dass wir diesen Machtkampf schon viel früher eingeleitet haben, indem wir nämlich das Kind in seinem Sein nicht verstanden haben."[95]

Gehen wir zunächst – auch ganz ohne den vielzitierten hesseschen Zauber – ganz zurück zum Anfang. Denn die Sozialisation im Lehrerberuf verläuft von Anbeginn an schon nicht ganz ideal: Lehramtsanwärter werden seit jeher an eine übermächtige, das (übrigens patriarchalisch-autoritäre) Gesetz verkörpernde Allmachtsperson gewöhnt, die letztlich über die Aufnahme des einzelnen Lehrers in den Beruf hauptentscheiden wird. Eine funktionelle Demokratieerziehung kann dabei schon einmal nicht stattfinden. Stattdessen muss es zwangsläufig zur Übernahme von Autoritätsmustern kommen. Sowohl an den Universitäten als auch in der zweiten Phase der Lehrerbildung in den Seminaren wäre es neben funktioneller Demokratieerziehung deshalb dringend erforderlich, allumfassend psychologische und insbesondere psychoanalytische Inhalte zu verankern. Das ganzheitliche Gesamtziel stellt schließlich immer noch die Lehrerbildung und nicht die Lehrerausbildung dar. Doch die Individualität des einzelnen Menschen wird dem Auszubildenden stattdessen eher genommen und eine bürokratische Normierung der Menschen vorangetrieben – und das in dem prägenden Abschnitt, welcher über den Zugang zum Beruf entscheidet.

Auch dann, wenn wir Kinder wirklich verstehen wollten – und diesen Anspruch sollten wir immer als Richtschnur, wie auch als konkretes Ziel

7.14 Die Lehrerausbildung: Auch Erwachsene werden in der Schule geprüft

vor Augen haben –, so müssen wir wissen, wer sich wie (und vor allem: weshalb) verhält: Wir kommen folglich nicht umhin, die Motive von Kindern zu ergründen. Doch „wir verstehen ihre Sprache nicht. Und wir machen uns gar nicht erst die Mühe."[96] Die Kinderseele wird uns Erwachsenen – wenn wir unsere Anstrengungen in der Pädagogik weiterhin nicht stärker darauf konzentrieren – jedoch immer fremd bleiben; sie besteht dann als zur Gänze nie lösbares Problem weiter. Umgekehrt bleiben die Erwachsenen dabei ebenso den Kindern fremd.

Wenn man z.B. mit einem Beobachtungsauftrag als Erwachsener in einer Klasse einen Schüler zugeteilt bekommt, den man ohne dessen Wissen begutachten soll, dann stellt man sehr schnell fest, dass bei jedem Observierten etwas Negatives gefunden werden kann; selbst der beste Musterschüler macht bei kontinuierlicher Beobachtung noch sehr vieles „falsch" – man muss das wirklich einmal ausprobiert und erlebt haben![97]

In die Sprache der psychologischen Analyse übersetzt, bedeutet dieses vorstehende Beispiel, dass vom Beobachteten immer auch das erwartete Ergebnis in die betreffende Situation mit hinein projiziert wird.[98] Was kann bzw. muss man daraus für den Erhalt einer demokratischen Gesellschaft lernen?

Ganz einfach: Jede Methode, andere Menschen zu beurteilen (und so manches Mal regelrecht zu durchleuchten) ist zutiefst undemokratisch! Man wird schließlich bei einem solchen Vorgehen immer etwas finden: im positiven wie im negativen Bereich. Und besonders vor einem nekrophilen Gesellschaftshintergrund wird es sich mit hoher Wahrscheinlichkeit vornehmlich auf das Negative hinauslaufen. Somit wird die heranwachsende Lehrergeneration bereits sehr frühzeitig an ein falsches auslesendes und sortierendes Denken und insbesondere an die Nekrophilie herangeführt.

„Referendare sollten anders geprüft werden, als dies derzeit der Fall ist. Es kann nicht darum gehen, eine einzige Stunde wochenlang mit einem wahren Medien-Bombardement vorzubereiten. Viel besser wäre es, man gäbe dem Kandidaten eine Stunde vor der Prüfungsstunde ein Thema, zu dem er dann ohne jegliches Hilfsmittel eine Schulstunde halten muss. Wer dies kann, mit seiner Erfahrung, seiner Sachkenntnis und vor allem seiner Person, der dürfte ein guter Lehrer sein."[99] Die Erfahrung als Kriterium würde ich bei Berufsanfängern zwar etwas weiter zurückstellen, aber dem Sinn und Wesen der erforderlichen produktiven Lehrkompetenz kommt der Vorschlag Manfred Spitzers sehr nahe – zumal das, woran die punktuelle Prüfungssituation krankt, von ihm eindeutig erkannt wurde. Es wäre sicherlich noch besser, nicht nur eine einzige Show-Stunde zu begutachten, sondern sogar eine ganze Realwoche, wie sie sich mit Erkrankungsfällen, Stundenausfällen, Verletzungen bzw. einem Trösten von Kindern, Projekttagen und Elternkontakten tatsächlich darstellt; zudem schwankt die Tagesform bei Kindern sehr stark – es ist also von daher auch zwangsläufig nicht ganz gerecht, nur punktuell und nicht seriell zu prüfen; zumal tatsächlich ohnehin primär gemessen wird, wer gut vor Zuschauern unterrichten kann. Es gibt nicht wenige Menschentypen, die in Wahrheit sehr gute Pädagogen sind, jedoch vor Publikum regelrecht neben sich selbst stehen. Dabei kommt es auch zu regressiven Durchpausungen, weil sich z.B. Menschen, bei denen als Kind jeder Schritt und Tritt von der Mutter begutachtet und mit strengen Augen kontrolliert wurde, ein Leben lang nicht mehr von solchen observativen Tendenzen freimachen können. Solche Menschen werden dann, wenn sie den Lehrerberuf ergreifen, durch die aktuelle Prüfkultur gewissermaßen ein weiteres Mal bestraft.

In den Vorkapiteln wurde angesprochen, dass nicht nur ein bestimmter Typ Lehrkraft eingestellt werden sollte. Es gibt angesichts der Verschiedenartigkeit von Menschen beispielsweise auch den Typus Mensch, der stets auf alle Umweltreize reagiert: Menschen verfügen über einen natürlichen Schutzmechanismus, der ihr Überleben sichert; sie würden es beispielsweise merken, wenn sich in der freien Natur Feinde nähern und können deshalb lebenserhaltend reagieren. Andere hingegen widmen sich so intensiv einer Sache, dass sie dann um sich herum nichts anderes mehr wahrnehmen. In der Natur überlebt der Aufmerksame, in der heutigen Welt eher der Selbstvergessene bzw. der Stress-Flexible. Der Aufmerksame kann sich zwar grundsätzlich auch konzentrieren, nur muss er sich dazu völlig ungestört und sicher fühlen können: in den eigenen vier Wänden oder an einem ruhigen Arbeitsplatz – aber gewiss nicht im Großraumbüro oder in der 28-Kinder-Klasse. Bei Schulkindern wie Lehrkräften muss daher das Fazit gelten: Wir brauchen alle!

Allerdings hat in den letzten zwanzig Jahren der Selektionsdruck in den Lehrerseminaren dazu geführt, dass das Ideal der am Kind orientierten, bunten und individuellen Lehrkraft zu (Un-)Gunsten eines eher gesichtslosen Befehlsempfängers verschoben wurde; normal wäre es hingegen, alle einzustellen, die sich für den Lehrberuf entscheiden; so erreicht man die breiteste Streuung an verschiedenen Menschentypen vor der Klasse – diese selbst umfasst schließlich ebenso – vor allem in der Grundschule – die gesamte Gesellschaft. Schüler haben völlig unterschiedliche Charakterdispositionen; ergo sollten sie auch die Möglichkeit dazu erhalten, eine ihnen entsprechende Charakterperson als Vorbild zur Identifikation vorzufinden.

Anmerkungen

1 Kästner, E.: Fabian Zürich 2018, 2. Aufl., S. 210
2 Gamm, H.-J.: Der Flüsterwitz im Dritten Reich, München 1963, S. 39
3 Frisch, M.: Antwort aus der Stille Frankfurt am Main 2018, 6. Aufl., S. 51
4 Gamm, H.-J.: Der Flüsterwitz im Dritten Reich, München 1963, S. 41
5 Vgl. Pleticha, H.: Ihnen ging es auch nicht besser. Schule und Schüler in vier Jahrtausenden Würzburg 1966, 2. Aufl. S. 44
6 Pleticha, H.: Ihnen ging es auch nicht besser. Schule und Schüler in vier Jahrtausenden Würzburg 1966, 2. Aufl. S. 111
7 Pleticha, H.: Ihnen ging es auch nicht besser. Schule und Schüler in vier Jahrtausenden Würzburg 1966, 2. Aufl. S. 83
8 Funk, R.: Das Leben selbst ist eine Kunst Freiburg 2018, S. 221
9 Das Oberlehrerhafte und Besser- bzw. Allwissende aber ist dabei nicht der Sinn des Lehrer-Schüler-Verhältnisses: „Ein Oberstudienrat der sagt, er wisse schon, vermag nichts zu erkennen." Hahn, O. zit. nach Gruen, A.: Der Verlust des Mitgefühls München 2016, 11. Aufl., S. 160
10 Fromm, E.: Wege aus einer kranken Gesellschaft. München 2008, 8. Aufl., S. 37 „Die Bindung des Kindes zu seiner versorgenden Bindungsperson ist also kein Liebesverhältnis – es ist eine angeborene Zwangsbindung." Renz-Polster, H.: Kinder verstehen München 2019, 10. Aufl., S. 254
11 Vgl. Sprichwort zit. nach Pawlak, M.: Zitate von A bis Z Herrsching 1989, S. 94 – und umgekehrt!
12 Fromm, E.: Ihr werdet sein wie Gott Hamburg 1980, 2. Aufl., S. 31
13 Bayerwaltes, zit. nach Spitzer, M.: Gehirnforschung und die Schule des Lebens Heidelberg 2006, Nachdruck 2014, S. 413
14 Funk, R.: Das Leben selbst ist eine Kunst Freiburg 2018, S. 234
15 Betschart, M.: Ich weiß wie du tickst. München 2013, 3. Aufl., S. 117
16 Lauster, P.: Die Liebe Psychologie eines Phänomens Reinbel bei Hamburg 2003, S. 142
17 Lauster, P.: Die Liebe Psychologie eines Phänomens Reinbek bei Hamburg 2003, S. 140
18 Vgl. Sarrazin, T.: Wunschdenken München 2016, S. 169
19 Storm, T. In: Der ewige Brunnen Ein Hausbuch deutscher Dichtung Reiners, L. (Hrsg.) München 1959, S. 684
20 Schäffer, H. In: Der ewige Brunnen Ein Hausbuch deutscher Dichtung Reiners, L. (Hrsg.) München 1959, S. 684
21 Gamm, H.-J.: Der Flüsterwitz im Dritten Reich, München 1963, S. 41
22 Vgl. Gamm, H.-J.: Der Flüsterwitz im Dritten Reich, München 1963, S. 41
23 Bayerwaltes zit. nach Spitzer, M.: Lernen Gehirnforschung und die Schule des Lebens Heidelberg 2006, Nachdruck 2014, S. 418
24 Vgl. Spitzer, M.: Lernen Gehirnforschung und die Schule des Lebens Heidelberg 2006, Nachdruck 2014, S. 451
25 Spitzer, M.: Lernen Gehirnforschung und die Schule des Lebens Heidelberg 2006, Nachdruck 2014, S. 418
26 Pleticha, H.: Ihnen ging es auch nicht besser. Schule und Schüler in vier Jahrtausenden Würzburg 1966, 2. Aufl. S. 129
27 Funk, R.: Die Helfer zwischen Haben und Sein In: Meier, J. und Bremer, F.: Der Mensch ist kein Ding! Neumünster 1996, S. 50

7. Das Los der Lehrkräfte

28 Nietzsche, F.: Ecce homo Köln 2007, S. 106
29 Pestalozzi, H. zit. nach Pawlak, M.: Zitate von A bis Z, Herrsching 1989, S. 450
30 Auch eine Amnestie für „APO-Delikte" der frühen 70er-Jahre veranlasste viele ehemalige „vorbestrafte Revoluzzer" dazu, als Lehrkräfte in den Staatsdienst einzutreten.
31 Funk, R.: Die Helfer zwischen Haben und Sein In: Meier, J. und Bremer, F.: Der Mensch ist kein Ding! Neumünster 1996, S. 50
32 Funk, R.: Die Helfer zwischen Haben und Sein In: Meier, J. und Bremer, F.: Der Mensch ist kein Ding! Neumünster 1996, S. 51
33 Funk, R.: Die Helfer zwischen Haben und Sein In: Meier, J. und Bremer, F.: Der Mensch ist kein Ding! Neumünster 1996, S. 51 Rainer Funk schreibt im Zusammenhang mit diesem Verhältnis nicht allein von Lehrkräften, sondern auch von Ärzten, Pastoren und Therapeuten.
34 Ebner-Eschenbach, M. In: Der ewige Brunnen Ein Hausbuch deutscher Dichtung Reiners, L. (Hrsg.) München 1959, S. 669
35 Vgl. Heinze, A.: Warum leben wir nicht? Hamburg 2020, S. 63 ff.
36 Vgl. Internationale Erich-Fromm-Gesellschaft zit. nach Osterfeld, G.: Pädagogische Aspekte im Werk von Erich Fromm. Wiss. Diss. Bonn 2009, S. 27 Nur bei einem einzigen Befragten wurde eine biophie Orientierung festgestellt.
37 Wehr, H. zit. nach Osterfeld, G.: Pädagogische Aspekte im Werk von Erich Fromm. Wiss. Diss. Bonn 2009, S. 30
38 Osterfeld, G.: Pädagogische Aspekte im Werk von Erich Fromm. Wiss. Diss. Bonn 2009, S. 31
39 Vgl. Jäger, O. zit. nach Osterfeld, G.: Pädagogische Aspekte im Werk von Erich Fromm. Wiss. Diss. Bonn 2009, S. 35
40 Bei der Charakteranalyse ist einmal mehr die Musik ein gutes Richtmaß: ein produktiver Charakter spielt z.B. ganz anders Schlagzeug als ein anal-hortender, ein hysterischer wiederum völlig anders als ein schizoider. Während der eine nur ganz vorsichtig die Trommelfelle berührt, wirbelt ein anderer regelrecht über das Setup, um dann gleich wieder die Lust zu verlieren; ein anderer wiederum spielt stur und exakt wie ein Metronom und geizt mit Variationen.
41 Zur gewählten Reihenfolge der Darstellung ein Hinweis: Es wurde bewusst vermieden, ähnliche Charaktere nacheinander darzustellen, um ein Gruppierungsdenken zu verhindern, welches letztlich immer wertend würde. Im Mittelpunkt steht bei der Betrachtung somit die dialektische Rezeption.
42 Funk, R. Die Bedeutung der Liebe im Werk von Erich Fromm. In: Liebe zum Leben – trotz allem Fromm Forum 21/2017 Tübingen 2017, S. 38 Man empfindet die Nachfrage nach einem doch zu gebenden Punkt bei einer bewerteten Leistungserhebung dann als persönliche Kritik und lehnt diese kategorisch ab. Dieser Angstzwang macht solche Lehrkräfte unfrei und während der zweiten Diensthälfte auch unter Umständen einmal psychisch krank.
43 Meyer, G.: Gesellschafts-Charaktere in Deutschland In: Erich Fromm heute München 2000, S. 56
44 Vgl. Funk, R.: Die Helfer zwischen Haben und Sein In: Meier, J. und Bremer, F.: Der Mensch ist kein Ding! Neumünster 1996, S. 55
45 Vgl. Meyer, G.: Gesellschafts-Charaktere in Deutschland In: Erich Fromm heute München 2000, S. 55
46 Vgl. Kaindl-Widhalm, B.: Demokraten wider Willen Wien 1990, S. 123 „Dass die Schule so oft Potenziale an Neugierde, Begeisterungsfähigkeit und Kreativität

zerstört, liegt nicht an einem vermeintlichen Sadismus von Lehrern (obgleich der auftritt), sondern an einem kranken System." Precht, D.: Anna, die Schule und der Liebe Gott Der Verrat des Bildungssystems an unseren Kindern München 2015, S. 148

47 Fromm, E.: Die Entdeckung des gesellschaftlich Unbewussten München 1990, S. 136
48 Johach, H.: „Der Mensch ist kein Ding!" Chancen und Grenzen einer therapeutischen Beziehung In: Meier, J. und Bremer, F.: Der Mensch ist kein Ding! Neumünster 1996, S. 117
49 „Hüte deine Seele vor dem Karrieremachen." Storm, T. In: Der ewige Brunnen Ein Hausbuch deutscher Dichtung Reiners, L. (Hrsg.) München 1959, S. 862
50 Gansberg, F. zit. nach Precht, D.: Anna, die Schule und der Liebe Gott Der Verrat des Bildungssystems an unseren Kindern München 2015, S. 141
51 Precht, D.: Anna, die Schule und der Liebe Gott Der Verrat des Bildungssystems an unseren Kindern München 2015, S. 111f. „Wer schaffen will, muss fröhlich sein." Fontane, T. In: Der ewige Brunnen Ein Hausbuch deutscher Dichtung Reiners, L. (Hrsg.) München 1959, S. 874
52 Vgl. Etymologisches Wörterbuch des Deutschen (dtv) Braun, W. et al. München 1995; S. 586f.
53 Vgl. Funk, R.: Die Helfer zwischen Haben und Sein In: Meier, J. und Bremer, F.: Der Mensch ist kein Ding! Neumünster 1996, S. 58f.
54 Weiteres dazu in folgendem Buch: Heinze, A.: „Warum leben wird nicht" Hamburg 2020, S. 108 ff.
55 Althaus, D., Niedermeier, N.: und Nieschken, S.: Zwangsstörungen Wenn die Sucht nach Sicherheit zur Krankheit wird München 2013, 2. Aufl., S. 75
56 Das regressiv orientierte „Rauchen zum Beispiel ist eine typische irrationale Handlung des Es mit oralem Befriedigungscharakter." Kasten, E., Graf Schimmelmann, B. und Sabel, B.A.: Medizinische Psychologie Medizinische Soziologie Stuttgart 2000, 10. Aufl. S. 305
57 Diesen zu erkennen fällt oft schwer, da wir heute ohnehin schon sehr stark auf die sublimierten Formen des Geizes konditioniert worden sind.
58 Ein ebenso niemals fehlender Charakterzug ist dabei die Sparsamkeit, „sehr oft zum Geiz entwickelt ist. Pedanterie, die Umständlichkeit, eine Neigung zur Grübelsucht und die Sparsamkeit leiten sich sämtlich aus einer einzigen Triebquelle ab. Aus der Analerotik; sie stellen direkte Abkömmlinge, größtenteils Reaktionsbildungen gegen die kindlichen Tendenzen dar, die zur Zeit der Erziehung zur Reinlichkeit angehören." Reich, W.: Charakteranalyse Köln 2010, S. 263 Nebensächlichkeiten werden nicht minder genau durchdacht wie Essenzielles. In einem bürokratischen Ordnungssystem sind anale Charaktere zudem sehr häufig in Führungspositionen anzutreffen.
59 Riemann, F.: Grundformen der Angst München 2017, S. 131
60 Jemanden zu finden, der ebenfalls dominant biophil-produktiv verortet ist, gestaltet sich in einer dem Dinglich-Nekrophilen verfallenen Gesellschaft als sehr schwierig. Man kann die Situation des kreativ-biophilen Menschen in etwa mit einer seltenen Blutgruppe vergleichen – denn auch dort ist es schwierig, das passende Gegenüber zu finden.
61 Geibel, E. zit. nach Pawlak, M.: Zitate von A – Z Herrsching 1989, S. 180
62 Fromm, E.: Wege aus einer kranken Gesellschaft München 2017, 8. Aufl. S. 87
63 Fichte, J. G.: Die Bestimmung des Menschen Stuttgart 1997, S. 204

7. Das Los der Lehrkräfte

64 Winterhoff, M.: SOS Kinderseele München 2013, 4. Aufl., S. 52
65 Vgl. Gruen, A.: Der Fremde in uns Stuttgart 2018, 13. Aufl., S. 202 Für psychisch leicht pathogene Menschen im Sinne eines autoritär-masochistischen Charakters ist eine autoritär-repressive Gesellschaftsform grundsätzlich deutlich weniger peinigend als für Menschen mit einem nahezu vollständig entwickelten Selbst.
66 Hardeck, J.: Faszination durch Technik und Technikkritik im 20. Jahrhundert In: Fromm Forum 22/2018 Faszinierende digitale Technik. Tübingen 2018, S. 23
67 Betschart, M.: Ich weiß wie du tickst. München 2013, 3. Aufl., S. 125
68 Mujeres Libres zit. nach Degen, H.J. und Knoblauch, J.: Anarchismus Stuttgart 2008, 2. Auf., S. 23
69 Und diejenigen, welche am anderen Ende der Skala herauszufallen drohen, weil sie die Mindeststandards des Unterrichtens nicht erfüllen, halten sich in ihrer Zahl doch sehr in Grenzen.
70 Im Falle, wenn jemand sehenswerte Musikprojekte bietet, kann er von wenig zur Objektivität fähigen und in diesem Zusammenhang zur unbewussten Anwendung impliziter Persönlichkeitstheorien neigenden Beurteilern schnell einmal reflexartig zum schlechten Deutschlehrer abgestempelt werden. Die unbewusste Anwendung impliziter Persönlichkeitsbeurteilungen im Sinne eines Entweder-Oder-Denkens trägt ein Übriges dazu bei, übermäßig der Subjektivität zu frönen.
71 Zuckmayer, C.: Der Hauptmann von Köpenick Frankfurt am Main 1991, S. 14
72 Ähnlich wie beim Beispiel der „indirekten Geschichtsschreibung", welche mehr über die Erzählzeit als über die erzählte Zeit ausdrückt, dreht es sich tatsächlich auch bei der Charakterisierung anderer, z.B. für berufliche Beurteilungen oder für eine Profilerstellung, um die häufige Feststellung: „Was hat es mit mir zu tun, was du über mich denkst? – Es trifft doch auf mich gar nicht zu, sondern vielmehr auf dich selbst!"
73 So manche frühzeitig induzierte psychische Erkrankung der Erwachsenen von morgen, denen die Mutterliebe durch institutionalisierende Beziehungsdeprivation entzogen wurde, werden der zukünftigen Volkswirtschaft womöglich sehr teuer zu stehen kommen.
74 „Und dann müssen wir noch Schulen einführen, um die Kinder aus dem Weg zu schaffen: der eigentliche Zweck von Schulen." Popper, K. zit. nach Precht, D.: Anna, die Schule und der Liebe Gott Der Verrat des Bildungssystems an unseren Kindern München 2015, S. 104
75 Fromm, E.: Wege aus einer kranken Gesellschaft München 2017, 8. Aufl. S. 89 Kompromisslose berufliche Aufsteiger sind daher keine starken Typen – sie sind, als solche betrachtet, sogar überhaupt keine Typen im engeren Sinne, sondern vielmehr ichschwache „Menschlein", die zum eigenen Vorteil zu einigem – in manchen Fällen nahezu zu allem – bereit sind.
76 Die „wirklich" Angepassten, welche die Heuchelei gelernt haben, „morden" – auf ganz legalem Weg: nämlich jene, die sie daran erinnern, wie sie sich selbst in einer Form der Götterdämmerung verraten haben. Vgl. Gruen, A.: Der Wahnsinn der Normalität. München 2011, 17. Aufl., S. 77
77 Fromm, E.: Anatomie der menschlichen Destruktivität. Hamburg 2005, 21. Aufl., S. 352
78 Gruen, A. Der Verrat am Selbst München 2012, 23. Aufl., S. 170
79 Arendt, H.: Was heißt persönliche Verantwortung in einer Diktatur? München 2019, 4, Auf, S. 27

80 Arendt, H.: Was heißt persönliche Verantwortung in einer Diktatur? München 2019, 4, Auf, S. 25
81 Betschart, M.: Ich weiß, wie du tickst München 2013, 3. Aufl. S. 14
82 Betschart, M.: Ich weiß wie du tickst. München 2013, 3. Aufl., S. 51
83 Te Wildt, B.: Digital Junkies Internetabhängigkeit und ihre Folgen für uns und unsere Kinder München 2016, S. 146
84 Vgl. Gruen, A.: Der Verlust des Mitgefühls München 2016, 11. Aufl., S. 37
85 Dementsprechend ist ein Spruch wie etwa „Kein Talent geht verloren!" nichts anderes als eine Reaktionsbildung auf die Tatsache unserer Bildungs-Degeneration.
86 Galater 5, zit. nach Speer, A.: Spandauer Tagebücher Frankfurt am Main 1975, S. 449
87 Fleischmann, S. In: Beilage zum Geheft Demokratie lernen von Anfang an BLLV 2019
88 Fleischmann, S. In: Bayerische Schule 6/2020, S. 11
89 Vgl. Expertise des BLLV zur Bildungsfinanzierung 2018
90 Vgl. https://www.bmvg.de/de/themen/verteidigungshaushalt; https://www.bmbf.de/de/der-haushalt-des-bundesministeriums-fuer-bildung-und-forschung-202.html, Seitenaufrufe am 30.1.2021 Nimmt man die Bundesländer dazu, kommt man insgesamt auf 130 Milliarden Euro. Davon wird allerdings vieles für die Aufrüstung mit digitaler Technik eingesetzt, was nicht gerade für die biophile Erziehung steht, da die Digitalerüstung Kinder für Computer- und Kampfspiele regelrecht anfixt – und damit dem Charakter von Kampfmitteln näher steht als dem humanistischen Lernen!
91 Von Horváth, Ö.: Jugend ohne Gott Frankfurt am Main 1992, S. 11
92 Vgl. Humboldt, W. Von zit. nach Precht, D.: Anna, die Schule und der Liebe Gott Der Verrat des Bildungssystems an unseren Kindern München 2015, S. 33
93 Vgl. Precht, D.: Anna, die Schule und der Liebe Gott Der Verrat des Bildungssystems an unseren Kindern München 2015, S. 47
94 Team-Teaching gab es im Übrigen in Deutschland zu früheren Zeiten – allerdings nicht so, wie man sich das wünschen würde. So zeigt ein Bild aus grauen Vorzeiten „ein(en – der Verf.) Schulhelfer mit einer Rute in der Hand" Pleticha, H.: Ihnen ging es auch nicht besser. Schule und Schüler in vier Jahrtausenden Würzburg 1966, 2. Aufl. S. 79
95 Gruen, A.: Der Verlust des Mitgefühls München 2016, 11. Aufl., S. 93
96 Gruen, A.: Der Verlust des Mitgefühls München 2016, 11. Aufl., S. 21
97 „Wie der Mensch aussieht, so wird er angesehen." Zuckmayer, C.: Der Hauptmann von Köpenick Frankfurt am Main 1991, S. 31
98 Besonders wir in Deutschland sollten aus guten Gründen von solchen Methoden, die schlussendlich immer unter den Begriff der „Observation" fallen, besser Abstand halten!
99 Spitzer, M.: Lernen Gehirnforschung und die Schule des Lebens Heidelberg 2006, Nachdruck 2014, S. 35

„Oft erheben Wissenschaftler den Anspruch, ihr Denken und ihre Einstellung seien unparteiisch und objektiv. Sie sind fest überzeugt, sich von den vermeintlichen Fesseln des Irrational-Subjektiven befreit zu haben."

Arno Gruen[1]

8. Die hohe Lehre der Wissenschaft

„Der Poet versteht die Natur besser als der wissenschaftliche Kopf."[2]

8.1 Verbotene Welten oder die Erosion von Wissen?

Eine Wissenschaft, der es vorwiegend darum geht, Macht über die Natur zu erlangen, verfängt sich früher oder später in ihren eigenen Netzen.[3]

Seit weit über einem halben Jahrhundert gibt es an den Universitäten eine kritische bzw. in engerem Sinne die Kritische Theorie. Man arbeitete in den betreffenden Disziplinen daran, die Gesellschaft zum Positiven hin zu verändern; heute hingegen reduziert sich beispielsweise die gesellschaftliche Schlüsseldisziplin Soziologie weitgehend auf die Tradierung ihres eigenen Fachbereiches – bzw. auf eine eher dem Selbstzweck dienende Forschung, welche sich weitgehend aus der aktuellen Gesellschaftsproblematik heraushält. Auch an Lehrstühle der Politikwissenschaft werden gerne einmal Parteikollegen gerufen – doch jemand, der die Politikwissenschaft lehrt, sollte selbst keiner Partei angehören dürfen, ansonsten würde doch nur einmal mehr der Bock zum Gärtner gemacht; der Politikprofessor muss über den Dingen sowie über allen Sachzwängen stehen und damit überparteilich sein. Der Fußballschiedsrichter darf schließlich auch nicht dem Verein angehören, dessen Spiel er gerade pfeift! Oder etwas exaltierter ausgedrückt: Der Bund von idealistischer Philosophie und Wissenschaft wäre ansonsten von Beginn an mit den Sünden belastet, welche eine Anhängigkeit der Wissenschaften von den bestehenden Herrschaftsverhältnissen mit sich bringen.[4]

Wir sind heute offenbar erneut wieder dort angekommen, wo wir vor der Befreiungsbewegung der sechziger Jahre inmitten einer reaktionären und devoten Gehorsamsgesellschaft bereits gestrandet waren. Wir sind wieder die „wohlerzogenen Kinder eines verchromten Konsumparadieses"[5] geworden. Von daher betrachtet, braucht es auch nicht weiter zu verwundern, dass mittlerweile entsprechend dem Berufspolitiker auch der Typus des Berufsprofessors angestrebt und etabliert wurde: Man geht dabei nicht mehr vorrangig deshalb an eine Universität, weil man etwas bestimmtes studieren, sich einem Forschungsgegenstand und einer Disziplin hingeben will bzw. damit die Welt ein Stück weit fortschrittlicher und besser machen möchte, sondern vielmehr aus dem Grund, seine eigene berufliche Position zu verbessern. Dabei gibt es inzwischen längst eine Entwicklung, die (bei einer quantitativen Ausweitung akademisch Studierender einerseits), auf der anderen Seite aber (mit einer gleichzeitigen Schließung der Aufstiegswege), ein Reservoir überflüssiger Akademiker hervorbringt, das in Praktika, befristeter Beschäftigung und Weiterbildungsmaßnahmen geparkt wird.[6]

„Denken ist interessanter als Wissen."[7]

„Heute ist die Wissenschaft in einem hohen Maße funktionalisiert worden, was dazu geführt hat, dass die Verwertungszusammenhänge des wissenschaftlichen Denkens schon vorbestimmt sind und die Drittmittel-Forschung die förderungswürdigen Themen besetzt hat. Dabei geht es nicht um eine kritische, lebensdienliche Wissenschaft, sondern überwiegend um die technologische Applikation naturwissenschaftlichen und ingenieurwissenschaftlichen Wissens. Das ist eine gesellschaftliche Engführung, die dem kritischen Denken heutzutage weniger Raum einräumt als das in früheren Zeiten, in den 1960er und 1970er Jahren, noch der Fall war."[8] Wir finden allerdings auch schon zu früheren Generationen den streberischen „Wissenschaftler, der sich nicht durch sachliche Leistungen, sondern mittels der Methoden der Intrige zu einer hohen sozialen Stellung emporarbeitet, die in keiner Weise seinen Leistungen entspricht."[9] Damit ist es also nicht neu, dass ein Fach, wie etwa die angesprochene Soziologie als Disziplin des kritischen Diskurses im Niedergang begriffen ist und eher als etwas Unerwünschtes gilt – wie bereits aus der Zeit vor einhundert Jahren berichtet wird: „An einer Handvoll Universitäten lehrten zwar einige Soziologen, jedoch häufig auf ganz anders benannten Lehrstühlen. Sie wurden misstrauisch beäugt von den traditionellen Ordinarien etwa der Philosophischen und Theologischen Fakultäten, denen eine moderne nach angelsächsischer Denktradition riechende und unter Sozialismusverdacht stehende Konkurrenz in ihrem Oligopol auf die Deutung von Gesellschaft und Gegenwart wenig gefiel."[10]

Erich Fromms expansives Wissenschaftsverständnis beispielsweise geht über die alleinige Beschreibung und bloße Erklärung deutlich hinaus und deutet demgegenüber die Realität: Gemäß der fromm'schen Auffassung ist das Finden der Wahrheit zugleich weniger eine Frage der Intelligenz als vielmehr eine des Charakters. Diese durchaus auch wertende Form der Wissenschaft, verbunden mit einer Aufforderung zum Handeln, machte Fromm allerdings der Mainstream-Soziologie suspekt und dies gilt bis heute.[11] Erich Fromms alternatives Wissenschaftsmodell konnte sich folg-

8.2 Die freie Lehre

"Unser Unterricht in den Geisteswissenschaften wird in einer entfremdeten, rein verstandesmäßigen Form abgehalten."[12]

Es gab immer einen augenfälligen Unterschied zwischen einer Fachhochschule und der Universität: die Fachhochschulen standen vor allem für die Ausbildung, die universitären Hochschulen vorrangig für die Bildung. Dieses Verhältnis hat sich inzwischen egalisiert; nicht, dass an den Fachhochschulen der kritische oder gar gegenkulturelle Bildungswahn ausgebrochen wäre – das Umgekehrte ist vielmehr der Fall: auch an den Universitäten geht es heute um Ausbildung und Berufsvorbereitung. Das kreative, eigenständige und kritische Denken wird selbst in den Geisteswissenschaften nur noch sporadisch gelehrt. Beispielsweise Trainingsprogramme, die lediglich darauf abzielen, einen möglichst großen Vorsprung bei Bewerbungsgesprächen zu haben, sind dabei als das Gegenteil von Bildung zu werten.[13]

Besonders die demokratische Meinungsfreiheit als Wissenschaftsfreiheit benötigt die Freiheit von Forschung und Lehre. Heute jedoch sind die Universitäten in ihrer Gesamtheit betrachtet wieder zum Ort bzw. Hort des Reaktionären geworden. Vor allem der „geistige Mittelbau", welcher opportun nach oben strebt, hat sich dort über ein individuelles Ehrgeizdenken etablieren können: „Krank machende Umwelt im Mittelschichtmilieu ist die unerträgliche Erziehung zur schulischen Spitzenleistung und zum Konkurrenzdenken."[14] Die berufsermöglichende Ausbildung steht angesichts solcher Tendenzen dann allerdings über einer intellektuellen oder gar kritischen Bildung und das Haben von Berufschancen über dem Sein im Sinne einer vorrangigen Ausbildung des individuellen Intellekts. Die angestrebte Position in der Gesellschaft manifestiert sich dabei als ein dingliches Götzenziel des Studienweges.

Wenn man auf der Gesellschaftsleiter eine höhere Stufe erreichen will, muss man sich heute notwendigerweise in bestehende Strukturen einfügen – dieser Trend macht selbst vor den Universitäten nicht Halt: eine ganzheitliche Bildung, wie sie einst Johann Wolfgang von Goethe oder Wilhelm von Humboldt anstrebten, ist hierbei im Grunde genommen gar nicht mehr erwünscht. Sie könnte schließlich die Menschen unnötig stark machen und – wie schon oft in der Historie erlebt – im schlimmsten

8.2 Die freie Lehre

Falle gar zu aufbegehrenden Revolutionären werden lassen. Stattdessen wird heute eher eine Schmalspurausbildung favorisiert und der Mensch angepasst. Jede Berufsausbildung – insbesondere die angebahnte Lehrertätigkeit – sollte aber darüber hinaus in erster Linie eine Persönlichkeitsbildung sein! Albert Einstein äußerte über seine hohe Begabung des intuitiven Erfassens diesbezüglich einmal, dass er bestimmte Zusammenhänge gedanklich vor sich sähe und schließlich die größere Mühe damit hatte, diese Erkenntnisse zu mathematisieren;[15] dasselbe gilt für die geisteswissenschaftliche Intuition, welche in einem zweiten Schritt aus Gründen intersubjektiver Nachvollziehbarkeit für andere Rezipienten ausformuliert werden muss – was oftmals die umfangreichere Hauptarbeit darstellt. Die Fähigkeit aber, neue Situationen adäquat einzuschätzen, gedanklich zu überschlagen sowie prospektiv vorauszudenken, ist heute im Allgemeinen schon sehr weit in den Hintergrund gerückt.

Neben dem Bildungs- und Forschungsgedanken haben Hochschulen auch die Aufgabe, auf alle zukünftigen Berufe vorzubereiten und die Studenten dorthin zu führen. Im Falle der Lehrerberufsbildung liegt dabei bereits strukturell einiges im Argen: Das Schulrecht sowie die Kinder- und Menschenrechte fehlen in der Aus- und Fortbildung angesichts eines immer größer werdenden entsprechenden Bedarfs. Zudem hat sich im Denken unbewusst – ohne noch irgendetwas von der Meta-Betrachtung aus grundlegend in Frage zu stellen – das hierarchische Ausbildungsmodell bezüglich der Schularten durchgepaust; für kleine Kinder sieht man demzufolge nur geringer ausgebildete und folglich entsprechend schlechter bezahlte Lehrkräfte vor. Besonders bei der Besoldung wird schließlich der wahre Geist offensichtlich – die Fachtheorie sticht hier eindeutig die Erziehungswissenschaft aus. Kann das in einem Beruf, der sich Pädagogik nennt, wirklich richtig sein?[16]

Produktives und prospektives Denken sind in der wissenschaftlichen Praxis inzwischen eher zur Ausnahme denn zur Regel geworden. Beides ist inzwischen so selten anzutreffen, wie etwa die Musikalität. Es geht heutzutage stattdessen vielmehr darum, aktuelle Statistikprogramme am Computer zu beherrschen, formvollendet zu zitieren und in der Lehre adrett aufzutreten. Sollte aber die effektiv wirksame Wissenschaft nicht vielmehr so aussehen, dass dabei Innovatives kreiert würde – letztlich immer mit dem Ziel, anderen Menschen mit der wissenschaftlichen Arbeit zu helfen? Schließlich dient die Wissenschaft mit der Generierung von neuem Wissen immer der zukünftigen Gesellschaft. Doch viele wissenschaftliche Publikationen sind in jüngerer Entwicklung eher zu braven Neustrukturier- „Werken" bzw. regelrechten Abschreibarbeiten geworden: „In der Wissenschaft

8. Die hohe Lehre der Wissenschaft

werden die erlaubten Welten durch das übliche Forschungsinstrumentarium definiert, welches darauf gerichtet ist, die Methode in den Mittelpunkt zu stellen."[17]

Wissenschaftliches Arbeiten sollte weitaus mehr sein, als einen Lehr- und Lerngegenstand nur statistisch zu erfassen, Datensätze auswerten (zu lassen) und Kohorten zu interpretieren – letztlich also nur zu konservieren, präparieren, wieder „aufzutauen" und wissenschaftlich „wiederzukäuen"!

Zudem scheint die angestrebte Stelle an der Universität manchen oft wichtiger zu sein als der wissenschaftliche Inhalt. Dieser hat im Laufe der Zeit ohnehin schon viel von seiner rechtmäßigen Vormachtstellung gegenüber dem Formalen in der Wissenschaft abtreten müssen. Wie sollte schließlich jemand, der immer brav abgeschrieben hat, dann – wenn er sich nach oben geschoben hat – plötzlich kreativ sein und Lösungen entwickeln? Er ist überhaupt nicht der Typ dafür! Stattdessen müssten produktive Charakterorientierungen von frühestem Beginn an für die Forschung und die Lehre gefördert werden.

Unsere gegenwärtige wissenschaftliche Erziehung aber wird immer mehr auf ihre reaktionäre Seite reduziert; sie lehrt die Demut vor dem Vorhandenen, dieses zu bewahren und weiterhin zu tradieren – jedoch nichts Neues mehr zu wagen, damit möglichst alles so bleiben möge wie es gerade ist; die Wissenschaftlichkeit wird dabei allerdings mit Bürokratismus so manches Mal regelrecht gleichgesetzt. „Der zunehmende Bedarf an technischem Hilfspersonal, an wenig gebildeten Leuten, die im Dienstleistungsbetrieb arbeiten, oder an Büroangestellten verlangt Menschen mit einem oberflächlichen Wissen, wie es unsere Schulen und Hochschulen liefern."[18]

Auch die deutliche Unterordnung unter Autoritäten ist nicht nur im politischen, sondern ebenso im wirtschaftlichen und wissenschaftlichen Bereich üblich. Jedoch verursacht jeder Gehorsam zugleich immer auch den Verlust der eigenen Identität.[19] Die Identifikation mit einer strafenden Autorität führt schließlich aber zu einer Situation, in welcher das eigene Selbst und damit die moralische Unabhängigkeit aufgegeben werden müssen.[20]

8.3 Der Konformismus postmoderner Wissenschaft: Statistik über alles

Wer zu oft die Grenzen des Bewährten überschreitet, wird als Wissenschaftler sanktioniert.[21]

Die etablierte Wissenschaft hat sich heute strukturell der ordnenden, zahlenspielerischen und im Wesenskern anal-hortenden Charakterstruktur unterworfen. Das Formale ist dabei oftmals zum Selbstzweck, ja sogar zur Waffe geworden: Wer hat formal alles richtig gemacht – und wer nicht? Zum Thema Zahlenverabsolutierung deshalb ein Beispiel:

Ein Alkoholiker trinkt täglich einen Liter Schnaps. Sein Arzt rät ihm, weniger zu trinken, weil er sonst in einem Jahr sterben würde. Also beschließt der Alkoholiker, zukünftig weniger zu trinken: Er lässt nun pro Tag ein Stamperl Schnaps weg: pro Jahr ergibt dies über sieben Liter Schnaps weniger – was sich doch schon ganz gut anhört! Trotzdem ist der Alkoholiker nach einem Jahr tot.

Nun könnten wir dasselbe naive Zahlenspiel ebenso für unseren Planeten Erde durchexerzieren: denn so sehr sich Politiker und Wirtschaft auch damit brüsten mögen, dass pro Jahr doch soundso viele Milliarden Kohlendioxid eingespart würden – unser Planet stirbt trotzdem einen leisen Tod.

Es gibt besonders im populär(wissenschaftlich)en Bereich immer mehr Publizisten, die im Bereich der langfristigen Wetterprognosen auf sich aufmerksam machen wollen. Sie stellen in sich durchaus richtige Berechnungen anhand aufgezeichneter Datensätze an und ziehen daraus ihre jeweiligen Schlüsse. Statistisch mag das alles durchaus einwandfrei berechnet werden – doch das Wetter lässt sich dennoch nicht über Monate, Jahre oder gar Jahrzehnte vorhersagen!

Manche Gesellschafts- und Sozialwissenschaftler von heute denken, „wenn man Phänomene nicht auf eine Weise untersuchen kann, die eine exakte und quantitative Analyse erlaubt, solle man sich lieber überhaupt nicht damit befassen. Sie versuchen, Methoden nachzuahmen, die in den Naturwissenschaften mit Erfolg angewandt werden, und machen „die" wissenschaftliche Methode zu einem Fetisch. Anstatt sich neue Methoden auszudenken, die sich für die Erforschung der auf ihrem Gebiet signifikanten Probleme, nämlich der Menschen und der Lebensprozesse, eignen, wählen sie sich Forschungsprobleme aus, die den Anforderungen an Laboratoriumsmethoden entsprechen. Ihre Problemwahl wird durch die Methode bestimmt, anstatt dass die Methode durch das Problem bestimmt wird."[22] Zudem hat nicht mehr jede Wissenschaft heutzutage noch

8. Die hohe Lehre der Wissenschaft

zwingend etwas mit großem schöpferischen Intellekt zu tun – dabei gar von Deckungsgleichheit zu sprechen, wäre inzwischen sachlich unrichtig. Gleichsam kann die Wissenschaft auch nicht auf einfache Faustregeln reduziert werden! Denn unser menschliches Gehirn ist „nicht statisch, sondern vielmehr äußerst plastisch, d.h. es passt sich den Bedingungen und Gegebenheiten der Umgebung zeitlebens an. Es ist, wie wir heute wissen, die Erfahrung eines jeden Menschen, die sein Gehirn zu etwas Einzigartigem macht."[23]

Es ist grundsätzlich wenig sinnvoll, Zahlen an die Stelle von dynamisch-geistigem Erfassen zu setzen. Unsere postmoderne Zahlenmanie führt dennoch dazu, dass die sogenannte Vernunft immer formaler zu werden scheint, „weil nicht mehr die Inhalte interessieren, sondern das Resultat und ob dieses gemäß einem ausgewiesenem Verfahren zustande kommt."[24] So bedeutet die intersubjektive Nachprüfbarkeit heute vor allem auch, dass die betreffenden Zahlen arithmetisch korrekt zu sein haben und die Statistiken stimmig sein müssen: Jeder Forscher sollte zu demselben Ergebnis kommen – das ist das Vorrangige, was als Rechtfertigung zählt; hätte aber beispielsweise die Evolution so „gehandelt", wir wären aus einem Mangel an Diversität längst ausgestorben! „Das Messbare hat auch im Lebendigen Übergewicht bekommen. Wir brauchen dringend eine Wissenschaft, die Einzelbeobachtungen der Fachgebiete wieder unter einem sie übergreifenden Sinnzusammenhang sieht, nicht nur Phänomene auszählt und daraus Normen ableitet."[25]

Eigentlich kein großes Wunder, dass die Kreativität auf der Strecke bleibt, wenn das eigenständige Denken – und dabei besonders das produktive – allgemein vernachlässigt wird.[26] Wissenschaft muss schließlich immer – wie ebenso die Justiz – den tatsächlichen eigenen Willen der Befragten herausfinden und nicht eine vorgetäuschte sozial erwünschte Meinungsbekundung. Als wissenschaftlich gilt uns heutzutage zum Beispiel, „wenn man ein psychologisches Problem in abstrakten Größen ausdrücken kann, wenn man es also zählen und messen kann, und zwar selbst dann, wenn die zugrundeliegenden Daten weder sinn- noch bedeutungsvoll sind."[27] Oft wird durch eine digital unterfütterte Zahlenspielerei dabei jedoch lediglich der Eindruck von Wissenschaftlichkeit hervorgerufen. „Es scheint aber eine Art Gentlemen´s Agreement unter den Sozialwissenschaftlern zu geben, dass die Ergebnisse bereits auf Grund der Tatsache, dass sie mit Zahlen und mit Hilfe von statistischen Methoden zustande gekommen sind, als wissenschaftlich gelten."[28]

Durch ihr einseitiges Bestreben, die Realität ausschließlich mithilfe objektiver Parameter abzubilden, fällt die Wissenschaft des 21. Jahrhunderts in das 17. Jahrhundert zurück.[29] Dieser angesprochene Rückschritt kann sich für das wesentliche Ziel von Wissenschaft bald als fatal erweisen – denn als Sozietät drohen wir nicht an der Technik und der Objektivität, sondern viel eher an einem Empathiemangel, fehlender Moral und asozialen Charaktereigenschaften unserer Gesellschaftsmitglieder zu scheitern. Unser Denken wird durch das Primat der statistischen Empirie verstümmelt, was die Wissenschaft noch weiter von der Lebensrealität entfremdet. Dennoch sind nicht alle Wissenschaftler und Denker in dieser Denktradition verhaftet: „Viele haben an ihrer Kindheit als Quelle des Lebendigen festhalten können."[30]

Für die Ausbildung der nachwachsenden schulischen Generation ist eine schematisierende und klassifizierende Wissenschaftsorganisation und Fächerordnung zudem keine gute Vorbereitung: „Die heute in Deutschland übliche Trennung einzelner Naturwissenschaften nimmt dem Schüler systematisch das, was er zum Lernen braucht – die Verbindung des Stoffs zu seiner Welt, die nicht in Schulfächer nach Physik, Chemie und Biologie eingeteilt ist."[31] Weiter ist festzustellen, dass sich der Wissensstandort bzw. Wissenschaftsstandort Deutschland auch ohne PISA-Studie im internationalen Vergleich auf dem absteigenden Ast befindet: vor einhundert Jahren erschienen beispielsweise weltweit noch die Hälfte aller wissenschaftlichen Publikationen in deutscher Sprache.[32] Das hat sich inzwischen längst geändert.

Anmerkungen

1 Gruen, A.: Wider den Gehorsam Stuttgart 2018, 11. Aufl., S. 77
2 Novalis zit. nach Pawlak, M.: Zitate von A bis Z Herrsching 1989, S. 239
3 Vgl. Riemann, F.: Grundformen der Angst München 2017, S. 117
4 Vgl. Marcuse, H.: Philosophie und kritische Theorie 2 In: Zeitschrift für Sozialforschung 1937, 6. Jahrgang. , S. 646
5 Savio, M. zit. nach Graaf de, J., Wann, D. et Naylor, T.H.: Affluenza. Zeitkrankheit Konsum München 2001, S. 247
6 Vgl. Selk, V.: Revolte von rechts In: Fromm Forum 24/2020 Rechtspopulismus und Demokratie Tübingen 2020, S. 129
7 Goethe, L.W. von In: Goethes Spruchweisheit Insel Verlag o.O. o. Hrsg., S. 82
8 Bierhoff, B.: Marxismus zwischen Tradition und Erneuerung kritischen Denkens In: Fromm Forum 23/2019: Gefangen in der Gesellschaft Tübingen 2019, S. 211
9 Reich, W.: Charakteranalyse Köln 2010, S. 335
10 Schwandt, M.: Kritische Theorie Stuttgart 2010, 2. Aufl. S. 26
11 Vgl. Bierhoff, B.: Marxismus zwischen Tradition und Erneuerung kritischen Denkens In: Fromm Forum 23/2019: Gefangen in der Gesellschaft Tübingen 2019, S. 215
12 Fromm, E.: Die Revolution der Hoffnung Gießen 2019, S. 144

13 Vgl. Osterfeld, G.: Pädagogische Aspekte im Werk von Erich Fromm. Wiss. Diss. Bonn 2009, S. 215
14 Lauster, P.: Lassen Sie der Seele Flügel wachsen Wege aus der Lebensangst Reinbek bei Hamburg 2003, S. 65
15 Vgl. Spitzer, M.: Lernen Gehirnforschung und die Schule des Lebens Heidelberg 2006, Nachdruck 2014, S. 260f.
16 Tatsächlich wären die Unterschiede in der universitären Ausbildung ohnehin gar nicht so groß: zwischen vertieft und nicht vertieft bestand während des Geographiestudiums heute aktiver Erdkundelehrer ein Unterschied von gerade einmal einem Hauptseminar! In einem Fall mit abgeschlossenem Promotionsstudium mit acht weiteren Hauptseminaren wären die betreffenden Pädagogen demnach sogar für das höchste bestehende Lehramt deutlich überqualifiziert. Neben der schlechteren Bezahlung derjenigen, die mit kleineren Kindern zu tun haben, ist es aber vor allem die entsprechende Behandlung, welche zu schaffen macht: Der in unserer repressiven Gesellschaft latente Hass auf das Schwache trifft gemäß dem autoritären Charaktertum immer die Kleineren und diejenigen, welche mit ihnen befasst sind.
17 Bierhoff, B.: Marxismus zwischen Tradition und Erneuerung kritischen Denkens In: Fromm Forum 23/2019: Gefangen in der Gesellschaft Tübingen 2019, S. 212
18 Fromm, E.: Vom Haben zum Sein. Berlin 2011 S. 40
19 Vgl. Gruen, A.: Der Fremde in uns Stuttgart 2018, 13. Aufl., S. 137
20 Vgl. Gruen, A.: Der Fremde in uns Stuttgart 2018, 13. Aufl., S. 157
21 Vgl. Bierhoff, B.: Marxismus zwischen Tradition und Erneuerung kritischen Denkens In: Fromm Forum 23/2019: Gefangen in der Gesellschaft Tübingen 2019, S. 211, S. 214
22 Fromm, E.: Liebe, Sexualität und Matriarchat. München 1994, S. 159
23 Spitzer, M.: Lernen Gehirnforschung und die Schule des Lebens Heidelberg 2006, Nachdruck 2014, S. 94
24 Maurer, A.: Einsatz von digitaler Technik in der Pflege. In: Fromm Forum 22/2018 Tübingen 2018, S. 40
25 Riemann, F.: Die Fähigkeit zu Lieben München 2017, 13. Aufl., S. 85
26 Eine Ergänzung durch psychoanalytische Methodiken wäre zudem bei vielen sozialwissenschaftlichen Befragungen sinnvoll: „So ist zum Beispiel die Zahl der Leute, die meinen, sie wären glücklich verheiratet, und die das bei der Beantwortung eines Fragebogens auch zum Ausdruck bringen, weit größer als die Zahl derer, die in ihrer Ehe wirklich glücklich sind." Fromm, E.: Wege aus einer kranken Gesellschaft. München 2014, 8. Aufl., S. 250f. Es ist ebenso erstaunlich, wie viel Alkohol man trinken kann, und dennoch unter der statistisch gesetzten Grenze von null Komma fünf Promille bleibt. Die subjektive Einschätzung angesichts der Wirkung des Alkohols rät dann bereits von einer Verkehrsteilnahme ab, während die Zahlenmessung diese noch erlaubt.
27 Fromm, E.: Die Pathologie der Normalität. München 2014, 5. Aufl., S. 85
28 Fromm, E.: Die Pathologie der Normalität. München 2014, 5. Aufl., S. 86
29 Vgl. Gruen, A.: Der Verlust des Mitgefühls München 2016, 11. Aufl., S. 187
30 Gruen, A.: Der Verlust des Mitgefühls München 2016, 11. Aufl., S. 189
31 Spitzer, M.: Lernen Gehirnforschung und die Schule des Lebens Heidelberg 2006, Nachdruck 2014, S. 160
32 Vgl. Sarrazin, T.: Der neue Tugendterror München 2014, 4. Aufl. S. 260

„Warum ist Lernen an den meisten deutschen Schulen noch immer nicht kindgerecht?"

Richard David Precht[1]

9. Lösungen für eine neue kindgerechte Bildung

Sämtliche Fehler, die jemand hat, sind verzeihlicher als die Mittel, welche angewendet werden, um diese zu verbergen.[2]

9.1 Schule als sozialer Lernort für eine entfremdete Gesellschaft

„Die derzeitigen Mängel unseres Schulsystems sind unbestritten."[3]

Welche Note erhält unser gegenwärtiges Schulsystem wohl? Die Verbalgutachten drücken dies stets am besten aus: Sehr gut? Gut? Befriedigend? Ausreichend? Mangelhaft? Ungenügend?

Blicken wir dabei zunächst auf diejenigen, welche unsere Schulen besuchen: Denn anhand einer ausgewählten Stichprobe, wie sie eine Schulklasse stets darstellt, lässt sich trefflich beobachten, wie sich Gruppen und Gesellschaften entwickeln. Sind beispielsweise die Vernünftigen in der Überzahl (also diejenigen mit positiv besetzter Sozialerziehung und vielleicht sogar mit musischer und kreativer Förderung, ausreichender geistiger Agilität sowie körperlicher Bewegung), dann werden ausgehend von dieser Mehrheit in der sozialen Gruppe vorrangig benigne und lebensbejahende Prozesse in Gang gesetzt. „Je mehr der Mensch Objektivität entwickelt, je mehr er mit der Wirklichkeit in Kontakt kommt, umso reifer wird er, umso besser kann er eine humane Welt schaffen, in der er zuhause ist."[4]

Beispiele für die Entfremdung des postmodernen Menschen und demzufolge falsche Zuordnungen gibt es zu Hauf: Wenn beispielsweise ein Kind ein wildes Tier malt, dann ist das kein Ausdruck von Gewalt; ebenso wird ein Kind, das mit Panzern spielt, deshalb später noch längst kein begeisterter Soldat werden: Das ist Spiel! „Auch antiautoritär erzogene Kinder entdecken irgendwann den Reiz von Kriegsspielzeug. Dass aus ihnen trotz hingebungsvoller Beschäftigung mit Panzern und Bombern keine säbelrasselnden Militaristen werden, gehört zu den Erfolgsgeheimnissen dieses Erziehungsstils."[5] So besonders geheimnisvoll ist die Erklärung dafür letztlich gar nicht – aus dem einfachen Grund, weil Kinder im Spielpanzer nicht das sehen, was Erwachsene in ihm zu erkennen glauben. Dies ist ein typisches von vielen Beispielen dafür, dass die Kinderwelt nicht als eigenständiger Kosmos verstanden wird, sondern projektiv eine infantilisierte und verkleinerte Vorstufe der Erwachsenenwelt sein solle. Doch nur im

Spiel können Kinder Probleme meistern, bei welchen sie in der Realität an ihre Grenzen stoßen würden:[6] Sie können dort probehandeln. Leider wird die Spielwarenindustrie dem Bildungsanspruch von Kindern wenig gerecht – eine Vielzahl der angebotenen Materialien dient dazu, kurzfristig große Aufmerksamkeit zu erregen, der jedoch jegliche Nachhaltigkeit für weiteres Lernen und begeisterndes Tun fehlt. Die Kinder wollen dementsprechend schnell wieder etwas Neues, was ihnen dann nicht selten sogar vorgeworfen wird. Tatsächlich sollten wir uns selbst vorwerfen, dass wir ihnen nichts Sinnvolleres und Besseres zum lernenden Spielen anbieten!

„Jeder kann sich seine Freunde selbst aussuchen!", titelt der Volksmund. Doch so gut ein derartiger Spruch auch klingen mag – der Realität entspricht er deshalb noch längst nicht: Wenn etwa keine besonders große bzw. faktisch überhaupt keine Auswahl vor Ort gegeben ist – wen sollte man sich als Schüler dann als treuen und aufrichtigen Freund aussuchen? Wenn ein Migrant in eine Schulklasse mit nur Einheimischen und für ihn fremdsprachigen Schülern kommt bzw. wenn sich im umgekehrten Fall deutschsprachige Kinder in einer Klasse mit überwiegend Migranten befinden – wie sollten sie ohne gemeinsame Sprache, ohne gemeinsame Kultur und ohne gemeinsame Identität echte Freunde werden? Nur Mitleid kann dauerhaft keine Freundschaft begründen – im Gegenteil: früher oder später ist die einseitige Empathie aufgebraucht und man beginnt, in der (in einer Schule stets vorzufindenden) Situation der Repressivität, den Schwächeren zu piesacken. Wenn man beispielsweise als Junge zur Zeit des Dritten Reiches im Jungvolk landete, wen hätte man sich dort als Freund suchen sollen? Dort jemanden zu finden, dem man uneingeschränkt vertrauen und dem man wirklich alles sagen könnte, ohne dabei denunziert zu werden?

Wenn sich nun Kinder heutzutage in einer Gegend, in einem Viertel oder in einer Schulklasse mit überwiegend autoritären Charakteren wiederfinden (wie sie z.B. die politisch rechte Gesinnung darstellt), wie sollte es dann für sie funktionieren, dass sie wahre Freunde finden können, die sie in ihrer Individualität nicht nur tolerieren und akzeptieren, sondern ganz besonders um ihretwillen schätzen – wenn zugleich ein destruktiver Peer-Group-Narzissmus in eine völlig andere Richtung steuert? Zumal es psychologisch erwiesen ist, dass autoritär erzogene Menschen denjenigen, der ihnen entgegenkommt, stets hassen müssen, da sie gelernt haben, das Schwache zu verachten und dieses als Projektionsfläche für ihre eigenen unerwünschten Abspaltungen unterdrückter Gefühle zu missbrauchen.

9. Lösungen für eine neue kindgerechte Bildung

> *„Wer schon als Kind gelernt hat, sich Gedanken darüber zu machen, wie sich das, was ich selbst tue, für andere darstellt, hat es, wie Studien zeigen, im späteren Leben leichter."*[7]

Die meisten Freunde haben wir ohnehin nicht deshalb ausgewählt, weil sie die besten und für uns geeignetsten überhaupt wären, sondern deshalb, weil sie zur richtigen Zeit am richtigen Ort waren: das Verbindende waren stets die gemeinsame Zeit des Aufwachsens, die identischen Lebensumstände und ein Identifikation stiftender sozialer Rahmen.

9.2 Zurück zur Pädagogik: ein dynamischer Bildungsbegriff

> *„Die Wahrheit ist, dass die Regierung nur jene Fragmente der schulischen Realität sehen will, die in ihre Politik des „alles in Ordnung" passen – mit dramatischen Folgen für die vielen, die unter dieser Form von Blindheit leiden."*[8]

In den letzten Jahren hat sich in der Bildungslandschaft vieles verändert: manches davon leider zum Negativen – wie etwa die Durchwirtschaftung des sozialen Bereiches Schule mit all seinen für die frühkindliche Entwicklung negativen Konsequenzen samt eines rigiden Personalsparkurses – oder die fortschreitende Erosion von Kindheit mit „Nine-to-five-Arbeitszeiten" für Kinder, welche der Erwachsenenwelt entlehnt sind: „Wir alle dürfen es nicht normal finden, wenn Kinder länger am Schreibtisch sitzen als arbeitende Eltern!"[9]

Es gibt aber auch positive Entwicklungen, wie etwa die angesprochene Einführung des Englischunterrichts in der Grundschule oder die Jugendsozialarbeit an Schulen – wobei man dazu natürlich auch anmerken kann, dass Letztere eine notwendige Reaktion auf negative gesellschaftliche Entwicklungen darstellt. Auch die Vorverlegung des Fremdsprachunterrichts ist gut gemeint, kommt aber dennoch zu spät: Die kritische Phase für das akzentfreie Erlernen einer Fremdsprache (die dann noch keine solche ist), wird bereits im vierten Lebensjahr geschlossen; die entsprechenden Gehirnareale sind dann bereits belegt. Dazu kommt, dass, je mehr die Muttersprache verwendet wird, diese umso mehr im Sprachzentrum dominiert und die neuroplastische Konkurrenz für sich entscheidet.[10]

Im Bereich der persönlichen und sozialen Entwicklung finden wir weitere positive Ansätze: beispielsweise wird die Ich-Stärke inzwischen als anerkanntes Bildungsziel in Schulen trainiert; auch wenn die Methoden, welche dorthin führen, noch zu punktuell eingesetzt werden.

9.2 Zurück zur Pädagogik: ein dynamischer Bildungsbegriff

Entscheidend sollten für uns in der Pädagogik stets folgende Fragen sein: Haben wir immer das Kindeswohl im Blick? Denken wir grundlegend vom Kinde aus? Oder gehen wir doch eher von formellen amtlichen und informellen gesellschaftlichen Vorgaben aus? Sind die Schüler für den Lernstoff da oder sind die Lerninhalte für die Schüler gemacht worden? Denn „es sind die Lebensbedingungen insgesamt und nicht die Lehrpläne, die festlegen, was gelernt wird."[11] Doch „Erziehung, Schule, Politik und Kirche versuchen uns immer wieder aus verschiedenen Motiven in unmündiger Abhängigkeit zu halten."[12] Wer nun aber kein Interesse mehr zeigt, dies zum Besseren hin zu ändern sowie den Menschen vorrangig wachsen und gedeihen zu lassen, der hat nicht nur das Interesse an sich selbst, sondern wohl auch unbewusst das Interesse am Leben insgesamt verloren.

Blicken wir also darauf, wie es sein könnte: Eine für alle gut funktionierende Gesellschaft sollte aus Sicht der Schule folgendermaßen strukturiert sein:

- Neben der für eine aufgeschlossene Demokratie selbstverständlichen Trennung von Staat und Kirche benötigen einzelne Schulen viel mehr Selbstständigkeit als derzeit, um ihren Kindern vor Ort gerecht zu werden. Man mag dies vielleicht mancherorts als Profilbildung bezeichnen – solange sich diese nicht in Begriffen und strukturellen „Papiertigern" erschöpft, darf man diesen lokalen und individuellen Schülerbezug gerne so nennen!
- Die Entscheidungen würden demzufolge sinnvollerweise von denjenigen getroffen, die auch selbst damit leben können und arbeiten müssen. Die Verordnungen von oben sollten daher nur größere Reichweite aufweisen und eine generelle Richtung vorgeben. Es gäbe dann kein „man müsse etwas machen", weil dies angeblich derart verlangt würde.
- Kinder würden dann vor Ort bei entsprechend lokaler und damit kleinerer Schulstruktur nicht mehr nummerisch wie eine Sache verwaltet werden – sie sind schließlich keine Gebrauchsgegenstände, um etwa eine Ganztagesklasse aufzufüllen! Kindheit muss stattdessen ausgestaltet werden und nicht mehr das bürokratische Verwalten darf der Schwerpunkt sein.
- Schule kann, soll und muss deshalb stets grundlegend nach den individuellen kindlichen Bedürfnissen ausgerichtet werden. Das sich dabei ergebende Bild kann wenige Kilometer entfernt dann schon wieder völlig anders aussehen.

9. Lösungen für eine neue kindgerechte Bildung

- Ein Kind muss stets als Gesamtperson ernstgenommen werden – ich würde sogar meinen, dass man dabei von der Gesamtpersönlichkeit jedes Kindes sprechen sollte!
- Kinder sollten des Weiteren vor allen Dingen immer dazu Gelegenheit haben, in ihrem Alltagserleben auftretende Fragen zu stellen – ansonsten reimen sie sich selbst im Stillen eigene Theorien zusammen, die sie nicht weiterbringen und stattdessen verunsichern.
- Jeder Mensch benötigt zudem einen Orientierungsrahmen, der ihn trägt und auf den er sich verlassen kann; dieser bietet in der Folge einen übergreifenden Grundkonsens und für alle Fälle ein Entscheidungs- und Handlungsgerüst an, z.B. die Orientierung am Lebendigen – sodass wir als gewachsene Menschen stets funktionell das Leben achten und fördern.

In Schulen hingegen werden oftmals bloß Sekundärtugenden, wie beispielsweise „Ich folge meinem Lehrer!", als Grundregeln gesetzt. Rät ein Psychologe nun, einem auffälligen Kind „mehr Möglichkeiten zur unangepassten Selbstentfaltung zu geben, stößt er auf das Unverständnis der Eltern."[13] Doch besonders ein Mensch, der sich unangepasst selbst verwirklichen kann, gerät eben nicht auf die schiefe Bahn. Wird solchen kreativen Menschen jedoch ihr Vita activa verwehrt bzw. werden sie für ihre Selbstbehauptungstendenzen sogar noch bestraft, dann kann es in der Folge vieler entsprechender Frustrationserfahrungen dazu kommen, dass ein eigentlich ganz gewitztes Kerlchen auf die schiefe Bahn gerät – ein fundamentaler Fehler unseres Schul- und Gesellschaftssystems.

Darüber hinaus beginnt eine allgemeine verdinglichte und ebenso entmenschlichte Technikgläubigkeit, was vielerlei Inhalte anbelangt, heute bereits in der Schule. Die Moral als grundlegender Lerninhalt bleibt demgegenüber weitgehend außen vor – ebenso fehlt uns das vorrangige Primat der Erziehung; dass die Erziehung zuerst kommt und über allem steht, sollte eigentlich so bekannt sein wie selbstverständlich – und wird durch folgendes Beispiel einmal mehr verdeutlicht:

Zwei Kinder wurden nach der Geburt in einem Krankenhaus vertauscht – die absolute Horrorvorstellung aller Eltern. Als die Verwechslung aufgeklärt wird, sind die betreffenden Kinder bereits vierzehn Jahre alt.

Nun bleiben – abgesehen vom rechtlichen Rahmen – im Prinzip zwei Möglichkeiten, darauf zu reagieren:
- Die Ablehnung des „fremden" – im Sinne von nicht „nichtleiblichen" – Kindes.
- Die Annahme des „fremden" Kindes.

9.2 Zurück zur Pädagogik: ein dynamischer Bildungsbegriff

Im Sinne des Humanismus, der alle Menschen gleichstellt, wäre die Annahme der bestehenden Situation geboten; deshalb wurde dieses Beispiel jedoch nicht angeführt. Es zeigt vielmehr etwas davon Unterschiedliches, nämlich den hohen Wert der Erziehung. Denn die Tatsache, dass eine solche seltene Verwechslung nicht bemerkt wird, beweist schließlich den Erfolg der Formbarkeit eines „fremden" Kindes gemäß den Wertvorstellungen der nichtleiblichen Eltern. Bei diesem Beispiel zeigt sich also, wie viel mehr die Erziehung gegenüber der genetischen Ausstattung an Bedeutung trägt – ein weiteres Plädoyer für mehr Gedanken über das Wesen der Erziehung und deren Stellenwert in unserer Gesellschaft!

Doch der Unterricht gilt derzeit im Schulalltag gegenüber der Erziehung als bedeutender, was nicht die Wirklichkeit mit ihren Erfordernissen repräsentiert – denn es geht zuvorderst immer darum, Haltungen, Einstellungen und die Freude am Tun und am Lernen zu vermitteln; allein diese Kompetenzen sind überdauernder Art. Kinder brauchen zudem die lebendige Natürlichkeit. Sie müssen ihrem Lebenstrieb gerecht werden – was im Übrigen auch für Erwachsene gilt. Wir sollten unsere Kinder daher besser für die Dohle am Himmel begeistern und weniger für die Drohne.

„Lehrer, lehrt weniger, damit Kinder mehr lernen können."[14]

Was Verbesserungen im formalen Bereich betrifft, darf sich die Praxis der sprachlichen Diktion selbstverständlich ebenso ändern: Schüler sollte man aus zeitgeschichtlich nicht ganz von der Hand zu weisenden Gründen nicht mehr mit SS abkürzen; auch eine „Rekrutierung der „Mobilen Reserve" (Lehrkräfte, die erkrankte bzw. dienstlich abwesende Kollegen ersetzen) klingt eher nach einer Generalmobilmachung, denn nach weißer bzw. weiser Pädagogik. Wir sollten uns bei pädagogischen Lösungsansätzen aber keinesfalls im Formalismus verzetteln; doch Formales ist heute oftmals dominanter geworden als eine Vielzahl wichtiger Inhalte. Eine schier pädagogische Kunst ist es in diesem Zusammenhang, angesichts des heute ubiquitären Marketing-Denkens, keine Konkurrenzsituationen zu schaffen und ebenso keinen Wettkampfcharakter in die Schule hineinzutragen. Aus dem direkten Notenvergleich resultiert dort schließlich oft eine latente Schulangst; wir müssen uns folglich vor allem den Alternativen zur Notengebung stellen. Auch Stundendeputate und Wochenstundenzahlen müssen kritisch überdacht werden: Sind drei Stunden Religion und drei Stunden Sachunterricht in der dritten Jahrgangsstufe in diesem Verhältnis wirklich eine gute Voraussetzung für den Übertritt an weiterführende Schulen? Und das, wo heute oftmals viele Kinder einer Schulklasse gar nicht mehr (christlich) getauft sind: Ist dieses Verhältnis wirklich der zukünftigen Lebenswelt entsprechend? Es bildet doch nicht einmal die aktuelle Realität ab!

Sämtliche Inhalte, die Methodik und unsere Lerntechnik müssen objektiv und ohne vorgesetzte Denkschranken überdacht und im Sinne der aktuellen und zukünftigen Lebensrealität verändert werden: „Zwei Lehrer pro Klasse und mehr Sozialarbeiter!" – dieser Forderung des Bayerischen Lehrerinnen und Lehrerverbandes kann man sich nur anschließen – zusätzlich daraufhin konkretisiert, dass es sich dabei im Idealfall um jeweils einen Mann und eine Frau handeln sollte, um allen erforderlichen personalen Bezügen gerecht zu werden.[15] Es hat darüber hinaus in psychosozialer Hinsicht große Vorteile, wenn zwei unterschiedliche Menschentypen als Pädagogen zur Verfügung stehen; auch ihre funktionelle Interaktion lehrt die Kinder dann so automatisch wie unkompliziert vieles – nicht zuletzt auch das Gegenteil eines monozentrischen Führerprinzips, was uns in Deutschland doch besonders wichtig sein sollte.

Im außerschulischen Bereich wird bekanntlich die Medienerziehung immer bedeutsamer: ehemals geheime Miterzieher treten heutzutage schon sehr offen auf – sie brauchen sich auch nicht mehr weiter zu verstecken: die Smartphones, das Internet und immer noch das Fernsehen sind allesamt Träger einer passiven Konsumhaltung und devoten Einstellung gegenüber einer von der unterhaltenden Technik dominierten Welt. Es gilt daher besonders heute, das Denken derjenigen zum Realismus zurückzuführen, die – anders als ihre halbdigital sozialisierte Elterngeneration – bereits volldigital aufgewachsen sind und keine andere Welt zur vergleichenden Orientierung mehr kennengelernt haben.

Ein allgemeines und nicht allein die Schulzeit betreffendes Politikum stellt auch die hierzulande sogenannte Elternzeit dar: Diese ist ein indirektes Maß dafür, wie viel uns Kinder wert sind. Denn es gibt Länder, wo Mütter und Väter bis zum siebten Lebensjahr eines Kindes dieses durch ermöglichte Arbeitszeitregelungen zu Hause erziehen dürfen. Davon sind wir im wirtschaftsliberalen Deutschland der Postmoderne weit entfernt. Unser gesamtgesellschaftliches Motto und Leitbild sollte daher grundsätzlich heißen: nicht immer nur Wirtschaft, sondern auch einmal Pädagogik first!

9.3 LEA: Die Lehrer-Eltern-Allianz

"In den zwanziger Jahren war die Frage einer progressiven Erziehung ein vieldiskutiertes Thema in Elternbeiräten und der Tagespresse."[16]

Wie dieses Zitat aufzeigt, ist das Interesse von Eltern gegenüber der Schule sowie die Zusammenarbeit mit dieser für beide Welten – die schulische und die familiale – nichts grundlegend Neues. Mittlerweile hat sich dementsprechend längst ein Drei-Parteien-System etabliert: bestehend aus Schülern, Eltern und Lehrern; wobei letztere nicht selbst entscheiden dürfen, sondern oft gegen ihre eigenen Überzeugungen die Anordnungen von oben ausführen und in nicht wenigen Fällen, die ihnen nicht ganz schlüssigen Inhalte auch rechtfertigend gegenüber Dritten (wie z.B. gegenüber den Eltern) erklären müssen. Doch jemand anderen von etwas zu überzeugen, wovon man selbst nicht so recht überzeugt ist: Wie sollte dies erfolgversprechend funktionieren?

Die angesprochene Elternmitwirkung könnte heute noch viel mehr bewirken als sie es bisher macht: Denn dann, wenn beispielsweise Lehrkräfte selbst das fordern, was für ihren Beruf wichtig ist – bis hin zur Finanzierungsfrage –, wirkt dies stets egoistisch. Wenn nun aber die Eltern dies stellvertretend machen würden, wäre es der sozial effektivere Fall – beiden geht es schließlich immer um die Kinder!

Ein bekanntes Beispiel dafür, wie oft Eltern, Lehrkräfte und Kinder an einem Strang ziehen, wäre eine neue Brückentag-Regelung. Es war über Jahrzehnte üblich, dass Schulfeste oder ein Tag der offenen Türe an einem Samstag stattfanden. Dafür wurde z.B. am Freitag nach Christi Himmelfahrt von den Schulen in Abstimmung mit den jeweiligen Elternbeiräten ein Ausgleichstag festgesetzt. Die Familien konnten so ein verlängertes Wochenende zusammen genießen: eine Win-win-Situation für alle! Inzwischen wird das in vielen Schulbereichen jedoch nicht mehr erlaubt. Die Folge davon ist es, dass inzwischen weitaus weniger Schulfeste und schulische Veranstaltungen an Samstagen stattfinden – kein Gewinn für alle.

Kommen wir nun wieder zu Ernsterem: Warum schlagen Lehrkräfte heute eigentlich nicht längst Alarm, wenn sie feststellen, dass Kinder (und besonders Jugendliche) in ihrer Leistungsfähigkeit Jahr um Jahr sowie Schülergeneration für Schülergeneration erkennbar nachlassen? Darauf gibt es drei schlüssige Antworten:
- Erstens vollzieht sich dieser Prozess schleichend und ist im Alltag nicht so leicht zu bemerken.

9. Lösungen für eine neue kindgerechte Bildung

– Zweitens sind Lehrkräfte selbst, wie alle anderen Menschen und Generationen, ebenso von der Entwicklung in Richtung einer Phlegmatisierung der gesamten Gesellschaft betroffen.
– Und drittens wissen Lehrkräfte sehr genau, dass sie allein nichts ändern können und sich bei entsprechender Agitation möglicherweise nur selbst schaden würden. Deshalb braucht Schule die Eltern-Lehrer-Schüler-Zusammenarbeit.

Eine Schülerin wird wegen ADHS zur Behandlung beim Kinderarzt vorstellig. Der medizinische Fragebogen an die Schule läuft offen über die Eltern. Die Lehrkraft füllt diesen wahrheitsgemäß und entsprechend dem beobachteten Verhalten aus. Die Eltern lesen anschließend die von ihr gemachten Angaben und sind verärgert, dass die Lehrkraft ihr Kind so schlecht beurteilt. Sie reagieren deshalb gekränkt, denn man hat ihr Kind aus ihrer Sicht zu negativ dargestellt. Die Folge? Sie vertrauen der Lehrperson nun nicht mehr.

Im Schulhaus hängt ein Plakat mit der unübersehbaren Aufschrift „Schwierige Eltern" – von einem Schulverband herausgegeben, direkt an der Tür des Besprechungszimmers.

Dass solche Vorkommnisse – wie sie in den vorstehenden Beispielen geschildert werden – nicht die Zusammenarbeit von Schule und Elternhaus fördern, weil sie statt dem gemeinsamen Interesse am Kind vielmehr das Trennende betonen, dürfte wohl jedem verständlich werden. Sogenannte „schwierige Eltern" werden dabei vor allem aus einem abspaltenden Impetus heraus zur Projektionsfläche. Wäre das Beamtensystem konsequent basisdemokratisch und würde es stets den Wert jedes einzelnen Menschen in den Mittelpunkt stellen, dann würde auch die Suche nach äußeren Feindbildern wegfallen; so aber steht die Abgabe eines inneren Druckes nach außen dem human(istisch)en Umgang und fair-wertschätzenden Auskommen miteinander oftmals entgegen.

Es verhält sich aber auch in weiteren Bereichen unserer Gesellschaft nicht viel anders: Denn ebenso, wie sich Ärzte und Patienten (und im optimalen Fall auch Gesunde) zusammentun müssten, um gemeinsam zum Wohle einer besseren Versorgung im Krankheitsfall zu kämpfen (nicht nur im Zusammenhang mit der Corona-Pandemie!), dementsprechend sollte dies auch bei Eltern und Lehrkräften geschehen – nur eben in diesem Fall zum Wohle der Kinder! Beispielsweise ein Ärzte-Streik allein könnte nur bedingt wirksam sein – es müsste sinnvollerweise besser ein Ärzte-Patienten-Streik sein. Wenn Patienten für die Rechte von Ärzten kämpfen würden – (und vice versa), dann würden dabei auch Dritte zum Handeln gezwungen! Analog dazu das Beispiel der Praxisgebühr: Damit wurde

9.3 LEA: Die Lehrer-Eltern-Allianz

letztlich nur versucht, Ärzte und Patienten gegeneinander auszuspielen. Der lachende Dritte dieses Politikums waren die Krankenkassen im Verbund mit der Politik – Verlierer hingegen die Ärzte und Patienten; nicht viel anders, als es gegenwärtig im Bildungssystem Lehrer und Schüler sind. Nehmen wir uns also ein besseres Beispiel und lassen wir doch Eltern und Pädagogen zum Wohle von Kindern zusammenwirken!

Es ist in diesem Zusammenhang grundlegend festzustellen, dass es nicht einfach nur diese und jene Eltern gibt, denn alle Erziehungsberechtigten haben unabhängig von jeglicher Verschiedenheit in anderen Bereichen nur ein primäres Interesse, welches letztlich allen Eltern gemein ist: das Wohl ihres Kindes. Die meisten gelten ohnehin als sehr vernünftig – ich wage sogar zu behaupten: alle! Emotional oder gar irrational wird der Mensch schließlich nur dann, wenn er sich in eine Ecke getrieben fühlt, wenn er unter Stress steht oder wenn er Angst hat – in diesem Fall Angst um seine Kinder. Die Ursachen schulischen Drucks werden dann nicht selten von den Eltern auf die Lehrkräfte geschoben und umgekehrt: Denn auch die Lehrkräfte geben immer wieder den Eltern die Schuld, wenn Kinder nur gute Noten nach Hause bringen sollen. Tatsächlich jedoch handelt es sich um ein systemisches Problem: dem repressiven und selektiven Schulapparat wohnt bereits strukturell der Druck inne. Die Situation des Schulwesens bleibt aber nicht allein deshalb trügerisch: Besonders in der Lebensphase heranwachsender Kinder scheint sich vieles wie von selbst zu entwickeln – doch diese positive Grundgestimmtheit ist eine gefährliche, denn für die Anliegen von Kindern muss heutzutage gekämpft werden. Dafür braucht es flache Hierarchien, mündige Lehrkräfte und durchdacht aktive Eltern; nur eine von unten gestaltete Bildung kann deshalb das wahre Ziel von Verbesserungen unseres Bildungs-Status Quo sein! Tatsächlich entscheidend für den Bildungserfolg sind heute nicht allein der Wohlstand und die verfügbare Lern- und Anleitzeit, sondern vor allem das Bildungsinteresse des Elternhauses. Indirekte Einflüsse gibt es dabei viele: die verfügbare Zeit, die elterliche Vorbildfunktion, das Interesse am Kind bzw. seiner Lebenswelt oder die Quantität und vor allem die Qualität der Angebote – aber auch das hat man selbst in der Hand: je nachdem, welchen Stellenwert die Kindererziehung im jeweiligen Lebensentwurf einer Familie genießt.

9.4 Gemeinsam statt gegeneinander

„Das Frappierende ist oft, dass jeder denkt, andere hätten an Veränderungen kein Interesse."[17]

In der postmodernen Schule – wie auch der Welt außerhalb – muss man heutzutage lernen, Ungewissheiten und offene Situationen auszuhalten. Das entspricht allerdings nicht unserem Naturell, denn der Mensch will schließlich alles negativ Quälende direkt lösen; die Ungeduld ist darüber hinaus zu einem unserer charakterlichen Hauptkennzeichen geworden. Aufgrund der Komplexität, aber auch ausgehend von langsam mahlenden Mühlen staatlicher Organe (gemäß dem Volksmund besonders der Justiz), kommt man heute definitiv nicht mehr umhin, mit offenen Problemsituationen leben zu müssen: gestellte Anträge lassen mit der Bearbeitung auf sich warten und Ankündigungen werden oft nur schleppend umgesetzt – wenn überhaupt in einem wirksamen Sinne. Man tut sich deshalb leichter, wenn man die Kompetenz erlernt, diesen Unzulänglichkeiten zu begegnen: im Leben, wenn man es aushalten kann, dass z.B. die Abwicklung eines Verkehrsunfalls andauert und man nicht vorschnell zu ungünstigen Konditionen etwas zustimmt, nur um schnell wieder Ruhe zu haben; im Lehrerleben, wenn man es ertragen kann, dass man das Vertrauen der Elternschaft erst langsam und allmählich gewinnen kann; und als Erziehungsberechtigte, wenn man es aushalten kann, dass nicht sofort jede Note im erwünschten Übertrittsschnitt liegen muss.

Eine aktuelle Entwicklung ist allerdings im Zusammenhang mit dem Verhältnis von Eltern zur Schule noch aufzuzeigen: Die Tatsache, dass sich einige Eltern nicht mehr so sehr für die schulische Bildung ihrer Kinder interessieren bzw. aus beruflichen Ablenkungsgründen auch nicht mehr derart interessieren können, wie das früher einmal der Fall war. Solange alles läuft und die häusliche Belastung gering ausfällt, ist die Situation dann für Lehrkräfte in einer gewissen Hinsicht sogar bequemer geworden. Läuft aber etwas nur leicht aus dem Ruder, dann merkt man den gesellschaftlichen Druck, unter welchem heute besonders die Mütter angesichts einer Doppelrolle von Mutterschaft und Berufstätigkeit stehen, und es kommt sehr schnell einmal zu einer überzogenen Aggressionsabfuhr. Darin liegt auch eine große Gefahr, welche sich derart äußern kann, dass man als Lehrkraft dazu neigt, grundsätzlich und selbst auferlegt Milde und Nachsicht walten zu lassen – und damit aber Probleme weder löst und noch nicht einmal thematisiert, sondern die betreffenden Inhalte kleinhält und verschweigt. Eine dauerhafte Lösung kann dieser Weg gewiss nicht darstellen.

9.4 Gemeinsam statt gegeneinander

Eine jüngere Entwicklung weist leider nicht in die Richtung einer Eltern-Lehrer-Kind-Allianz. In vielen Elternbeiräten haben in letzter Zeit mehr oder minder vehemente Befürworter einer totalen Digitalisierung (sogar schon in Grundschulen und auch schon in Kitas!) das Zepter übernommen, sodass hier die Lehrer-Eltern-Allianz durch eine Eltern-(US-)Wirtschafts-Allianz den kindorientierten Pädagogen sowie besonders auch den Kindern in den Rücken fällt: Es sind vor allem „die besorgten Eltern, die aus Angst vor dem sozialen Abstieg ihrer Kinder die Schulrektoren landauf und landab nach den Computern in der Schule fragen, auf mehr Computern bestehen und die Parteien wählen, die für die Digitalisierung der Kindergärten und Schulen stehen."[18] Aus Elternbeiräten wurden mancherorts schon fast Digitalisierungbeiräte und aus der Kindorientierung wurde die Computerorientierung. Diese Entwicklung war abzusehen – wenn Eltern heutzutage schon stolz darauf sind, wenn ihre zwei- bis vierjährigen Kinder über Bildschirme wischen, wie gebannt YouTube-Videos anschauen oder selbstständig Online-Spiele aufrufen.[19]

Zum Abschluss dieses Erziehungskapitels sollen zwei Positivbeispiele zum Thema Lehrer-Eltern-Verhältnis angeführt werden:

Ein Schulkind hat den Turnbeutel zu Hause vergessen. Die Eltern bringen diesen deshalb in die Schule und man begegnet sich (Kind-Lehrer-Eltern) zufällig, als diese Sportutensilien übergeben werden. Die Aussage seitens des Vaters, „Kind, du hast etwas vergessen!", kommentiert die Lehrkraft kurz mit „Das Wichtigste!" Die Eltern lachen auf und das Kind freut sich. Manchmal passt es einfach und man merkt, wer wirklich auf der Seite der Kinder steht! Solche kleinen Begegnungen stärken das Vertrauen und erhalten den freundschaftlichen Umgang.

Ein weiteres Beispiel: Eine erste Klasse hat unangekündigt Sport. Ein Mädchen ist besorgt, dass ihre Teilnahme nicht möglich wäre, weil sie keinen Haargummi dabei hat. Auf die Frage, ob jemand aushelfen kann, antwortet ein weiteres Mädchen, dass sie zwar einen Haargummi im Schulpack habe, diesen jedoch selbst benötige. Also springt der Lehrer ein und schenkt einen von den Seinen dem Kind: alle Kinder und der Lehrer lachen! Wie oft findet man so etwas heute noch? Sollte sich nicht jede Lehrkraft das Ziel setzen, ihre Schüler einmal täglich aus vollem Herzen zum Lachen zu bringen?

9. Lösungen für eine neue kindgerechte Bildung

9.5 Die Schulen den Schülern

"Der Lehrer hat für ein gesundes Umfeld zu sorgen, in dem das Kind auch psychisch gekräftigt wird."[20]

Ohne die Einbeziehung der Eltern in das Wesen und die Richtung der Schulen vor Ort, ist heute „kein Staat mehr zu machen". Damit ist jedoch nicht, wie etwa beim Negativbeispiel USA, das Sponsoring und Funding gemeint – ganz im Gegenteil: der Verzicht auf das Schul-Sponsoring, ein entsprechendes Spendenverbot und die politische Unbefangenheit sind unabdingbare Voraussetzungen für eine freie demokratische Bildung!

Die Schüler sind darüber hinaus – was ihren Bezug zur Gesellschaft betrifft – weder Müllsammler im angrenzenden Wald noch Spendensammler bei der lokalen Wirtschaft und auch keine Werberepräsentanzträger derjenigen Firmen, die sich im Glanze kindlicher Unbefangenheit sonnen wollen: In einem privat (mit-)finanzierten Bildungssystem wäre darüber hinaus davon auszugehen, dass bestimmte Fächer – im Falle eines wirtschaftsliberalen Systems wohl wirtschaftsdienliche – überrepräsentiert sein könnten und andere hingegen, welche nicht den großen Profit versprächen, demgegenüber durch das selektive Netz zu fallen drohten.

Kinder haben in unserer aktuellen Gesellschaft so gut wie keine Lobby mehr: Ihre Interessen können daher beispielsweise gegenüber kommerziellen Anliegen der Digitalwirtschaft nur unzureichend berücksichtigt werden. Es gibt weder in der Politik noch in der praktischen Pädagogik oder seitens der Wissenschaft viele einflussreiche Fürsprecher, die dem heute allgemein gültigen Primat der Wirtschaft ein „Children-first" entgegensetzen würden. Wer ihnen dennoch zu helfen versucht, in der gegenwärtig so richtungsweisenden Entscheidungsfindung mit ihren so elementar wichtigen Anliegen Berücksichtigung zu finden, sieht sich von Vornherein einer Armada an latent-informeller Kinderfeindlichkeit gegenüber und steht gewissermaßen auf verlorenem Posten. Es wird dem Fürsprecher für Kinderrechte kaum gelingen, Allianzen zu schmieden, weil es die entsprechend engagierten Interessensgruppen schlichtweg nicht gibt: Man beginnt quasi bei Null und muss immer erst andere von den Notwendigkeiten bezüglich Kindern überzeugen, bevor man überhaupt etwas erreichen kann. Die öffentliche Meinung bzw. veröffentlichte Meinung und ihre Deutungshoheit erschlägt den Einzelnen gewissermaßen mit der Isolation, in welche dieser a priori von dieser gesetzt wird.

Wenn heutzutage ein Kind entführt wird, dann wird nur ein niedriger vierstelliger Eurobetrag als Belohnung für sachdienliche Hinweise ausgelobt

9.5 Die Schulen den Schülern

– selbst wenn andere Gründe als allein der monetäre Wert kindlichen Lebens dafür verantwortlich sein mögen. Wenn aber bei der nächstbesten Fernsehshow eine Million Euro für wenig anspruchsvolle Quizfragen auf Kreuzworträtselniveau zu gewinnen sind, so bleibt man als TV-Konsument mit einem merkwürdigen Gefühl zurück. Der Wert von Kindern scheint bei uns heute jedenfalls nicht mehr besonders hoch zu sein!

„Kinder wären nachwachsende Rohstoffe" ist auch so ein Satz, der – besonders in einem Land mit wenig Rohstoffdiversität – immer gut klingt und dabei durchaus das Wesentliche in den Mittelpunkt stellt; einmal abgesehen von der unpassenden Versachlichung und einer Verzweckung des Menschen als Wirtschaftsfaktor. Denn Kinder sind nicht für die Schule gemacht worden, sondern die Schule sollte – wie nicht oft genug betont werden kann – immer für die Kinder gemacht werden!

Der Philosoph David Precht schreibt von drei Fronten, welche sich im Bildungssystem gebildet haben und notwendigen Verbesserungen im Wege stehen:[21]

- Die professionelle Front: „Hier kämpfen viele der am Schulsystem Beteiligten und dafür Verantwortlichen – Lehrer, Lehrerverbände, Schuldirektoren und Kultusminister – gegen ihre externen Kritiker, also Eltern, Pädagogik-Professoren, Stiftungen und Journalisten."[22]
- Die soziale Front: Besserverdienende schotten sich gegen die bildungsschwache Unterschicht ab, um den eigenen Kindern die besten Karrieremöglichkeiten zu sichern.
- Die ideologische Front: Diese betrifft einerseits diejenigen, welche Schule als Zulieferindustrie für Unternehmen betrachten, und auf der anderen Seite diejenigen, welche die freiheitliche Bildung in den Mittelpunkt stellen: Bildung ist schließlich „das, was zurückbleibt, wenn man das Gelernte wieder vergessen hat."[23]

Vielfach „ist die Schule im Medienzeitalter wie ein Dinosaurier, der sich überlebt hat, sich aber zäh an den überkommenen Gepflogenheiten und Regeln festklammert."[24]

Ich würde die Schule in diesem Zusammenhang eher als ein Lebewesen bezeichnen, das in der heutigen Zeit immer öfter nicht mehr so recht weiß, wohin es eigentlich soll und an welchem von allen Seiten gezogen und gezerrt wird; aber die Mär vom allmählichen Aussterben eines unverbesserlichen Systems erachte ich in seiner Einfachheit doch als eher unzutreffend. Es ist vielmehr festzustellen: „Dieselbe Technologie, welche die Arbeitswelt verwandelt, bietet neue Lernsysteme an, um jene Probleme zu lösen, die sie geschaffen hat."[25]

9. Lösungen für eine neue kindgerechte Bildung

Allen pädagogischen Diskussionen ist es grundsätzlich gemein, dass sie letztendlich immer auf wenige grundlegende Fragestellungen reduziert werden können: Sollen die Kinder angepasst werden oder muss sich die Gesellschaft verändern? Lehren wir und verlangen wir wirklich das, worauf es bei den Kindern und zukünftigen Erwachsenen im Leben tatsächlich einmal ankommen wird? Denn unvermeidlicherweise hinken die Lehrpläne schon auf Grund ihres Entstehungswesens immer der Realität hinterher – um Jahre bzw. sogar Jahrzehnte verzögert: an die 15 Jahre Laufzeit und dazu vorab noch einige Jahre Entwicklungszeit – das bisherige System ist angesichts einer sich immer rascher verändernden Lebenswelt insgesamt zu starr geworden. Die direkte Reaktion auf neue Umwelterfordernisse einerseits, aber vor allem der prospektive Charakter des Unterrichts sollten deshalb in stärkerem Ausmaß ausgebaut werden. Besonders für Letzteres benötigt man realitätsbezogene Strukturen und eine grundlegende Philosophie, auf deren Basis jede Innovation hinsichtlich ihrer Wirksamkeit eintaxiert werden kann.

Für drei Millionen Euro wird eine neue Schule gebaut, aber für eine oder zwei Stunden Arbeitsgemeinschaft, welche Kindern direkt zu Gute kommen würden, reicht das Geld nicht – so etwas sagt der Vorsitzende eines schulischen Fördervereins – und man kann ihm nur Recht geben. Selbstverständlich sind das verschiedene „Töpfe", aber es ist doch ein Land – oder etwa nicht?

Was das Recht der Schüler auf eine ihrem Eigenen gerecht werdende Schule angeht, so ist bereits von Anfang an auf das Primat der Schüler-Orientierung zu achten. Besonders die Grundschulzeit darf nicht zu früh beginnen, wenn sich das betreffende Kind noch in der ödipalen Phase befindet: Denn das Über-Ich und die phallische Aggressivität gerieten ansonsten in einen schweren Konflikt, welcher zwangsläufig zu Lasten der Persönlichkeitsentwicklung des betreffenden Kindes gehen muss.[26] Die Einschulung sollte daher nicht im Jahresturnus, sondern besser flexibler gestaltet werden (mit Eintrittsmöglichkeit zum Halbjahr), um allen Geburtsmonaten gerecht zu werden und nicht nur denjenigen, deren Geburtstermin und Entwicklungstand zufälligerweise günstig mit der spätsommerlichen Einschulung korreliert. Ebenso wie einerseits den Beginn der Schulzeit nach den kindlichen Entwicklungsgegebenheiten auszurichten, ist andererseits die Grundschulzeit in ihrem Ende gleichsam an der Entwicklung des Kindes zu orientieren. Entscheidend hierfür ist der Übergang von den konkreten Denkoperationen zum formalen Denken. Dies geschieht etwa im Alter von elf bis zwölf Jahren. Wir lägen also dann genau richtig, wenn wir

9.5 Die Schulen den Schülern

die Grundschulzeit dementsprechend auf fünf Jahre ausdehnen würden – und dies bei einem gleichzeitig flexibel-individualisierten Eingangs- und Übertrittsmodus.

Da dieses Kapitel „Die Schule den Schülern!" getauft wurde, soll hier eine weitere sich aus der Überschrift ableitende Forderung artikuliert werden. Sie lautet: Die Grundschule den Grundschülern! Es ist nämlich heute strukturell längst so geworden, dass die Gymnasien und die Realschulen eigenständig geführt werden – jedoch auf der anderen Seite die Mittelschulen und die Grundschulen stehen. Nun haben diese beiden letztgenannten Schularten, seit die Volksschulen Geschichte geworden sind, de facto nicht mehr viel gemeinsam. Sogar aus pädagogischer und entwicklungspsychologischer Sicht vereint die Mittel- und Realschulen in ihrer Schnittmenge weit mehr als die Mittel- und Grundschulen. Die Grundschulzeit stellt schließlich einen ebenso eigenständigen wie wichtigen Entwicklungsabschnitt im Leben und der Sozialisation von Menschen in unserer Gesellschaft dar. Es wäre höchste Zeit, dem Menschen auch hier gerecht zu werden und – um es in der Beamtensprache zu formulieren – alte Zöpfe abzuschneiden, denn alle Schulen müssen gleichbehandelt werden!

Die Grundschule ist als eigenständige Schule von der Mittelschule demzufolge inhaltlich und vor allem bezüglich einer im Primarbereich unbedingt erforderlichen Kindorientierung abzutrennen (wobei dieser Prozess in jüngerer Zeit durch eigene Elternbeiräte und dergleichen wenigstens rechtlich eingeleitet wurde). In der Folge würden dann solche Fehleinschätzungen, wie beispielsweise bezüglich der Digitalisierung (dass Grundschulen ebenso wie alle anderen Schularten komplett durchdigitalisiert werden sollten), gar nicht erst zustandekommen, weil vielen Mittelschulleitungen verständlicherweise der Zugang zu und das Verständnis für sechs- bis zehnjährige Kinder fehlen. Für die Grundschuldidaktik und die entsprechende Pädagogik gibt es schließlich ein eigenes Fachstudium! Zudem kann die Grundschule nur dann den ganz speziellen Bedürfnissen der Kinder auf dieser Altersstufe gerecht werden, wenn sie eigenständig agieren kann. Die fachliche Trennung zählt ebenso dazu wie eine – eigentlich selbstverständliche – räumliche Trennung. Gemeinsame Schuhausnutzungen, kombinierte Pausen sowie Betreuungs- und Wartesituationen von Grund- und Mittelschülern stellen schlichtweg keine guten Lösungen dar. Kinder brauchen besonders dann, wenn sie auf ältere Vorbilder treffen, ebenso das gesamte Spektrum der entsprechenden Alterskohorte und die volle Bandbreite der Bevölkerung. Wir müssen auch hier der kindlichen Entwicklung noch viel mehr gerecht werden.[27]

9. Lösungen für eine neue kindgerechte Bildung

9.6 Kinder rechnen sich nicht: Droht bald ein Mac School?

Als Anreiz gibt es im Abschlussjahr der amerikanischen High-School für gute Noten und fehlzeitloses Verhalten per Losverfahren ein besonderes Auto zur befristeten Nutzung als Prämie.[28]

Ob es nun ein Fest für Kinder ist, dessen Erfolg mit dem finanziellen Erlös gleichgesetzt wird, ob es sich um die Übergabe der Kasse eines Vereins für Kinder an die nächste Vorstandschaft handelt oder ob der Beirat einer pädagogischen Einrichtung sich über ein wirtschaftlich gutes Geschäftsjahr freut und stolz seine positive Bilanz verkündet – allen Beispielen ist jeweils gemeinsam, dass dabei jeweils der Wert einer vollzogenen Tätigkeit in Geld gemessen wird. Tatsächlich aber kann ein kreativ gelungenes Schulfest, das mit einem kleinen Verlust beendet wird, für Kinder und ihre anwesenden Eltern viel gewinnbringender gewesen sein als eine 08/15-Feier, wo sich die Einnahmen ein weiteres Mal selbst übertroffen haben. Geld ist schließlich kein Sachargument.

Trotzdem wird der schnöde Mammon heutzutage immer wieder als Argument universal eingesetzt. Allerdings ist es in diesem Zusammenhang auf einer administrativ höheren Ebene nicht ganz richtig, wenn manchmal gemeinhin gemutmaßt wird, dass tatsächlich der „Finanzminister" über die Bildungspolitik bestimmen würde. Eine Staatsregierung legt von Vornherein fest, welche Schwerpunkte gesetzt werden und wie diese jeweils ideell und finanziell bedacht werden. Eine Ressourcenumverteilung zugunsten von Kindern ist allerdings besonders hier angesichts der bestehenden pädagogischen Schieflage dringend erforderlich. Denn, was den gesellschaftlichen Rahmen betrifft, ist wirtschaftliches Denken längst in der Bildung angekommen und bestimmend geworden:
- Wenn zwei Kinder mehr in eine Kita-Gruppe kommen, kann es bereits ein Problem hinsichtlich der Buchungszeiten geben, weil wirtschaftlich stets äußerst knapp kalkuliert werden muss.
- Obwohl jeder weiß, dass kleine Klassen mehr Lernerfolg ermöglichen, werden jahrgangskombinierte Klassen als Erfolgsmodell verkauft.
- Wenn die eingesetzten Schulbusse zu wenig Sitzplätze aufweisen und eine Gefahr für die Sicherheit von Kindern droht, kommt sofort das Gegenargument Geld: „Wir könnten nicht und außerdem würden die Normen ja erfüllt!", heißt es dann; das klingt aber beinahe schon wie im Warschauer-Pakt- „Sozialismus".
- Wenn dann einmal ein Kind an solchen Busausstiegsstellen, welche diesen Namen nicht einmal verdienen, bei diesem Vorgang getötet wird, so werden in der Folge keineswegs flächendeckend bauliche

9.6 Kinder rechnen sich nicht: Droht bald ein Mac School?

Maßnahmen zu ihrer Sicherheit ergriffen. In diese Richtung passiert zumeist überhaupt nichts. Es wird schlichtweg eine neue Regelung erlassen, welche allerdings keineswegs als praktikabel anzusehen ist.[29] Noch einen anderen Aspekt gilt es bei der Bildungsfinanzierung zu bedenken: Bis auf das Schulwesen wurde sehr vieles, was dem Staat direkte Einnahmen bescheren konnte, im Rahmen der Privatisierungswelle in den neunziger Jahren von Staatsseite verkauft. So kam damals schnelles Geld für kurzfristige Zwecke herein.[30] Nicht einmal die unerwartet und wie geschenkt hereinschneienden UMTS-Milliarden konnten den damaligen staatlichen Veräußerungswahn von Öffentlich zu Privat stoppen. Die Folge dieser Verkaufspolitik spüren die heutigen Kinder, Jugendlichen, Auszubildenden und Studenten – denn im gesellschaftlichen Bereich ist es stets erst die nächste Generation, welche die Auswirkungen der Politik ihrer Vorgänger konkret erfährt. Dementsprechend nutzten multinationale Konzerne noch Jahre später geschickt die Gunst der Pisa-Stunde; dabei ließ sich beispielsweise eine Stiftung für das Lesen vor den Werbekarren einer großen internationalen Getränkefirma spannen. Auch Schulsicherheitswettbewerbe werden immer noch gerne von Fahrzeugherstellern ausgeschrieben – der Bock wird auch hier einmal mehr zum Gärtner gemacht.

Ein Blick in die Glaskugel unserer Bildungszukunft entspricht daher besonders im Falle des Schulsponsorings demjenigen nach Übersee; dort haben Softdrinkhersteller besonders die Grundschulkinder im Visier, damit sich ausbildender Geschmack und entsprechend langlebige Trinkgewohnheiten frühzeitig an den verfügbaren Produkten orientieren mögen. Selbiges gilt für die Ernährungsgewohnheiten – da die geschmackliche Prägung bei der Schulverpflegung in der Praxis sehr bedeutsam für zukünftige Konsumgewohnheiten ist. So erhalten Kinder an Schulen im kapitalistischen Musterland USA zu besonderen Anlässen beispielsweise Fast Food von Pizza Hut, Mac Donald's und Subway – was den dabei als elitär empfundenen Charakter solcher Speisen zusätzlich betont und diese als eine besondere Belohnung etabliert: Kinder, die ein bestimmtes Leseniveau erreicht haben, werden z.B. mit einer Pizza vom Großkonzern belohnt.[31] Leider kann man inzwischen auch hierzulande Kinder – und indirekt natürlich auch manche Eltern – mit einer vordergründigen Marketingmasche und flotten Werbesprüchen, wie etwa „Mac School ist cool!", sehr leicht ködern. Das sollte allerdings nicht unser Anspruch sein!

Es käme in der Folge – wenn man sich als mitdenkende Gesellschaft nicht gegen einen solchen allgemeinen Trend stellte – dann dazu, dass die Marktkonkurrenz (die im Ergebnis zumeist nichts anderes ist als eine Monopolfindung), ohne dabei großes Aufsehen zu erregen, zur totalen

9. Lösungen für eine neue kindgerechte Bildung

Verkommerzialisierung der Bildung führen würde. Die gesellschaftliche Eigenständigkeit des Geisteslebens wäre dann von Beginn an verhindert: Es gäbe folglich keine unabhängige Kunst, keine freie Kultur sowie keine neutrale, überparteiliche Bildung mehr; stattdessen regierte allein die Ausbildung zur Wirtschaftseignung hin. Die Totengräber der sozialen, kreativen, darstellenden und musischen Bildung mögen also ihr Realkapital-Monopoly anderswo spielen, ganz ohne kapitalistische Infiltrierung des Nachwuchses – so sollte man eigentlich meinen! Wir haben allerdings allesamt bereits erleben dürfen, wie ehemalige Jugendherbergen, Krankenhäuser und Altenheime von Investoren aufgekauft wurden – dabei galt uns doch das vorbildliche deutsche Gesundheitswesen einmal als heilig; der Bildungssektor scheint wohl als nächstes dran zu sein. Fassen wir deshalb zusammen:

- Die Schule in einer Leistungsgesellschaft darf sich auf keinen Fall an der Wirtschaft orientieren, sondern sollte demgegenüber ein moralisches Vorbild für diese sein! Es käme schließlich auch niemand auf die Idee, dass Lehrkräfte in den Geschäftsleitungen von Firmen mitreden dürften.
- Offene Ehrlichkeit ist alles, was unsere Eltern wünschen: Die gegenwärtige ubiquitäre Marketing-Mentalität hingegen lässt jedoch kein vertrauensvolles Verhältnis der Partner mehr zu. Das daraus entstandene Misstrauen zeichnet sich für einen großen Teil der Schulprobleme verantwortlich.
- Kinder von heute haben darüber hinaus dasselbe Anrecht auf eine freie und das Wachstum fördernde Kindheit, welche diesen Namen tatsächlich auch verdient: ebenso, wie ihre Vorgängergenerationen. Sie stattdessen von frühester Kindheit an in zwangsläufig zunehmend autoritär geleiteten Institutionen wegzupferchen (was ebenso mit Senioren und Kranken gemacht wird und vor allem moralisch nicht zulässig ist), zeugt in der Gesamtheit von einer tiefsitzenden und kaschierten Kinderfeindlichkeit unserer Gesellschaft. Eine latente Zukunftsnekrophilie und einen verkappten Pessimismus muss man aus der gegebenen Situation gegenüber Heranwachsenden ebenfalls ableiten. Eine gerüstete Zukunftsgesellschaft sind wir in dieser Form gewiss nicht!
- Eine allumfassende gesellschaftliche Gleichberechtigung bedeutet nicht nur, Männern und Frauen, sondern auch allen Kindern dieselben Rechte zuzugestehen; ein gedeckeltes Entweder/Oder bezüglich Kindern oder Frauen ist so unrichtig wie angepasst-unterwürfig gegenüber einer höheren Macht zu betrachten, welche die Kinder sowie die Erwachsenen und ihre Zukunft nur allzu gerne vergisst.

- Die entscheidende Frage lautet daher auf einen Nenner gebracht: Dienen unsere Regelungen den Kindern und gehen sie von ihren Bedürfnissen aus? Oder dienen die Kinder den Regeln und den Erfordernissen der wirtschaftlichen Arbeitswelt? Die Schule sollte schließlich die Gesellschaft prägen und nicht umgekehrt. Denn die „Bildung als Kunst des Lebens widerstreitet der warenproduzierenden Gesellschaft."[32]
- Bildung ist mehr als nur der Erfolg bei PISA-Studien und eine demokratisch-freiheitliche Haltung ebenso viel mehr als lediglich eine Sammlung von Benimmregeln.[33]
- Heute wird der Wert von Kindern in Sonntagsreden stets über den grünen Klee gelobt. Eine echte Loyalität gegenüber dem Gemeinwohl und gegenüber der Zukunft bedeutet vor allem auch die Loyalität gegenüber dem Kindeswohl. Eine Form falscher und unaufrichtiger Loyalität fordern gerne solche Bürokraten ein, die stets etwas um jeden Preis „Durchbringen" glauben zu müssen und sich letztlich nur in etwas verrannt haben.

9.7 Demokratieerziehung und politische Bildung

„Tatsächlich ist kein Ausstieg aus autoritären Verhältnissen ohne Ungehorsam denkbar."[34]

Demokratie braucht Bildung: Untertanen verlangt die Diktatur, die Demokratie erfordert demgegenüber mündige, aufgeklärte und freie Bürger: „Demokratische Strukturen in unserer Gesellschaft werden gestärkt, wenn Kinder bei jenen Entscheidungen, die für sie vorrangig von Relevanz sind, mitwirken, sie ihre Perspektive einbringen können und ihre Bedürfnisse ernst genommen werden. Nur so kann bei Heranwachsenden ein Gefühl von Verantwortung für das sie betreffende Lebensumfeld entstehen."[35] Blicken wir deshalb auf einige Beispiele, die uns heutzutage als demokratisch verkauft werden:

Der Wahlkampf um das Amt des US-Amerikanischen Präsidenten wird spätestens seit Mitte des zweiten Jahrzehnts dieses Jahrhunderts von immer mehr Lehrkräften an Gymnasien in zunehmend großem Stil aufgenommen und wie selbstverständlich im Unterricht behandelt: Ist dies wirklich zielführend und notwendig? Sollten wir Kinder nicht besser bilden statt zu konformen Medienkonsumenten zu schulen? Gibt es nicht genügend europäische Kultur, deren Vermittlung weitaus wichtiger und bedeutend sinnvoller wäre als die importierte Trump und Co-Show?

Kinder einer dritten Jahrgangsstufe halten Wahlkampfreden für ihre Bewerbung als Klassensprecher: schon ganz wie die Großen!

Im Kindergarten werden Fünfjährige Teil einer Kindergartenpartei, um auf diese Art Demokratie zu erlernen.[36]

Dass heute die Politik zum Showbusiness geworden ist, dürfte den meisten von uns längst aufgefallen sein: „Wenn Politik zur Show verkommt, spielen wir Lehrerinnen und Lehrer nicht mit. Inzwischen frage ich mich, ob in unserer medial geprägten Gesellschaft Sachpolitik überhaupt noch möglich ist."[37] Die Demokratieerziehung ist demgegenüber etwas diametral anderes als ein lediglich abkupfernder Medienkonsum: soziale Hilfe – auch dann, wenn man selbst nicht auf Hilfe hoffen kann – das wäre beispielsweise ein sinnvoller Ansatz für eine echte demokratische Erziehung! Hingegen die Hilfe nur im materialistischen Tauschverfahren als einen Geschäfts-Deal misszuverstehen – das ist kein gutes Beispiel für die Demokratie. Auch Jugendliche auf ihre passive Rolle als Vier-bis-Sechs-Jahres-Wähler vorzubereiten, hat eher wenig mit einem denkenden oder handelnden Demokratieverständnis gemein. Denn nur so, wie im Englischunterricht englisch gesprochen wird und ebenso im Musikunterricht gesungen und musiziert werden sollte, muss auch die Demokratie sozial praktiziert werden, damit demokratische Verhaltensweisen funktionell erlernt werden können. „Kinder, die eine Chance haben, eine altersgemäße psychische Entwicklung zu durchlaufen, werden auch die psychischen Fähigkeiten entwickeln, die für demokratisches Handeln und Denken notwendig sind. Dazu gehören Einfühlungsvermögen und Empathie, damit sie in der Lage sind, Mitmenschen und ihre Meinungen ernst zu nehmen und zu respektieren."[38]

Eine oberflächliche Bildung hingegen führt in Zusammenhang mit einem Mangel an demokratischer Erfahrung dazu, das für die Teilnahme am demokratischen Prozess erforderliche Entscheidungs- und vor allem Urteilsvermögen nicht hinreichend entwickeln zu können.[39]

Fridays for Future: Schüler „schwänzen" angeblich die Schule, um zu demonstrieren.

Diese bis zum Beginn der Corona-Pandemie das mediale Bild bestimmenden Demonstrationen waren zunächst vielen Etablierten ein Dorn im Auge. Doch plötzlich wurden viele dieser spontanen Kritiker von manchem lokalen Bürgermeister bis hin zum Staatsoberhaupt zu medial beflissenen „Respekt-Zollern" gegenüber den jungen Klima-Schützern – mit „Erfolg": Sie konnten dem Ganzen dabei eine realitätsferne Konnotation zukommen lassen. Durch diese (manchmal immerhin zähneknirschende) Anerkennung nahm man der ökologischen Bewegung den Wind aus ihren Segeln. Doch der Begriff und die Tätigkeit des Demonstrierens sind mehr als nur etymologisch mit der wahren Demokratie verwandt: „demonstrare", also etwas zu zeigen, öffentlich kundzutun und vorzuführen, – in diesem Fall den Wert der Demokratie – bedingt schließlich, dass auch jemand zusieht![40] Wenn zudem die ohnehin nur wenige Male stattfindenden Freitagsdemonstrationen für Klimaschutz bereits bewirkten, dass die ausfallenden Stunden nachgeholt werden mussten, dann geschah genau das, was politischer Protest nicht beabsichtigen sollte: sich lediglich innerhalb „demokratischer Geschäftszeiten" zu artikulieren. Wer dabei heute die Demokratie vorwiegend als Konsum versteht, der wird folglich auch auf seine „Ladenschlusszeiten" pochen. Wer nun ein solches echtes und bürgernahes politisches Engagement bestraft, macht dies unter dem angeblichen Deckmantel der Pflichterfüllung – allerdings nicht der demokratischen!

Weiter wird es auch gerne als Demokratieerziehung verkauft, wenn in Schulen sogenannte Streitschlichter eingerichtet werden. Zuallererst ist dazu festzuhalten, dass dies eine Idee ist, die – wie der Name bereits verdeutlicht – erst dann greifen kann und soll, wenn das Kind längst in den Brunnen gefallen ist: Streitschlichter werden deshalb eingerichtet, weil es mancherorts häufig Streit gibt; die notwendige präventive Erziehung hat also schon einmal nicht stattgefunden. Nun soll diese Idee als (zu) späte Abwehr des Unerwünschten ein hierarchisches System im jeweiligen konkreten Fall ergänzen bzw. ausgleichen? Ein Zwölfjähriger ist jedoch keineswegs in der Lage, einen Zehnjährigen intentional zu erziehen – er kann dies allein funktional: indem er ihm gute Erziehungswerte, wie etwa die ruhige Besonnenheit, eine vernunftbetonte Überlegtheit und ebenso den aufrichtigen Widerstand gegen jegliche Ungerechtigkeit vorlebt. Sollte nun aber ein etwas Älterer eine – wie auch immer geartete – soziale Instanz und damit Autorität verkörpern, dann ist dies im Grunde nichts anderes als eine Renaissance der Capo-Mentalität.[41] Es kann deshalb nur eine sinnvolle Form von Streitschlichtern geben – nämlich diejenigen, welche unnötig sind, weil es keinen derartigen Streit gibt; denn der Ruf nach Streitschlichtern ist nichts anderes als der Ruf nach einer ordnenden Autorität – ohne die wahren Ursachen tiefer zu analysieren.

„Der Druck, der nicht zuletzt auch in den deutschsprachigen Ländern schon in der Grundschule ausgeübt wird, ist enorm."[42]

9. Lösungen für eine neue kindgerechte Bildung

> *In Deutschland wird bekanntlich alles mit besonderer Gründlichkeit gemacht und dementsprechend auch so manches Mal übertrieben: Wenn man Kitas für Vierjährige plant, kann davon ausgegangen werden, dass wenige Zeit später drei Jahre alte Kinder und bald auch die Zweijährigen dort hingebracht werden – und so ist es tatsächlich auch gekommen!*

9.8 Wechselseitig gefühlter Liebesraub

„Die eigenen Leiden sind nicht so grausam wie die unserer Nächsten."[43]

Im Zusammenhang mit einer angestrebten Verbesserung der Lebenssituation von Kindern ist es heutzutage erforderlich, ein spezielles Thema anzusprechen: namentlich ihre (zu) frühe institutionalisierte Betreuung; denn bei einer verfrühten Betreuung handelt es sich um eine wahrliche Lose-lose-Situation, welche bereits vor der Schulzeit beginnt: Nicht nur Kinder erfahren, wenn sie zu früh und zu lang in Krippen und Kindertagesstätten geschickt werden, einen Entzug und Mangel an Liebe – auch ihre Mütter leiden unter der Weggabe ihrer Kinder; ihnen wird das symbiotische Mutter-Kind-Liebesverhältnis verwehrt, was ebenso die Mütter gefühlsärmer und kälter werden lässt. Schließlich stimuliert besonders das intensive Nähebedürfnis von Säuglingen ihre Mütter zu entsprechenden Reaktionen. Wenn einem Kind in emotional belastenden Situationen nicht geholfen und es nicht von der Mutter getröstet wird, „dann lernt es, sich selbst zu regulieren, indem es seine Emotionen abstellt"[44] und zu einem gefühlskalten und empathielosen Menschen wird. Die Entwicklung der rechten Gehirnhälfte, welche die ersten drei Entwicklungsjahre dominiert, wird dabei eingeschränkt bzw. in größeren Anteilen unterbunden. Diese Kinder leiden dann zusätzlich darunter, dass sie wenig emotional-affektiven Zugang zu ihren Mitschülern und keine echten Freunde finden.

Fehlt nun die Mutter regelmäßig, dann kommt es allerdings zu einer Verhaltensweise der Mutter, die in ihrer Gesamtheit persistierend wirkt: Denn da die Mutter selbst leidet, dieses Leiden aber nicht ändern kann, muss sie das Heil des ohnmächtigen Ertragens in der Verdrängung suchen; begleitend dazu werden Rationalisierungen angewendet: „Das könnten Kinder schon; so etwas mache ihnen doch gar nichts aus; sie wären heutzutage schon viel reifer; für manche mag manches vielleicht zu früh kommen, aber mein Kind schafft das schon!"

Wenn Kinder schon mit ein paar Monaten in die Krippe „gehen" müssen und dort ihr erstes Wort sagen, vielleicht „Mama" – und diese ist dann nicht einmal dabei: Ist das eine kindgerechte Erziehung, eine familienfreundliche Bildungspolitik?

Wir müssen endlich damit aufhören, Kinder mit Erwachsenenaugen zu betrachten – wobei wir ohnehin viel zu oft unsere eigene Ohnmacht auf Kinder projizieren. Das, was wir von Kindern manchmal verlangen, kann der durchschnittliche Erwachsene oft selbst gar nicht gut ertragen: Unangenehmes wird von ihm abgespalten und verlagert.

Begeben wir uns deshalb noch einmal in die Seele des Kindes am ersten Besuchstag in einer Kita oder vor allem in einer Krippe: Das Kind denkt dort beim ersten Eintritt, es würde seine Mutter niemals mehr wiedersehen. Die Nähe zur Mutter wird ganz plötzlich gekappt und dies in einer völlig fremden Umgebung: Dort riecht es anders, die Lichtverhältnisse sind ungewohnt und die Geräusche völlig fremd. Woher soll ein Kind wissen, dass es sich „nur" um vier, sechs oder acht Stunden befristeten Aufenthalt handelt – was ohnehin aus der Perspektive eines ein- oder zweijährigen Kindes einer Ewigkeit gleichkommt. Falls nun das Gegenargument aufkommen sollte, es wären doch auch andere Kinder in Hort: Ja, das trifft zu! Und trotzdem wäre es um Lichtjahre besser, würden diese anderen Kinder zu Hause im gewohnten Umfeld, in der Nachbarschaft miteinander ungerichtet und naturbezogen spielen: nicht auszudenken, wie schön dies für die betreffenden Kinder wäre![45]

Für kleinere Kinder bedeutet das Eintreten in frühe Betreuungseinrichtungen, wie Krippe oder Kita, in der Tat einen besonderen Stress. Als Abmilderung der geschilderten traumatischen Kastrationserfahrungen sollte deshalb die Mutter wenigstens an den ersten Tagen bei ihrem Kind im Hort bleiben – was sich inzwischen immerhin eingebürgert hat. Keinesfalls darf die Mutter das Kind dort nur abholen und gleich wieder weiterfahren. Sie sollte besser mit dem Kind noch dort verweilen und sich regelmäßig etwas zeigen lassen; denn alles andere unterstützt und beweist nur die kindliche Sichtweise, dass es sich beim Verbringen und Aufenthalt in der Kindertagesstätte um eine Art Strafe handeln müsse – schließlich hält sich dort die Mutter ebenfalls nicht auf.

Mütter entwickeln als Kompensation gegenüber der Ohnmachtssituation aufgrund der wirtschaftlich notwendigen Trennung von ihren Kindern sogar gewisse Gefühle von Selbsthass. Da sie aber auf Dauer mit diesem nicht psychisch gesund leben können, bedürfen diese Mütter einer Projektionsfläche Schwächerer, um darauf einen Teil dieses das Selbst bedrohenden Gefühls ableiten zu können. Von der Gesellschaft wird ihnen diese Projektionsfläche in Form der Kinder sogleich angeboten. Die Kinder werden also nicht nur in ihren Ansprüchen übergangen, sondern zusätzlich durch eine Rolle als schwächstes Mitglied der Gesellschaft direkt geschädigt – und dies von denjenigen, die von ihrer natürlichen Bestimmung her eigentlich ihre Retter sein sollten.

Wenn Arbeit zuerst kommt und einen höheren Stellenwert genießt als das Wohl von Kindern, dann bedeutet dies nichts anderes, als dass uns die Gegenwart wichtiger als die Zukunft ist: Erst kommt die Arbeit und dann die Moral? Eine volkswirtschaftliche Wertschöpfung findet bei den „Betreust-du-mich, betreu-ich-dich"-Spielchen ohnehin nicht statt – es handelt sich lediglich um „leere" Arbeitsplätze. So gilt, was den gesellschaftlichen Ertrag angeht, oft sogar das Gegenteil: Da viele Kinder bereits mit traumatischen Spätfolgen einer verfrühten Krippenbesuchszeit zu leben haben, muss auch eine Internalisierung dieser zunächst extern erscheinenden Kosten in die langfristige volkswirtschaftliche Bilanz mit eingerechnet werden: mangelhafte Sozialkompetenz und psychische Erkrankungen oder Burn-out-Fälle – die gesamte Palette der Spätfolgen des moralischen Missbrauchs in der postmodernen und mutterdeprivierten Kindesentwicklung wird sich unweigerlich negativ auf die soziale und finanzielle Seite der Zukunftsgesellschaft niederschlagen. Die frühkindliche psychogene Amnesie (das allgemeine Vergessen konsistenter Erinnerungen an die ersten Lebensjahre) verdeckt zwar die in der Hilflosigkeit des Kleinkindes erlittenen Traumata, doch diese leben im Unterbewusstsein weiter.[46]

> *„Je weniger die Erfahrungsbilder in der Kindheit, aber auch jene im Erwachsenenalter, dazu beitragen, dass wir uns angenommen, gewünscht, wertgeschätzt, gesucht, bestätigt, ermuntert fühlen – etwa, weil die Umwelt uns nur lästig findet oder in ihren eigennützigen oder überzogenen Erwartungen nur enttäuscht von uns ist –, desto fragiler sind oder werden die verinnerlichten Erfahrungsbilder und desto abhängiger sind und werden wir von aktuellen Erfahrungen des Lobs und der Anerkennung."*[47]

Auch Kinder, welche andere verspotten – eigentlich treffender ausgedrückt: verspotten müssen, da sie dieses von der Gesellschaft angebotene Kompensationsschema für sich als geeignet ausgewählt haben –, offenbaren damit nichts anderes als ihre eigene schwache Position. Ihr Selbsthass wird auf andere projiziert. Schließlich muss jeder Selbsthass abgeleitet werden: als Sadismus, Trotz, Destruktivität oder regressiver Durchbruch. Der „beste" Selbsthass aber ist jedoch immer noch derjenige, welcher erst gar nicht entsteht! Dazu aber bedarf es eigentlich „nur" der mütterlichen Zuneigung und besonders viel Liebe.

Um die Krux und das damit verbundene Drama des Verlassenwerdens noch einmal aus Kindersicht zu verdeutlichen: Kaum können Kinder laufen, werden sie von ihren Müttern zumindest halbtagsweise weggeben. Unterbrechungen der Mutter-Kind-Beziehung gelten aber als die größte Gefährdung seelischer Gesundheit; zu den schlimmen Folgen mangelnder bzw. gestörter Bindungssicherheit zählen vielfältige Entwicklungsretardierungen, Depressionen sowie destruktive Tendenzen.[48] Aus Kindersicht macht es schließlich einen sehr großen Unterschied, ob nun ein Kind mit dreieinhalb oder vier Jahren erstmals einen Kindergarten besucht oder dieselbe Entscheidung zwischen einem und eineinhalb Jahren Lebensalter getroffen wird: aus Erwachsenensicht ist es jeweils nur ein (halbes) Jahr – für Kinder in der frühen Lebensentwicklung bedeutet dieser Unterschied jedoch eine Ewigkeit![49]

9.9 Die Überforderung der Kinderseele

Wenn Ihnen einmal Klassenfotos von früher – ganz früher, sagen wir einmal von vor etwa einhundert Jahren, in die Hände kommen, nehmen Sie sich doch einmal etwas Zeit und betrachten sie diese genauer. Welchen Gesichtsausdruck tragen die Kinder dort zur Schau? Welche Miene macht die Lehrerin? Lacht hier jemand? Erkennt man Angst? Ich finde, dass man regelrecht erschrickt über den Ausdruck in den meisten Kindergesichtern, was gewiss nicht allein an einer immer wieder angeführten Angst vor dem technischen Fotoapparat liegen kann.

Eine gängige Hierarchie menschlicher Bedürfnisse zeigt auf der untersten Ebene die physiologischen Bedürfnisse; diese sind eng mit der zweiten Stufe, derjenigen der Sicherheit, verbunden. Soziale Zugehörigkeit und Liebe folgen auf der nächsthöheren Ebene, welche wiederum mit der vierten – dem Bedürfnis nach sozialer Anerkennung – eng verzahnt ist; die höchste Ebene stellt schließlich die Selbstverwirklichung dar.[50] Diese zur Zeit ihrer Veröffentlichung, vor wenigen Jahrzehnten, recht einflussreiche Darstellung der menschlichen Bedürfnisse kann heute, mehr als ein halbes Jahrhundert später, in einem Punkt als überholt angesehen werden; denn das Bedürfnis nach Liebe steht, wie wir inzwischen wissen, an allererster Stelle. Jeder Mensch sollte einen Wert haben und diesen von Anbeginn seiner Existenz an auch erfahren: dass er einzigartig ist und die Welt ihn braucht.

„Nur eines beglückt zu jeder Frist:
Schaffen, wofür man geschaffen ist."[51]
„Der Weg zu dir führt über das Ganze!"[52]

9. Lösungen für eine neue kindgerechte Bildung

Wenn man einen jungen Menschen zu lange Zeit immer nur an der Hand führt und schließlich einmal doch loslassen muss, so kann dieser dann nicht alleine gehen, nur weil er an der Hand vielleicht etwas älter geworden ist. Die Hand muss allmählich loslassen.

„Es sei jeder vollendet in sich."[53]

Leider ist es heute dennoch so, dass Kindern im Elternhaus und auch in der Schule sowie später im Berufsleben schon aus quantitativen Gründen immer wieder unweigerlich das Gefühl gegeben wird, dass die Welt nicht auch noch auf sie gewartet hätte und jederzeit ein anderer ihren jeweiligen Platz einnehmen könne. Die Folgen einer solchen Überforderung der kindlichen Psyche zeigen sich allerdings so fatal wie irreparabel: Wer sich als Kind nicht geborgen, verstanden und angenommen fühlt, bleibt mit seinen – besonders den negativen – Emotionen allein, was als kaum aushaltbar erlebt wird. Wenn man schließlich den ganzen langen Tag nur das sein darf, was andere von einem erwarten, dann kann dabei kein besonders großes Selbst(wert)gefühl aufgebaut werden. Bei vielen folgt die Bewältigung einer solchen Traumatisierung schließlich im späteren Erwachsenenleben, welche sich dann beispielsweise als Narzissmus äußert. Dies kann ebenso ein Perfektionismus sein, welcher in der Angst vor einem möglichen Kontrollverlust seine Artikulation findet und sich sogar auf die eigenen Emotionen beziehen kann. Die frühkindliche Traumatisierung kann sich aber auch in einem späteren Sadismus bzw. im „harmlosesten" Fall als eine depressive Disposition offenbaren: Die Ursache für eine oftmals lebenslange seelische Verwundbarkeit wird also schon sehr früh verursacht. Diese seelisch „verbrannten" Menschen werden später aber in vielen Fällen „ihrer" Gesellschaft einmal indirekt zurückgeben, was ihnen angetan wurde – indem sie als sozial unbrauchbare Individuen den längsten Teil ihres Lebens ihr Trauma immer wieder von Neuem als gelerntes Verhaltensmuster ausleben müssen. Insbesondere dann, wenn sie einmal Führungspositionen einnehmen sollten. Unsere Gesellschaft benötigt demgegenüber jedoch vor allem reife und gesunde Menschen – und das betrifft zukünftig die psychische Seite des Gesundheitsspektrums weitaus mehr als wir uns dies derzeit noch vorstellen wollen.

In Kindertagesstätten und vor allem in Krippen werden Kinder angesichts einer viel zu frühen gewaltsamen Trennung von der Mutter in ihrer Entwicklung massiv gefährdet: Sie weisen dort in den ersten Wochen und Monaten deutlich höhere Cortisolwerte auf, was – wie alle stressinduzierten Lebensphasen – die Gehirnentwicklung nachhaltig schädigt. Es wurde nachgewiesen, dass Stresshormone bei Waisenkindern vor allem die

Langzeitfunktion des Gehirns nachhaltig schädigen. Besonders die rechte Gehirnhälfte ist von einer frühen emotionalen Deprivation betroffen, weil diese bis zum 26. Lebensmonat vorrangig wächst und bis zum Ende des dritten Lebensjahres bei der Hirnentwicklung die Hauptrolle spielt. Die Folgen zu früh in Krippen verbrachter Kinder sind dann empathiearme, gefühlstaube und unemotional-psychopathische Menschen. Wer als Kind seine Gefühle nicht (von der Mutter) widergespiegelt erfährt, muss diese zwangsläufig als Reaktion unterdrücken und wird dabei zunehmend gefühlskalt.

9.10 Für die Kleinen nur das Beste?

Hat eine Lehrkraft heute Visionen (für eine bessere Schule) und äußert diese öffentlich, muss sie deshalb zwar nicht gleich zum Amtsarzt, aber unter Umständen doch zur Rechtfertigung zum Amt und manchmal sogar zum Anwalt für Arbeitsrecht. Die wahre Demokratie aber lebt von der Diskussion!

Von Seiten der Allgemeinheit gibt es für die Anliegen von Kindern, vertreten durch ihre Lehrkräfte, heute kaum mehr nennenswerte Unterstützung – eher im Gegenteil: Das Image von Lehrerkräften ist gegenwärtig kein Positives, selbst wenn die Meinungsumfragen aus einer bestimmten politischen Richtung immer wieder versuchen, das Gegenteil davon zu behaupten. Die Bevölkerung hat generell wenig Verständnis dafür, wenn Lehrkräfte von Überlastung sprechen – die Mär vom Halbtagsjob steht dem bereits diametral entgegen: Lehrkräfte haben dem Volksmund entsprechend (zu) viel frei! Frei sind ihre Gedanken in der Freizeit aber nur selten: Wenn sie sich nicht gerade von ihren eigenen Kindern ablenken lassen – was die in der Schule auftretenden gesellschaftlichen Probleme keineswegs löst, sondern nach der Verdrängung beim Wiederauftreten in der Empfindung des Unbewältigten sogar noch verschlimmern kann; dann holen die Probleme des Schulalltags Lehrkräfte auch zu Hause immer wieder ein. Denn ein denkender, fühlender und zur Vernunft hin orientierter Mensch kann die heutigen Nöte der Kinder nicht täglich mit ansehen und dann wieder die Schultüre hinter sich schließen, um entsprechend ignorant zur eigenen Tagesordnung überzugehen. Ganz konkret: Wenn man als Erzieher und Lehrer miterlebt, wie ein Kind von der Klassengemeinschaft ausgeschlossen wird oder an den elterlichen Erwartungen im Hinblick auf bestimmte Notenstufen verzweifelt, dann ist das nicht minder schrecklich als wenn jemand zufällig auf einer Autobahnraststätte

9. Lösungen für eine neue kindgerechte Bildung

durch die Schlitze der Abdeckung der Ladefläche in die traurigen Augen gequälter Nutztiere auf dem endlos langen Weg zum Schlachthof blickt und genau weiß, welches unbarmherzige Schicksal diesen Kreaturen in der nächsten qualvollen Zeit noch bevorsteht. Natürlich werden Kinder heute nicht im direkten Sinne zur „Schlachtbank" geführt, aber gegängelt und gequält werden sie dennoch tagtäglich. Auf meinem Schulweg als Lehrer sehe ich z.B. regelmäßig Kinder mit verheulten Augen, die große Angst vor der Schule haben. Ihre Eltern trösten sie dann bloß und wagen sich auf Grund einer Schambesetztheit gar nicht, mit anderen darüber zu sprechen, weil es den Eindruck erwecken könnte, ihr Kinder wäre (zu) sensibel – was es sicherlich ist; und dabei allerdings den gesunden Normalfall darstellt!

„Wer oben steht, mag keine Weisheit hören."[54]

Warum entscheiden in der Postmoderne eigentlich nicht Pädagogen über die Pädagogik? Weshalb entscheiden nicht Ärzte über das Gesundheitswesen, sondern Politiker, die nicht für diesen Beruf ausgebildet sind? Wem kann man bei der Verbesserung der Lebenswelt für Kinder denn tatsächlich noch vertrauen? Denjenigen, welche – als es neu war – das phonetische Schreiben in den Himmel gelobt hatten und es wenig später, als dieses aus der Mode gekommen war – den neueren pädagogischen Trends folgend – wieder verteufelten? Denjenigen, welche Kindern nicht die erforderliche Entwicklungszeit geben, sondern alles daran setzen, diese möglichst schnell in die Arbeitswelt der Erwachsenen einzugliedern? Denjenigen, die von einer „Fehlerkultur" zu schwadronieren beginnen, wenn ihr eigenes Konzept gegen die Wand gefahren ist? Denjenigen, die als an der Spitze stehende Bildungspolitiker ihre eigenen Kinder nicht in die Regelschulen schicken, für welche sie beruflich verantwortlich sind, sondern in alternative Schulsysteme? Denjenigen, die (so manches Mal durchaus unbewusst) Kinder als Versuchskaninchen benutzen, anstatt prospektives Denken einzusetzen? Denjenigen, welche Sofas und Kuscheltiere aus Klassenzimmern verbannen wollen und damit ihre eigene Nekrophilie auf biophile Kinderwelten übertragen?[55]

De facto gab es lange Zeit ein Faschingsverbot in Schulen – entsprechend dem Argument, es solle dort schließlich gelernt und nicht gefeiert werden; was sich tatsächlich jedoch keineswegs ausschließt, sondern sich sogar gegenseitig begünstigt. Doch es hieß nur: „Ein ganzer Tag ginge dafür drauf": ein Tag, auf den sich die Kinder freuen, wo auch einmal frei gelacht werden darf; ein Tag, an welchen sich Kinder am ehesten später einmal erinnern werden und auch ein Tag, an welchem sich das jüngst Erlernte in einer kurzen Kompensationspause gedanklich setzen kann.

Wie man es nun auch drehen und wenden mag: Es fehlt uns inzwischen eindeutig an Einfühlungsvermögen in die Kinder. Von wegen „Für die Kleinen nur das Beste!" – tatsächlich gilt viel zu oft: „Für die Kleinen nur das Billigste!" Führen wir diesen Gedanken an dieser Stelle einmal gänzlich zu Ende: Wenn es heute also nur noch darum geht, dass Kinder ordentlich sitzen, möglichst keine größeren Probleme machen und uns nicht zur Last fallen sollen, warum haben wir dann eigentlich Kinder? Wenn wir heute keine geeigneten und fördernden Lebensräume mehr für sie zur Verfügung stellen und kein Interesse an ihrem Leben zeigen, lieben wir Kinder dann wirklich?

9.11 Einmal für immer

„Nach fünfzig Vormerkungen erhält er zur besonderen Anerkennung ein goldenes Kreuz, das er sonntags an einem blauen Band auf der Brust tragen darf. Jeder Ordensträger wird wie ein Erwachsener behandelt, da er durch sein Betragen seine Mündigkeit bewiesen hat. Ungezogene und faule Knaben aber erhalten ebenfalls einen Orden, den sie auch auf der Brust tragen müssen, nämlich eine Bleimedaille mit einem Dreschflegel darauf, den sogenannten Flegelorden."[56]

Manche Menschen geben später als Erwachsene den von ihnen besuchten Schulen die Schuld, wenn sie es in ihrem Lebenslauf nicht zum erhofften Erfolg gebracht haben: Diese Kritik bezieht sich auf die Bildung, betrifft aber vielmehr das Selbstwerterleben. Die geäußerte Kritik mag sich auf die Notengebung beziehen, meint unbewusst aber auch die (oftmals damit verbundene) soziale Abstufung im Klassenverband. Tatsächlich wiegen auch Demütigungen seitens Erwachsener ebenso wie ein sozialer Außenseiterstatus gegenüber den Kameraden in der Schulklasse schwer: „Es ist schlimm, wenn man immer wieder gehänselt oder gedemütigt wird. Genauso verletzend aber kann es sein, wenn man einfach übersehen wird, wenn keiner einen wahrnimmt."[57]

Ein selbsterlebtes Beispiel aus dem Jahr 1980 – Folgendes hatte sich damals zugetragen: Ein Drittklässler wird von einer neuen Lehrerin ermahnt, die als Vertretung fungiert. Die vertretende Lehrkraft will von ihm wissen, wie er denn hieße. Sein „Bartgemurmel", wie es die Lehrkraft nennt, versteht sie nicht. Sein Banknachbar antwortet daher stellvertretend für ihn mit: „Niedermayer" Da erschrickt die Lehrkraft und fragt nun viel vorsichtiger

> *und mit fast ehrfurchtsvoller Stimme: "Bist du etwa der Auto-Niedermayer vom Geschäft?"*
> *Die plötzliche Sensibilität gegenüber dem Kind ändert sich schnell wieder als der Junge den Kopf schüttelt und die Lehrkraft so erleichtert wie triumphierend antwortet: "Dann bist du eben der dumme Niedermayer!"*

Spott macht zum Außenseiter – und wer sich einmal als Außenseiter fühlt, benimmt sich bald auch dementsprechend; dadurch wiederum wachsen das Vorurteil gegen ihn und die feindselige Missachtung. Gerechtigkeit ist – wie man eben im erwähnten Beispiel deutlich erkennen kann – also nicht jedermanns Sache: Das gilt für Lehrkräfte ebenso, wie für alle anderen Berufsgruppen. Nicht ganz ohne Grund werden Schulkinder schließlich nicht ein Schulleben lang von ein- und derselben Lehrkraft betreut und beurteilt: sondern es wird turnusmäßig durchgewechselt.

Wer nun aber beispielsweise andere bevorzugt, handelt dabei – bewusst oder unbewusst – nicht besser als jemand, der andere benachteiligt. Die Empörung ist allerdings bei letzterem Verhalten weitaus größer, denn die Diskriminierung wird zumeist mit der Benachteiligung gleichgesetzt. Tatsächlich aber ist auch die Bevorzugung weniger Menschen gleichzusetzen mit einer Benachteiligung vieler Gesellschaftsmitglieder. Es handelt sich hierbei in vielen Fällen lediglich um einen quantitativen Unterschied: Wer drei von 25 Menschen benachteiligt, benachteiligt drei – eine „Milchgender"-Rechnung; wer aber von 25 drei bevorzugt, benachteiligt 22!

> *„Jeden Tag verlieh er den Esel. Und merkwürdig, diese Strafe, die sich doch keineswegs mit Rutenschlägen vergleichen ließ, schmerzte die Jungen ungleich stärker als die heftigsten Prügel."[58]*

Ich denke, dass an dieser Stelle nach aufmerksamer Lektüre das „merkwürdig" im vorstehenden Zitat vom Leser selbst in Frage gestellt wird und eher mit einem „Wie sollte es auch anders ein?" gekontert werden kann: Immerhin habe ich damit schon ein paar Menschen auf die Seite der Kinder gebracht! Doch wie viele Leser werden es einmal sein, die sich von einem Buch wie diesem anregen lassen und schließlich auch noch unterstützend oder gar systemverbessernd tätig werden? Wer kann ansonsten den Kindern heute noch entscheidend helfen, um ihre Schul- und Lebenssituation wieder etwas besser zu machen?

Strukturell dazu in der Lage wären viele – im Prinzip könnte ihnen sogar jeder helfen. Nur lassen sich persönliche Vorteile und Kinderinteressen nicht immer in eine harmonisierende Deckungsgleichheit bringen – sie stehen sich sehr oft sogar diametral gegenüber. So dürfen wir bei einer öffentlichen Veranstaltung aus dem Munde eines hohen Schulverantwortlichen hören: „Wir können die Windrichtung nicht ändern – aber wir können unsere Segel richtig setzen!" Sein Fähnchen immer nach dem Wind drehen – egal woher er auch wehen mag? Und dies angesichts der deutschen Geschichte des 20. Jahrhunderts? Sollten wir uns nicht eher um die Richtung kümmern, anstatt auf der gerade angesagten Woge zu reiten?[59]

Wir haben heute unsere Durchschnittlichkeit in der Bildung genauso akzeptiert, wie wir den Terror als Teil unseres Lebensstils gesellschaftlich hinzunehmen gelernt haben. Die Akzeptanz des uns Menschen innerlich Widerstrebenden ist dabei das eigentlich Fatale für unsere Zukunftsaussichten. Im Idealfall sollte man als gereifter Erwachsener seine Identität, sein Werk und Wirken, wie z.B. die humanistische Bildung, verteidigen und nicht einfach bequem sein Fähnchen nach dem kurzfristig wehenden Wind drehen.[60] Doch die Bildung im postmodernen Deutschland steht heute mehr denn jemals zuvor im Zeichen der Adaption von Prinzipien des Wirtschaftsliberalismus mit einer vom Kinderleben wie vom Menschlichen entfremdeten Bildung, die sich statt am Menschen am Marketing-Charakter orientiert.

9.12 Ganzheitliche Bildung

„Und dass es schließlich in einer Zeit, da nur wenige tüchtige Männer aus freien Stücken den Lehrberuf wählten, immer wieder zu Ausschreitungen kam und die Kinder manchmal mehr Prügel als Wissen bezogen, ist durchaus verständlich."[61]

Ein weiteres ganz wesentliches Element zur Verbesserung der gegenwärtigen Situation von Kindern liegt im Verständnis der Ganzheitlichkeit als einem Lern- und Lebensprinzip; das heißt konkret: den stiefmütterlich behandelten Wertinhalten – wie etwa der musischen Erziehung, dem künstlerischen Unterricht und dem darstellenden Bereich – viel mehr Raum zu geben und diese nicht im Schulstundenverständnis mit einer oder zwei an den Rand platzierten Wochenstunden als Gegenpol zum Kognitiven abzuleisten. Wie aber soll nun die Schule aus Sicht unserer Kinder in der Gesamtheit sein? Das ist und bleibt die alles entscheidende Frage:
- Die Schule sollte überfachlich mit Kennenlern-Wochen beginnen; auch im weiteren Schulverlauf könnten Themenwochen immer wieder das ganzheitliche Lernen fördern – durchaus im Sinne des epochalen Unterrichts; so, wie es derzeit nur bei Sonderthemen, wie etwa dem Verkehrsunterricht bzw. der Radfahrausbildung gängig ist; dabei soll-

ten diese allerdings weit über den Lehrgangscharakter hinausreichen. Auch ist an einen zweiten Einschulungszeitpunkt zum Halbjahr im Sinne einer offeneren Eingangsstufe zu denken, um der tatsächlichen Entwicklung des jeweiligen Kindes gerechter zu werden. Dass nicht nur dafür mehr Lehrkräfte im Team-Teaching benötigt werden und für erste und zweite Klassen als Eingangsstufe eine niedrigere Höchstkinderzahl von beispielsweise 20 Kindern gelten sollte, versteht sich eigentlich von selbst!
– Zudem sind alle Unterrichtsformen variativ einzusetzen, um sämtliche Menschentypen in der Klasse anzusprechen; es sollte mehr Vernetzung, mehr Situativität und auch mehr natürliches Chaos geben. Wir müssen weg vom „Erstens, zweitens, drittens" – weil weder das Leben noch unsere Gehirne so funktionieren.
– Ebenso sind als Basis für den Unterricht eigene Schülergedanken aufzunehmen – bevor sich diese als Fehler (etwa in Schriftform) manifestieren. Dabei sollten Fehler – im Gegensatz zu in der Vergangenheit als alternativlos propagierten Fehlerkonzepten – nicht bewusst als „Lernchance" provoziert werden: Denn man lernt sonst nicht vorrangig aus Fehlern, sondern man lernt dabei auch die Fehler. Schon Herrman Hesse schrieb: „Du sollst dich nicht nach einer vollkommenen Lehre sehnen, sondern nach Vervollkommnung deiner selbst", denn die „Aufgabe ist es nicht, anderen das objektiv Beste zu geben, sondern das Meine so rein und aufrichtig wie möglich."[62]
– „Es stimmt, dass wir einen höheren Standard der Ausbildung haben als andere Völker je irgendwo in der Welt hatten. Dennoch trägt unser System höherer Ausbildung relativ wenig dazu bei, kritisches Denken zu stimulieren und auf die Charakterbildung einzuwirken."[63] Diesem Aspekt des eigenständigen kritischen Denkens müssen unsere Ausbildungsstätten (noch viel mehr) Rechnung tragen, um damit wieder zu echten Bildungsstätten zu werden!
– Was an der Basis erforderlich ist, muss der Ausgangspunkt der Schulpolitik sein – das kann nur die Hauptstoßrichtung für Innovationen, Abhilfen und Notwendigkeiten sein; diese muss im demokratischen Sinne von unten nach oben geschehen!
– „Fordern und fördern": so heißt es mittlerweile – allerdings in falscher Priorisierung, denn erst etwas nicht zu können und dann wiederum nachzuhelfen – anstatt erst etwas beizubringen und anschließend darauf aufzubauen? Ist das wirklich der zielführende Weg? Sollten wir nicht sinnvollerweise erst die Kinder fördern und dann erst etwas von ihnen einfordern? Selbiges gilt für das Begriffspaar „Unterrichten

und Erziehen", welches hinsichtlich seiner Bedeutung mittlerweile vertauscht wurde. Immer zuerst erziehen, dann unterrichten: in dieser Reihenfolge sollte die Prioritätensetzung erfolgen!
- Keinesfalls darf es zu einem Bewerten der Bewertung kommen: Noten brauchen nicht noch auch noch zusätzlich kommentiert und reaktiv beurteilt, belohnt oder gar bestraft werden. Sie sprechen bereits für sich. Wer dabei glaubt, dies doch nur bei guten Noten im Sinne einer (falsch verstandenen positiven Bewertung) zu tun, induziert dennoch beim Schüler zugleich ein verstärktes Bewusstsein für die Relevanz von Noten im Allgemeinen.
- Was das Personal betrifft, gilt ein fundamentaler Grundsatz: Ganzheitlich sollte sich auch die Lehrkraft präsentieren. Kinder müssen erkennen, dass ihre Idole an der Tafel nicht unfehlbar sind und dass diese tatsächlich gar keine Idole sind, sondern „nur" anleitende Menschen und keine genormten und perfekten Funktionsmenschen bzw. Autoritäten, welche sie tagtäglich im Unterricht vor sich haben. Wir müssen wieder lernen, wegzukommen von der sterilen Hochglanzfassade und hin zur Wahrheit des menschlichen Wesens! Wir sollten vor allem nicht das Wissen lernen, sondern ganz besonders das Denken – denn der Weg zur Menschlichkeit führt nur über unsere Kinder.
- Wir sollten uns dementsprechend auch in den Schulen zurück zur Natur als Lehrmeister bewegen und wegkommen von einer Arbeitsblattschule: den Kopierwahn in vernünftige Bahnen lenken; Schluss machen mit der Tablet-Mania sowie den überzogenen Digitalisierungswahn deutscher Gründlichkeit stoppen, welcher ohnehin nur vorrangig in der Angst, als von gestern zu gelten, sein Hauptmotiv findet. „Wer sein gefühltes Alter an der Fähigkeit bemisst, immer die neuesten Geräte noch verstehen und bedienen zu können, ist arm dran."[64]
- Verantwortung kann Kindern nur schrittweise und sehr langsam übertragen werden. Wir tun ihnen nichts Gutes an, wenn wir ihnen zu früh und zu viel an vermeintlicher Eigenständigkeit aufbürden. Sie müssen sich täglich dessen versichern, dass alles noch so ist wie zuvor und das Gefühl erfahren, dass sie sich auch auf die (neue) Welt verlassen können.
- „Die Beziehung zwischen Erwachsenen und Kindern kann nur dann funktionieren, wenn jeder Part in seiner natürlichen Position ist. Sobald sich diese Positionen verschieben, kommt es zu Beziehungsstörungen."[65] Wenn Erwachsene Kinder zur Kompensation benötigen, dann geht dies stets zu Lasten der Psyche ihrer Kinder; denn letztendlich machen immer nur zufriedene Erwachsene auch glückliche Kinder.

9. Lösungen für eine neue kindgerechte Bildung

- Schule ist nicht nur vordergründig für die kognitive Entwicklung bestimmt, sondern sollte stets im Benehmen mit der jeweiligen elterlichen Erziehungsausrichtung zur Gesamtentwicklung beitragen – ganz besonders im sozialen Bereich.
- Wenn Kinder – besonders, was eine verzögerte Entwicklung betrifft – sehr anstrengend werden, empfiehlt es sich, nicht jeder Nachfrage sofort immer stattzugeben, da sonst das Heft des Handelns die Seiten wechseln kann. Ein Reagieren mit Verzögerung kann dabei hilfreich sein. Grundsätzlich gilt: Wer selbst keine Ruhe ausstrahlt, wird auch die Kinder nicht beruhigen.
- Das Leben, Erziehen und Lernen müssen wir wieder in vernunftgeleitete Bahnen lenken und dabei so realistisch wie möglich werden; einfach nur mitmachen, weil es alle so tun – das ist alles andere als fortschrittlich und vor allem noch weniger demokratisch! Wir aber sehen zukünftige Erfordernisse nicht, weil uns die Gegenwart schon über die Maßen fordert: Das ist einer der wesentlichen Gründe, weshalb es im wirtschaftlich „optimierten" sozialen Bereich – zu welchem neben der Bildung auch die Medizin und die Pflege zählen – derart steil abwärts geht. Daher müssen alle, „die mit Kindern und Jugendlichen zu tun haben, über grundlegende Fehler im System sprechen"[66] bzw. sprechen dürfen. Derzeit ist dem allerdings nicht so: „In immer stärkerem Maße wird Erzieherinnen und Lehrern von oben ein Handlungskonzept übergestülpt, mit dem sie wohl oder übel zurechtkommen müssen."[67] Dazu ein populärer Kinderpsychiater: „Für mich ist es immer wieder erschreckend anzusehen, was für eine Kultur der Angst sich in manchen Einrichtungen entwickelt hat. Es muss sich Protest regen gegen eine komplett falsche Richtung im Bildungssystem, denn sie bringt nach und nach eine Generation von Erwachsenen hervor, die sozial und emotional auf dem Stand von Kleinkindern (geblieben – der Verf.) sind. Lehrerkollegien müssten ihre Probleme mit den Schülern geschlossen deutlich machen und artikulieren, Schulleitungen müssten reagieren und den Protest in der Bildungspolitik sicht- bzw. hörbar machen. Und die für die Bildungspolitik zuständigen Politiker müssten endlich den Mut haben, sich überparteilich zu organisieren und jenseits aller Ideologie genau darauf zu schauen, was die Kinder brauchen, um sich gut zu entwickeln."[68]
- Wir stehen heute am Scheideweg zwischen einer verabsolutierten Digitalisierung einerseits bzw. der interessegeleiteten Kindorientierung andererseits – und sind diesen Weg schon ein großes Stück in die falsche Richtung gegangen bzw. haben uns dorthin schieben lassen.

9.12 Ganzheitliche Bildung

Es liegt aber immer noch an uns, das Steuer wieder herumzureißen und die Kinder sowie ihre Bedürfnisse zum Mittelpunkt der Bildung zu machen. Das Edutainment hat in unseren Schulen nichts verloren! „Es ist unverantwortlich, die Gesundheit und die Bildung von jungen, noch nicht für sich selbst verantwortlichen Menschen, sowie die Grundfesten unserer demokratischen Gesellschaft den Profitinteressen der reichsten Firmen der Welt unkritisch zu überlassen."[69]

- Wir sollten uns so unbedingt wie grundsätzlich immer an der heutigen Wirklichkeit orientieren – und nicht an der Virtualität – ansonsten gälte: real ist, was irreal ist; gesund, was krank macht und lebendig, was tot ist. Zudem präsentiert sich die postmoderne digitale Technik noch längst nicht als technisch ausgereift: Sie ist bereits zu einer Zeit entwickelt worden, als nicht mehr das forschende Interesse, sondern bereits vorrangig eine dominant gewordene Gewinnerwartung die Herstellung angetrieben hatte und erweist sich dementsprechend als systemisch fehleranfällig. Wenn zudem „die Erwachsenen bei jeder Gelegenheit auf die Bildschirme ihrer Smartphones starren und tippen, haben sie schlechte Karten, ihrem Nachwuchs ein gesundes Maß und Manieren im Umgang mit elektronischen Medien beizubringen."[70] Das gegenwärtige Bild, wo Kinder im Sandkasten spielen oder im Kinderwagen geschoben werden, während die Eltern auf ihr Smartphone fixiert sind, zeigt somit alles andere als eine heile Welt, sondern vielmehr eine Welt des Unheils: Erwachsene sind schließlich stets ein Vorbild – in diesem Fall ein sehr Negatives![71]
- Marktschreierische Slogans der Marke „Digital first. Bedenken second.", wie diese heutzutage sogar schon von politischen Parteien propagiert werden, verkehren neben ihrem entmündigenden Charakter die Realität ins Gegenteil: „Wenn man auf die Risiken und Nebenwirkungen digitaler Informationstechnik vor allem für Kinder und Jugendliche hinweist, wird man persönlich angegriffen oder verunglimpft – widerlegen kann einen niemand, denn die Fakten sind in medizinischen Fachjournalen publiziert und für alle einsehbar. Niemand lernt mit Smartphone, Tablet, PC und Internet schneller oder besser, als ohne."[72] Computer sind somit alles andere als Allheilmittel, sondern vielmehr Katalysatoren der postmodernen Bildungskrise.
- Geld für Bildung auszugeben, heißt nicht Tablets zu kaufen, sondern Lehrkräfte anzuwerben, auszubilden und einzustellen. Doch „der reichste Staat, der je auf deutschem Boden existierte, hat nicht allzu viel für die Bildung übrig."[73] Nicht einmal die Hälfte der Militärausgaben werden für den Bildungssektor bereitgestellt. Dabei wären Investi-

tionen in die Bildung sogar rentabler als Investitionen in den Kapitalmarkt.[74]
- Der Schule von heute fehlt es an Geist: Wo ist hier das Erbe Goethes, Schillers, Hebbels, Fontanes, Storms, Rückerts, Droste-Hülshoffs, Heines oder Rilkes anzutreffen? Wo wird hier die Genialität eines Bach, Beethoven oder Händel grundgelegt? Wo finden sich hier wenigstens Ansätze des Denkens eines Hegels, Kopernikus, Bachofens, Nietzsches, Schweizers oder Kants? „Für Spinoza, Goethe, Hegel wie auch für Marx ist der Mensch nur insoweit lebendig, als er produktiv ist; nur insoweit, als er die Welt außerhalb seiner selbst ergreift, indem er seine eigenen, spezifisch menschlichen Kräfte ausdrückt und sich die Welt mit ihrer Hilfe aneignet. Wenn ein Mensch nicht produktiv, wenn er rezeptiv und passiv ist, dann ist er nichts."[75] Das Richtziel aller Bildung kann es schließlich nur sein, die Logik der Weltgeschichte und -geschicke zu verstehen und dazu beitragen.
- Das zentrale Element der Bildung ist die Pädagogik. Diese setzt in ihrer Realisierung voraus, dass ihr die Entwicklungs-, Lern- und Sozialpsychologie, die Psychoanalyse des Menschen sowie die soziologischen Gesellschaftsgrundlagen und entsprechenden Mechanismen vertraut sind. Eine Pädagogik ohne fachwissenschaftliche Grundlagen, kann keine ebensolche sein! Sie bedarf eines fundierten Wissens um den Menschen und insbesondere um die Situation, Eigenheiten, Ansprüche und Fähigkeiten der Kinder.
- Darüber hinaus muss heute die Bewegungserziehung wieder einen viel höheren Stellenwert gewinnen. Es reicht nicht, zweimal im Jahr einen Wandertag zu veranstalten und womöglich einmal davon ohnehin nur per Busfahrt zu verreisen. Lehrkräfte sollten mit den Kindern – wie es z.B. in skandinavischen Ländern erfolgreich etabliert wurde – jede Woche einen ganzen Schultag lang auf Naturwanderung gehen, der Sportunterricht sollte grundsätzlich draußen stattfinden und ebenso die Schulpausen; denn „Kinder, die sich jetzt zu wenig bewegen, sind die Diabetiker vom morgen."[76]
- Echte Demokratie beginnt immer an der Basis: Lehrkräfte aber stehen heute „immer häufiger vor der Wahl, entweder den Beruf aufzugeben beziehungsweise zu wechseln oder gute Miene zum bösen Spiel zu machen und so oft wie möglich Konflikten von vornherein aus dem Weg zu gehen. Schulleitungen und übergeordnete Behörden müssen sich hinter die Kollegen stellen, statt in Konflikten sofort einzuknicken."[77] „Es ist nur zu bewerkstelligen, wenn die Lehrer selbst keine Bürokraten

9.12 Ganzheitliche Bildung

mehr sind, die ihren eigenen Mangel an Lebendigkeit hinter ihrer Rolle als bürokratische Verteiler von Kenntnissen verbergen."[78]
- Jeder Schüler sollte während seiner Ausbildungszeit mehrfach das Erlebnis erfahren haben, wie gut es sich anfühlt, mit seinen eigenen Händen etwas – möglichst Dauerhaftes – erschaffen zu haben; und damit ist weder das Ausmalen bzw. Aussägen nach Vorlage noch der Kochkurs gemeint! Die Beschäftigung muss anregend sein und dem Schüler helfen, seine menschlichen Kräfte – sowohl im intellektuellen und sozialen wie auch im künstlerischen Bereich – voll zur Entfaltung zu bringen.
- „Man darf nicht davon sprechen, dass gute Bildungspolitik Geld kostet, auch wenn das jedem klar ist. Sonst könnte deutlich werden, dass verschiedene bildungspolitische Entscheidungen sich nur ein pädagogisches Mäntelchen umhängen, in Wahrheit jedoch aus rein ökonomischen Erwägungen heraus getroffen werden: um Geld zu sparen."[79] Für eine stabile und sichere Zukunft wäre aber das Gegenteil davon richtig: Bildung kostet zwar, bringt aber einen großen Return on invest. „Unsere Zukunft liegt in ökonomischer und sozialer Hinsicht in den Gehirnen der nächsten Generation. Wir können es uns nicht leisten, diesen Rohstoff in der Weise zu verschwenden, wie wir dies in der Vergangenheit getan haben."[80]
- Wenn unsere Schulen Unternehmen wären, würde dann ein erfolgsorientierter Manager dort wirklich derart knapp kalkulieren, wie es im Schulsystem mittlerweile der Fall ist? Hätte er in der Zukunft damit tatsächlich Erfolg? Könnte er sich auf dem Konkurrenzmarkt mit einer minimal knappen Budgetierung behaupten? Machen wir mit den irrigerweise „übernommenen" Einsparzwängen nicht gerade das Gegenteil dessen, was die Wirtschaft vorgibt? Der Philosoph David Precht schreibt, das unser Schulsystem als ein Unternehmen längst pleitegegangen wäre.[81] Wir orientieren uns offensichtlich an einem falschen ökonomischen Modell: Anstatt zu investieren, machen wir das Gegenteil – und folgen damit eher dem kapitalökonomischen Takeover-Business, welches das Letzte aus einem System herausholt, um dieses anschließend zu verwerfen. Folgen sollten wir aber der gesunden realökonomischen Produktivwirtschaft, deren dauerhaft langfristiges Wachstumswesen vielmehr dem entspricht, was auch für Schulen und die (Aus-)Bildungsgesellschaft im Allgemeinen zutrifft: In die Gegenwart um einer gesunden Zukunft Willen zu investieren! Wenn sich die für Schulen Verantwortlichen diese Gedanken vergegenwärtigen,

werden sie selbst feststellen, dass es sich lohnt, viel und zugleich gutes Personal in alle Schulen zu bringen.
- Der generelle Tipp für unser Erziehungs- und Bildungssystem lautet, alles einfach einen Schritt später zu verlangen, als man glaubt (bzw. sich einreden lässt), dies tun zu müssen. Jede Entwicklungsphase hat schließlich ein gewisses Zeitfenster: Es bringt nichts, etwas zu früh hineinwerfen zu wollen, wenn dieses Fenster erst einen Spalt weit geöffnet ist. Umgekehrt können auch versäumte Entwicklungsperioden nicht mehr nachgeholt werden; besonders der letztgenannte Aspekt trat im Zusammenhang mit der bildungsreduzierenden Corona-Pandemie auf, als man gemeinhin glaubte, hier etwas zeitverschoben mit Nachhilfe doch noch eintrichtern zu können. Eineinhalb Jahre mit wiederholten (Bildungs-)Lockdowns waren schon für Erwachsene (wie an deren aggressivem Unmut oftmals zu erkennen) sehr viel an Zumutung; jedes Kind hätte während dieser Zeitspanne eine Fülle an – insbesondere sozialen – Entwicklungsschritten zu gehen gehabt, was unvergleichbar mehr wiegt. Wenn man z.B. ein Kind in der Phase des Laufenlernens von der Bewegung abhält, dann wird es ein Leben lang leichter stolpern – das ist beim Geist nicht anders als beim Körper. Insbesondere angesichts dessen, was uns die Corona-Pandemie in verschärfter Form aufgezeigt hat, ist festzuhalten, dass die Lernfähigkeit des Menschen bildlich am besten mit einem (anfangs noch völlig trockenen) Schwamm zu vergleichen ist: Es gibt die Bereitschaft, alles aufzusaugen; je früher, desto leichter lernt der Mensch. Ist der „Schwamm" schließlich gesättigter, dann wird das Dazulernen allerdings schwieriger: der Platz fehlt zwar nicht (hier hinkt dieser Vergleich etwas, denn die Neuroplastizität unserer Gehirne wäre dehnbar genug – es liegt also nicht an der Speicherkapazität der menschlichen „Festplatte"!), aber es haben sich schon viele Inhalte eingeprägt, die als Erfahrungen individuelle Denkstrukturen und Gedächtnisbahnen vorgeben. Diese müssen nun erst wieder mühsam modifiziert werden: Es ist somit viel leichter etwas neu (und „richtig") zu erlernen, als plötzlich etwas als anders zu erfahren, umzulernen und sich umzuorientieren zu müssen; dagegen strebt allein schon die Persistenz als Sicherheit gebendes Lebensgerüst – und es ist bekanntlich nicht ganz so leicht, das menschliche Gehirn einfach so auszudrücken wie einem Schwamm!

Zum Abschluss dieses Buches möchte ich noch eine komprimierte Sentenz als essenziellen Kern-Rat für Eltern, Pädagogen und alle weiteren Bildungsverantwortlichen mit auf dem Weg geben, um die oft trennende Generationenbrücke erfolgreich zu überschreiten: Wer als Erwachsener noch weiß, wie er selbst als Kind war, wird die ihm anvertrauten Kinder immer am besten verstehen und dementsprechend auch gemeinsam mit ihnen zum erwünschten erziehlichen Erfolg gelangen!

Anmerkungen

1. Precht, D.: Anna, die Schule und der liebe Gott. Der Verrat des Bildungssystems an unseren Kindern München 2015, S. 15
2. Vgl. La Rochefoucauld zit. nach Pawlak, M.: Zitate von A bis Z Herrsching 1989, S. 89
3. Bauer, J.: Arbeit Warum sie uns glücklich oder krank macht München 2015, S. 199
4. Schmidt-Salomon, M.: Der Glaube an den Menschen. In: Fromm Forum 22/1018, Tübingen 2018, S. 188
5. Goebel, J. und Clermont, Ch.: Die Tugend der Orientierungslosigkeit. Hamburg 1999, S. 89
6. Vgl. Bothe, N.: Im Namen des Volkes: Schuldig – das Computerspiel? Hamburg 2009, S. 26
7. Bauer, J.: Arbeit Warum sie uns glücklich oder krank macht München 2015, S. 36
8. Bayerische Schule 4/2019, S. 6
9. Precht, D.: Anna, die Schule und der Liebe Gott Der Verrat des Bildungssystems an unseren Kindern München 2015, S. 116
10. Vgl. Doidge, N.: Neustart im Kopf Wie sich unser Gehirn selbst repariert Frankfurt am Main 2008, S. 69
11. Spitzer, M.: Lernen Gehirnforschung und die Schule des Lebens Heidelberg 2006, Nachdruck 2014, S. 451
12. Riemann, F.: Die Fähigkeit zu Lieben München 2017, 13. Aufl., S. 9
13. Lauster, P.: Lassen Sie der Seele Flügel wachsen Wege aus der Lebensangst Reinbek bei Hamburg 2003, S. 45
14. Comenius, J. A. zit. nach Precht, D.: Anna, die Schule und der Liebe Gott Der Verrat des Bildungssystems an unseren Kindern München 2015, S. 119
15. Vgl. Fleischmann, S. zit. nach PNP vom 12.12. 2019, S. 12
16. Bonß, W. zit. nach Fromm, E.: Arbeiter und Angestellte am Vorabend des Dritten Reiches München 1983, S. 27
17. Otte, R.: Medizin zwischen Technik und Humanität In: Meier, J. und Bremer, F.: Der Mensch ist kein Ding! Neumünster 1996, S. 30
18. Spitzer, M.: Die Smartphone Epidemie Gefahren für Gesundheit, Bildung und Gesellschaft Stuttgart 2019, 3. Aufl., S. 263
19. Vgl. Spitzer, M.: Die Smartphone Epidemie Gefahren für Gesundheit, Bildung und Gesellschaft Stuttgart 2019, 3. Aufl., S. 18 „Wer glaubt, er tue seinen Kindern mit einem Computer etwas Gutes, der denke noch einmal genau nach." Spitzer, M.: Vorsicht Bildschirm! Elektronische Medien, Gehirnentwicklung, Gesundheit und Gesellschaft München 2007, 3. Aufl., S. 27, S. 38f., S. 240
20. Rousseau, J.J. zit. nach Kunzmann, P, Burkard, F.-P. und Wiedmann, F.: dtv-Atlas Philosophie München 1999, 8. Aufl., S. 133
21. Vgl. Precht, D.: Anna, die Schule und der liebe Gott. Der Verrat des Bildungssystems an unseren Kindern München 2015, S. 20f.

9. Lösungen für eine neue kindgerechte Bildung

22 Precht, D.: Anna, die Schule und der liebe Gott. Der Verrat des Bildungssystems an unseren Kindern München 2015, S. 21
23 Kerschensteiner, G. zit. nach Precht, D.: Anna, die Schule und der liebe Gott. Der Verrat des Bildungssystems an unseren Kindern München 2015, S. 25
24 Moser, H.: Einführung in die Medienpädagogik Aufwachsen im Medienzeitalter Opladen 1995, S. 227
25 Moser, H.: Einführung in die Medienpädagogik Aufwachsen im Medienzeitalter Opladen 1995, S. 229
26 Eine zweite Phase, in welcher sich das Über-Ich in gesellschaftlich wirksamer Form artikuliert finden wir im Alter von dreißig bis vierzig Jahren: Karrierewünsche, Erfolgszwänge und eine (Fehl-)Form des Angekommen- und Angenommen-Seins in der Gesellschaft über erhofften Aufstieg führen hier zu starken Selbstverleugnungstendenzen.
27 Ebenso wie im Verkehrsraum, beispielsweise mit Spielstraßen, spielfreundlichen Wegen und zur sozialen Interaktion einladenden Plätzen für Kinder!
28 Vgl. Schlosser, E.: Fast Food Gesellschaft München 2002, S. 77
29 Vgl. Heinze, A.: Kindgerechte Verkehrserziehung Hamburg 2002, S. 184ff.
30 Wer es gerne dauerhafter wollte, der konnte sich am Modewort Nachhaltigkeit erfreuen.
31 Vgl. Schlosser, E.: Fast Food Gesellschaft München 2002, S. 83ff.
32 Pongratz, L.: Ökonomisierung der Bildung. In: Erich Fromm heute. München 2000, S. 136 Analog dazu: Dient der Schnuller den Ansprüchen und Erwartungen des Kindes, wenn es nach der Mutter schreit, oder dient dieser den Interessen Erwachsener, die das Kind damit sedieren?
33 Vgl. Miegel, S. zit. nach Osterfeld, G.: Pädagogische Aspekte im Werk von Erich Fromm. Wiss. Diss. Bonn 2009, S. 171
34 Fromm, E. zit. nach Funk, R.: Das Leben selbst ist eine Kunst Freiburg 2018, S. 149
35 Anders, G. zit. nach Egger, R., Hummel, S.: Lernwelt Schulweg Wiesbaden 2016, S. 131
36 Vgl. Winterhoff, M.: SOS Kinderseele München 2013, 4. Aufl., S. 44
37 Fleischmann, S. In: Bayerische Schule 6/2018, S. 19
38 Winterhoff, M.: SOS Kinderseele München 2013, 4. Aufl., S. 105
39 Vgl. Kaindl-Widhalm, B.: Demokraten wider Willen Wien 1990, S. 177
40 Vgl. Braun, W. et al.: Etymologisches Wörterbuch des Deutschen München 1995; S. 1435, S. 213 Das Verb „monstrare" wird hierbei sogar noch durch die Vorsilbe „de-" verstärkt – es handelt sich also nicht nur um ein Weisen, sondern um ein bewusst etymologisch betontes Hin-Weisen!
41 „Da schreit dich ein jeder an, nur weil er zwei Jahre älter ist." Von Horváth, Ö.: Jugend ohne Gott Frankfurt am Main 1992, S. 116
42 Te Wildt, B.: Digital Junkies Internetabhängigkeit und ihre Folgen für uns und unsere Kinder München 2016, S. 146
43 Lenard, D.: Flucht aus Majdanek In: Dachauer Hefte 7 Solidarität und Widerstand Dachau 1991, S. 34, S. 159
44 Doidge, N.: Neustart im Kopf Wie sich unser Gehirn selbst repariert Frankfurt am Main 2008, S. 223
45 Anzumerken ist aus pädagogischer Sicht, dass Kinder erst ab einem Alter von etwa drei Jahren interaktiv wechselseitig-empathisch miteinander spielen können.

46 Vgl. Schwandt, M.: Kritische Theorie Stuttgart 2010, 2. Aufl. S. 110 Auf die These, dass der Sozialisierungsprozess Kindern eine Sprache gibt, mit welcher die frühesten biografischen Erlebnisse nicht hervorgeholt werden können, möchte ich in diesem Zusammenhang lediglich verweisen; selbiges gilt für die entsprechenden Techniken, wie etwa die Hypnose, um diese Bewusstmachung des unbewusst Wirksamen später wieder zu provozieren. Vgl. Gruen, A.: Der Verlust des Mitgefühls München 2016, 11. Aufl., S. 50

47 Funk, R.: Das Leben selbst ist eine Kunst Freiburg 2018, S. 167

48 Bereits im Tierexperiment konnte anhand unserer Verwandten aus dem Tierreich – den Affen – bewiesen werden, dass ihre Nachkommen schwere psychische Schäden aufweisen, wenn man sie frühzeitig des Kontaktes mit dem Muttertier beraubt. Selbiges gilt für das inzwischen gängige Trennen des Kalbes von der Mutterkuh – was Tierschützer längst anklagen. Doch die viel zu frühe Trennung von Mutter und Kind beim Menschen klagt fast niemand mehr an! Vgl. Fromm, E.: Anatomie der menschlichen Destruktivität Stuttgart 2005, 21. Aufl. S. 268

49 Ebenso wird aus einem Kind, das frühzeitig an zu viele verschiedene Orte transportiert wurde, später eben genau kein großer freiheitsliebender Weltenbummler werden, sondern vielleicht eher das Gegenteil davon: ein zurückgezogener Stubenhocker.

50 Vgl. Maslow, A. zit. nach Vgl. Himanen, P.: Die Hacker-Ethik München 2001, S. 71

51 Heyse, P. In: Der ewige Brunnen Ein Hausbuch deutscher Dichtung Reiners, L. (Hrsg.) München 1959, S. 716

52 Hebbel, F. In: Der ewige Brunnen Ein Hausbuch deutscher Dichtung Reiners, L. (Hrsg.) München 1959, S. 922

53 Goethe, J.W. Von In: Der ewige Brunnen Ein Hausbuch deutscher Dichtung Reiners, L. (Hrsg.) München 1959, S. 914

54 Geibel, E. In: Der ewige Brunnen Ein Hausbuch deutscher Dichtung Reiners, L. (Hrsg.) München 1959, S. 721

55 Zur Erläuterung des Letztgenannten: Anders als es ein früherer Bundespräsident verlautbarte, sind die Kuschelecken nicht der Gegner, sondern ein wichtiger und fördernder Partner des Lernens. Sie ermöglichen schließlich das gesunde Schulleben und ein Lernen als Einheit: lebendiges Lernen! Sterile Lernräume hingegen sind Elemente der Nekrophilie. Wie bereits anklang, tragen Menschen in der großen Masse biophile wie auch nekrophile Neigungen in sich. Das Leben bleibt dabei stets ein Kampf und Kompromiss zwischen Lebens- und Todestrieb; in jedem Stück lebender Substanz sind beide Triebe aktiv – jedoch in ungleicher Mischung. Vgl. Freud, S.: Massenpsychologie und Ich-Analyse In: Sigmund Freud: Gesammelte Werke Köln 2014, S. 856 Welche davon steuernd werden, hängt wesentlich von den gesellschaftlichen Einflussfaktoren ab, beginnend von frühester Kindheit an. So, wie es unterschiedliche Ausprägungen der Lateralität bis hin zum nahezu einhundertprozentigen – wenn auch seltenen – Linksseiter gibt, existieren auch immer wieder Menschen, die fast vollständig nekrophil oder biophil entwickelt sind.

56 Pleticha, H.: Ihnen ging es auch nicht besser. Schule und Schüler in vier Jahrtausenden Würzburg 1966, 2. Aufl. S. 125f.

57 Te Wildt, B.: Digital Junkies Internetabhängigkeit und ihre Folgen für uns und unsere Kinder München 2016, S. 142 Demzufolge müsste eigentlich auch der sogenannte „Streber" (der den Lehrerbezug über den Mitschülerbezug stellt) die

9. Lösungen für eine neue kindgerechte Bildung

Schule anklagen, weil sie seine Sozialisation nicht gefördert bzw. ihm sozial abspaltende Anreize gesetzt hatte, denen er bzw. seine Eltern „auf den Leim gegangen" waren. Er wurde zum Ja-Sager erzogen, der den Lehrkräften gefallen wollte und bei seinen gleichaltrigen Mitschülern zugleich durch die entsprechende Rollenannahme gleichzeitig kommunikativ versagte.

58 Pleticha, H.: Ihnen ging es auch nicht besser. Schule und Schüler in vier Jahrtausenden Würzburg 1966, 2. Aufl. S. 85
„Der Hohn macht die Musik: Das schmerzlichste an Schlägen ist sonach begreiflicherweise der Hohn, der sie begleitet." Frankl, V.: Trotzdem Ja zum Leben sagen 2017, 9. Aufl. S. 46

59 Heute ist es die Welle des Wirtschaftsliberalismus, der für sein Weiterexistieren das stetig gesteigerte Wachstum benötigt – welches auf einem begrenzten Planeten endlich ist, bereits an seine Grenzen stößt und heute künstlich mit politischen Infrastrukturmaßnahmen aufrechterhalten wird. Die einen gehen in der Opposition unter, die anderen treten in die Partei ein.

60 Zu dieser Form der Bildung ist anzumerken, dass die angesprochene Begrifflichkeit ohnehin nicht als deckungsgleich mit dem Humanismus im engeren Sinne anzusehen ist: Die humanistische „war die auf den deutschen Gymnasien vor dem Ersten Weltkrieg übliche Art der Erziehung, doch waren wohl die meisten Lehrer an diesen „humanistischen Gymnasien" gerade durch ihre nationalistische und militaristische Haltung charakterisiert." Fromm, E.: Anatomie der menschlichen Destruktivität. Hamburg 2005, 21. Aufl., S. 49

61 Pleticha, H.: Ihnen ging es auch nicht besser. Schule und Schüler in vier Jahrtausenden Würzburg 1966, 2. Aufl. S. 143

62 Hesse, H.: Mit Hesse durch das Jahr Bühl 1977, o.S.

63 Fromm, E.: Eine humanistische Wissenschaft vom Menschen In: Wissenschaft vom Menschen Gießen 2020, S. 46

64 Te Wildt, B.: Digital Junkies Internetabhängigkeit und ihre Folgen für uns und unsere Kinder München 2016, S. 297 Niemand sollte dabei das, was seine Generation – und letztendlich immer auch ihn selbst – ausmacht, jemals verleugnen!

65 Winterhoff, M.: Lasst Kinder wieder Kinder sein! München 2014, 3. Aufl., S. 223

66 Winterhoff, M.: SOS Kinderseele München 2013, 4. Aufl., S. 184

67 Winterhoff, M.: SOS Kinderseele München 2013, 4. Aufl., S. 184

68 Winterhoff, M.: SOS Kinderseele München 2013, 4. Aufl., S. 187, S. 189, S. 190

69 Spitzer, M.: Die Smartphone Epidemie Gefahren für Gesundheit, Bildung und Gesellschaft Stuttgart 2019, 3. Aufl., S. 44

70 Te Wildt, B.: Digital Junkies Internetabhängigkeit und ihre Folgen für uns und unsere Kinder München 2016, S. 17

71 Der höchste Grad an Ablenkung wird schließlich dabei erreicht, wenn nicht nur telefoniert, sondern beim Tippen oder Wischen der Blick auf das Gerät gerichtet wird. Vgl. Radesky, J.S et al. zit. nach Spitzer, M.: Die Smartphone Epidemie Gefahren für Gesundheit, Bildung und Gesellschaft Stuttgart 2019, 3. Aufl., S. 83

72 Spitzer, M.: Die Smartphone Epidemie Gefahren für Gesundheit, Bildung und Gesellschaft Stuttgart 2019, 3. Aufl., S. 262

73 Precht, D.: Anna, die Schule und der Liebe Gott Der Verrat des Bildungssystems an unseren Kindern München 2015, S. 309

74 Vgl. Fehr, E. zit. nach Precht, D.: Anna, die Schule und der Liebe Gott Der Verrat des Bildungssystems an unseren Kindern München 2015, S. 311 Die Quintessenz lautet: Es mag heute zwar einiges in die digitale Bildung investiert werden

9.12 Ganzheitliche Bildung

– für Kinder und ihre direkten Belange wird demgegenüber weitaus weniger ausgegeben. Die Bildungswirtschaft macht in Deutschland beispielsweise 4,6 Prozent der Wirtschaftsleistung aus und 5,6 Prozent der Arbeitnehmer sind im Bildungsbereich beschäftigt. Didacta- Magazin 3/2018, S. 20 Doch es sollte uns nicht um die Bildungswirtschaft, sondern um die Bildung gehen – ganz ohne Wirtschaft!

75 Fromm, E.: Das Menschenbild bei Marx Gießen 2018, S. 44
76 Renz-Polster, H.: Kinder verstehen München 2019, 10. Aufl., S. 413
77 Winterhoff, M.: SOS Kinderseele München 2013, 4. Aufl., S. 77
78 Fromm, E.: Die Revolution der Hoffnung Gießen 2019, S. 144
79 Winterhoff, M.: SOS Kinderseele München 2013, 4. Aufl., S. 50
80 Spitzer, M.: Vorsicht Bildschirm! Elektronische Medien, Gehirnentwicklung, Gesundheit und Gesellschaft München 2007, 3. Aufl., S. 284
81 Vgl. Precht, D.: Anna, die Schule und der liebe Gott. Der Verrat des Bildungssystems an unseren Kindern München 2015, S. 16

„Es kann wahr sein, dass das Schicksal der obwaltende Schiedsrichter der Hälfte unserer Handlungen ist, aber er lässt uns dafür die andere Hälfte selbst beherrschen."

Jean de la Lafontaine[1]

10. Anhang

„Schon seit Jahren kämpfe ich gegen unmenschliche Normen unserer Gesellschaft an."[2]

10.1 Die lyrische Geschichte der Pädagogik

Bildungsgeschichte[3]

Die alten Griechen wussten schon ganz gut, worum es in der Bildung gehen muss,
Mit Scheinwissen und Halbbildung machten Socrates wie Plato schon frühzeitlich Schluss.
Körper und Geist – eins geht nicht ohne das and´re,
Auf dass der Mensch auf intellektuellen Tugendpfaden wandle!

Die Artes Liberales entwickelte man zu Aristoteles Zeit,
Sie strahlten hinein ins Römerreich: tief und weit!
Grammatik- und Rhetorikschulen sowie die Humanitas als Bildungsideal,
Bald zum Schafott geführt – von Völkerwanderung bis Rittersaal.

Nicht zu berichten über diese Zeit gibt's allzu viel Gutes,
Was damals zählte, war der hohe Mann des nied´ren Mutes.
Klosterschulen zuerst, später Schreibschulen das Bürgertum erfand,
So bildete sich allmählich das okzidentale Abendland.

Dass es außer Beten noch Wichtigeres zu lernen gab im Leben,
Diese Erkenntnis erstmals mit Luther hat es gegeben:
Schulen fürs Volk und bald sogar als Pflicht,
Statt Latein nun sogar die Muttersprach im Unterricht!

Mit Comenius, Francke, Locke und Rousseau folgte weitere Erbauung.
Von Humboldt über Pestalozzi gelangte man hin zur Anschauung.
Nicht vergessen woll´n wir Herbart, Fröbel, Dilthey und auch Ziller.
Erst mit der Industrialisierung wurd´s bildungsmäßig wieder etwas stiller.

Die Moral kam schließlich zurück wieder mit der Reform-
Pädagogik: vom und für das Kinde, das war die neue Norm!
Diese wiederum kam abrupt zum stillen Stand,
Als pflügte hier die braune Brut durchs Land.

Die Länder sollten im Neuanfang daher wieder einmal gerade richten,
Was war schief geworden und tief gefallen – mitnichten!
Erst mit der Tatkraft der Achtundsechziger-Generation,
Zog wieder Bildung ein ins Land, man stieß tausend Jahre Reich vom Thron.

So glaubte man es wenigstens zu wissen,
Doch ein halbes Jahrhundert später ward auch dieser Traum zerschlissen.
Heute heißt es: Bildung? Nur noch digital!
Kein besonders weises Zeichen, dieses Menetekel und Fanal.

Die Lehrprobe[4]

Punkt sechs Uhr morgens trifft das schicke Fräulein ein.
Will keinesfalls die Letzte sein.
Legt Hefte, Rotstift und Arbeitsblatt akkurat bereit,
Denn um acht Uhr ist es schon soweit.

Sie reicht dem Gremium die feuchte Hand zum Gruß –
Das sogleich sich setzen muss.
Frau Lehrerin nimmt den Unterrichtsverlauf zur Hand,
Stellt sich selbst nie ins Zentrum, bleibt stets am Rand.

Sie zuckt mit den Schultern, zeigt mit dem Stab;
Doch niemand ihr Ziel zu finden vermag.
Nach fünf Minuten wird's ihr doch zu dumm,
Dreht die Lösungskarten selber um.

Zur Strafe wird nun wiederholt und repetiert,
Auf dass auch der Letzte noch die Lust verliert.
Die Mitarbeit bleibt zäh, kein Kind macht einen Finger krumm:
„So bringen wir die Stunde niemals rum!"

Am Stoff liegts nicht, er ist zwar schwer,
Doch diesen Inhalt gibt der Lehrplan her.
Bis bei stiller Arbeit jemand lauthals auflacht
Und der Störenfried wird zur Schneck gemacht.

Sozialformen, bunte Medien, sogar bewegte Bilder –
Doch die Zöglinge werden immer wilder.
Bevor die Lehrkraft setzt an zum infernalischen Schrei,
Eilt noch schnell ihr Ausbilder herbei.

10. Anhang

Nach sechzig Minuten Lernen nicht zu knapp,
Bricht man die Vorführung endlich ab.
Zieht zur Beratung sich zurück,
Die Pädagogin hofft dabei auf Gottes Glück.

Das Urteil wird eröffnet, man gratuliert formell.
Die Kommission verlässt das Hause schnell.
Frau Lehrerin noch zittert, denkt und setzt sich nieder:
„Diese Stunde halt ich nie wieder!"

Epilog:
Und nun zu Euch Lehrern, allen:
Tut Euren Schülern täglich den Gefallen:
Nehmt sie in, nicht auf den Arm,
In erster Linie seid erziehlich wirksam!
Nicht immer nur des Staates treuer Knecht,
Manchmal hat sogar heut der Mensch noch Recht!

10.2 Über den Autor

„Als einzelner gegen den Verband auftreten zu können, hat eine tief bestätigende Wirkung; es erschließt dem Individuum seine Mächtigkeit, zur Veränderung der Welt beitragen zu können."[5]

Dr. Achim Dirk Heinze[6]

10. Anhang

Als Buchautor und überzeugter Humanist exponiert man sich immer in einer gewissen Weise; besonders bei einem Thema, das jeden in irgendeiner Form anspricht. Man wird dabei aus der Distanz oft unzutreffend eingeschätzt – um nicht zu schreiben: durchaus auch einmal völlig falsch verstanden. Den abwegigsten Irrfahrten möchte ich deshalb doch ein wenig entgegensteuern.

Nicht alle meine Bücher verwenden stets dieselbe Sprache – man hat schließlich den Leser als Adressaten im Blick: Im Falle dieses Buches hatte ich beim Schreiben besonders die Zielgruppe der Eltern vor Augen, die sich einerseits für ihre Kinder begeistern, aber auch an gewisse Grenzen stoßen, wenn es darum geht, das Verhalten ihres Nachwuchses zu verstehen. Dieses Buch zum Thema Bildung ist dabei so aufgebaut, dass die Kapitel entsprechend den Überschriften für sich lesbar sind – dennoch ist es der Wunsch jeden Autors, richtig verstanden zu werden, was nur bei einem chronologischen Lesen vollständig der Fall ist. Das ist natürlich nur eine Empfehlung – und keine Vorschrift... ...ja, ich weiß – Lehrer!

Als praktizierender Lehrtätiger, der tagtäglich mit Kindern zu tun hat, erfährt man – ob nun bewusst beabsichtigt oder auch nicht – über diese weit mehr als beispielsweise ein langjähriger Didaktik-Professor, ein amtierender Verwalter bzw. ein engagierter Verbandsaktiver im bürokratischen Bereich. In den Fällen der genannten Personenkreise und Institutionen ist allerdings leichter reden, denn man hat, wenn es zu Anfeindungen kommt, dann z.B. im Namen eines großen Verbandes gesprochen und bleibt wohlbehütet auf der Safe-Side, indem man sich in bzw. hinter einer großen Organisation verstecken kann.[7]

Der bekannte Philosoph und Soziologe David Precht hat ein sehr erfolgreiches Buch über den „Verrat des Bildungssystems an unseren Kindern" geschrieben. Als eine Bekannte mein Manuskript (dieses Buches, welches Sie gerade gelesen haben) zufällig liegen sah, wies sie mich darauf hin und bot mir an, mir ihr Precht-Exemplar zu überlassen. Da ich keinerlei Scheuklappen gegen irgendjemanden zur Schau trage, nahm ich ihr Angebot durchaus gerne an. Vielleicht würde sich das ein oder andere Zitat als Ergänzung finden lassen; mehr bitte nicht – schließlich hatte ich mein Manuskript zu diesem Zeitpunkt bereits abgabefertig erstellt und eigentlich war der selbstterminierte Redaktionsschluss bereits erfolgt.

Nun ist es aber doch so gekommen, dass ich tatsächlich noch einmal in die Verlängerung gegangen bin und dementsprechend aus diesem Buch zitiere – und das aus gutem Grund. Dort wird nämlich angesprochen und diskutiert, wer eigentlich kompetent dafür sei, Verbesserungen im Bildungssystem vorzuschlagen: Wissenschaftler, Lehrer, Rektoren, Verbandsmitglieder oder Eltern: Theoretiker oder Praktiker?[8] Ich bin vieles davon – und in den zugedachten Verabsolutierungen auch wieder nicht: Ich schreibe sowohl als aktiver Pädagoge wie auch als Wissenschaftler, habe zahlreiche Artikel und Fachbücher verfasst und darüber hinaus den erforderlichen Nachweis für wissenschaftliches Arbeiten bereits vor 20 Jahren mit einer Promotionsarbeit am Lehrstuhl für Grundschuldidaktik erbracht. Auch dieses pädagogisch-psychologische Werk, in welchem Sie gerade lesen, ist nach wissenschaftlichen Kriterien mit (für manche Leser womöglich sogar abschreckend) vielen Quellennachweisen und Zitaten abgefasst worden; darüber hinaus steht es im Geiste Erich Fromms pädagogischen Denkens und einer Weiterführung seines Gesamtwerkes, dessen Gesellschaft zum Erhalt seines humanistischen Denkens ich angehöre.

„Kinder sind überall gleich – Kinder wissen noch von nichts."[9]

Ich orientiere mich in meinen geäußerten Anliegen ausschließlich an den Bedürfnissen des Kindes – jedes Kindes: ob nun in Wurmannsquick, Starnberg, Castrop-Rauxel, Quagadougou oder Shanghai. Ich vertrete grundsätzlich die Anliegen aller Kinder – ob nun „gelb", „schwarz", „rot" oder „weiß"; das ist in der Erziehung (und nicht nur dort!) schließlich ein- und dasselbe! „Das können Kinder!", so lautet deshalb auch eines der ersten Kapitel dieses Buches – und so hatte die Entstehung dieses Werkes auch begonnen: Ich habe bzw. hatte (da die ersten Ansätze schon sehr lange zurückliegen) als Lehrer damit begonnen, mir Besonderheiten und Anregungen seitens der Kinder zu notieren. Diese Idee entstand, als ich einmal zu Studienzwecken unangemeldet meine ehemalige Grundschule besuchte, wo ich selbst Schüler war, und dort auf eine ehemalige Klassenlehrerin traf, welche mich mit den Worten begrüßte: „Ja so ein Zufall – heute habe ich meinen Schülern schon einen Aufsatz von dir vorgelesen!" Leider war ich nicht so gewieft, mir eine Kopie davon machen zu lassen, aber dies war immerhin der Ansporn dafür, die kreativen Arbeiten meiner Schüler ebenso zu sammeln.[10] Die ursprüngliche Idee war es dabei zunächst, ein Buch mit Schülerleistungen und ihren Werken, beispielsweise besonderen Aufsätzen, Geschichten und Kinderideen herauszugeben. Dieses Projekt wäre inzwischen allerdings nicht nur urheberrechtlich problematisch geworden, es würde der gegenwärtigen Situation von Kindern auch nicht gerecht werden; denn die Aufgabe als Pädagoge ist es nicht, einfach nur Positives herauszustellen, sondern es vor allem Kindern zu ermöglichen, Positives zu schaffen!

Es geht in diesem Buch – um diesen Punkt abschließend anzusprechen – auch nicht nur um die Grundschule(n), wo ich beruflich tätig bin,

10. Anhang

sondern analog zu allen Kindern der Welt ebenso um alle Schularten. Das Thema des Buches ist dementsprechend auch nicht vorrangig die Grundschuldidaktik, sondern die allgemeine bzw. Allgemeine Pädagogik.

10.3 Vom Schüler zum Lehrer und zurück

„Ich werde mich hüten als städtischer Beamter, an diesem lieblichen Gesange auch nur die leiseste Kritik zu üben! Wenn's auch weh tut, was vermag der Einzelne gegen alle?"[11]

Wie habe ich nun meine eigene Schulzeit erlebt? Was war ich wohl für ein Schüler? Zur Abrundung gehe ich an dieser Stelle gerne auch noch darauf ein. Zunächst ist dazu festzuhalten: Als biophil-produktiver Charakter in einer nekrophilen Welt dürfte ich mit Sicherheit ein eher anstrengender Schüler gewesen sein. Dort hingegen, wo es Lebendigkeit gab – im Musikunterricht, in der Naturkunde, in der Literatur oder beim kreativen Schreiben – war ich äußerst engagiert. Bereits als Schüler drängte sich allerdings eine gewisse Erfahrung auf: Man kann nämlich selbst den Aufsatzunterricht – eigentlich mit das Schönste, was die Schule zu bieten hat – derart gestalten, dass dieser besondere Lernbereich den Schülern keine Freude mehr macht, wenn dabei die Form den Inhalt niederringt. Das Besondere, was Kinder hier hervorbringen, sollten wir daher viel stärker fördern und ebenso weitaus mehr wertschätzen. Kinder und Jugendliche legen ihre komplette Gefühlswelt in Schulaufsätzen offen, äußern ungeniert ihre tiefsten Sorgen – damit sie dann womöglich noch eine schlechte Note dafür bekommen? Warum also nicht auch als Erwachsener, wie mit diesem Buch, einem Leserbrief oder einer Idee im Schulforum etwas riskieren, etwas preisgeben und sich nicht immer nur feige verstecken? Vor allem dann, wenn es um Kinder und unsere Zukunft geht!

Neben dem Schreiben ist auch das Lesen von hoher Bedeutsamkeit; jedoch im Falle meiner eigenen Schulzeit beispielsweise war die Auswahl von Schullektüren durchweg nicht an den Interessen von Kindern und Jugendlichen orientiert, sondern vielmehr einer altmodischen Interpretation der Lehrpläne bzw. einer von der damaligen pseudointellektuellen Feuilleton-Leitkultur generierten Norm geschuldet. So blieben für Jugendliche besonders geeignete Bücher, wie etwa „Im Westen nichts Neues" oder das „Anne Frank Tagebuch", außen vor. Andere wiederum hatten mit ihren Deutschlehrkräften mehr Glück: Sie durften unter anderem „Jugend ohne Gott" oder den „Hauptmann von Köpenick" lesen!

10.3 Vom Schüler zum Lehrer und zurück

Später und längst aus der Schule entlassen, habe ich alle unsere Schullektüren noch einmal studiert – und kann dieser Auswahl erneut alles andere als ein gutes Zeugnis ausstellen. Es gibt so unendlich viel an guter (wenn nicht gar genialer!) deutschsprachiger Originalliteratur, dass ein ganzes Menschenleben dafür nicht ausreicht, um diese zu lesen! Warum wurde uns diese vorenthalten? Weshalb wurde den meisten die Freude am Lesen durch vorausgewählte Inhalte verdorben, die alles andere als motivierend waren? Wieso ging es im Deutschunterricht bei der Interpretation nur darum, das zu treffen, was sich die Lehrkraft dachte und vorstellen konnte bzw. das, was sie in einem Lektüreschlüssel gelesen hatte? Liegt der Schlüssel zu Rezeption und individuellem Verständnis nicht vielmehr in jedem Leser selbst?

„Ein Lehrer, der in seinem Leben schon eine Menge außerhalb der Schule erlebt hat und der den einen oder anderen Beruf gut kennt, hat einen unschätzbaren Vorteil."[12]

Während meiner eigenen Schulzeit habe ich natürlich auch die unterschiedlichsten Lehrkräfte erlebt: nette, verständnisvolle, frustrierte, witzige, unsichere, gütige, gehässige, mütterlich-liebende, matronenhafte, verschämte und verklemmte; auch überforderte, die beispielsweise vor Wut rasend einen Schülerstuhl gepackt hatten, mit verzerrtem Gesichtsausdruck wie irr daran rüttelten – und trotzdem (bzw. wohl auch deshalb!) von ihren Schülern nicht ernstgenommen wurden. Auch gab es einen Lehrer, der stets einen umfangreichen metallenen Schlüsselbund an einer Kette in Anschlag hielt (an welchem auch ein kleines Messer befestigt war) und diesen immer wieder in die Richtung der Schüler warf, wo dieser dann auf einem Schülertisch laut aufklatschend landete. Ich habe Lehrer erleben müssen, die ihnen aus willkürlichen Gründen unliebsame Kinder drei Mal hintereinander vor die Klasse holten, ausfragten und dabei nicht die geringste Chance ließen, eine wenigstens halbwegs faire Beurteilung zu erhalten, sondern allein um die Bloßstellung der betreffenden Schüler bemüht waren. Und ich habe solche Menschen, wie im letzten Falle, auch selbst als Erwachsener im Beruf wieder erleben dürfen. Von einer bestimmten verantwortlichen Person einfach nur dafür gehasst zu werden, dass man da ist: dafür, dass es einen bestimmten Menschen gibt und dass dieser lebt – erst diese Erfahrung hat es mir letztendlich ermöglicht, das Unrecht in seiner Gänze zu erkennen, zu verstehen und nachzufühlen, welches Kindern heute tagtäglich millionenfach angetan wird.

10. Anhang

10.4 Der Reichtum des Lebens als Aufgabe

„*Du bist schon lange nicht mehr Dein.*"[13]

Als kreativer Mensch habe ich bei meiner schulischen Doppellehrprobe zum Abschluss der sechsjährigen Ausbildungszeit nicht das gemacht, was allseits üblich war; keinesfalls wollte ich aus dem immerselben Kanon an wenigen Möglichkeiten von anderen abkupfern – bereits diesen Gedanken des Kreativen hatte damals überhaupt niemand verstanden, was bereits einiges aussagt. Um mich dem allgemein üblichen Imitieren zu entziehen, hatte ich deshalb selbst ein sechsseitiges Kindergedicht verfasst, welches von den Schülern im Unterricht der Lehrprobe analysiert und interpretiert wurde. Schon damals hatte sich deutlich erkennbar abgezeichnet, dass die Produktivität sowie das eigene Denken und Handeln in meinem gewählten Beruf nicht besonders gerne gesehen werden.

Ganz besonders die im Lehrerberuf lange Zeit wie selbstverständlich begangenen – zumindest grauzonigen – Urheberrechtsverstöße waren mir vom ersten Tag an mehr als nur fremd. Bereits im Studium galt es als ein gewisser „Volkssport", sich sehr vieles zu kopieren, an Vorlesungsmitschriften anderer Studierender zu gelangen und Skripten weiterzugeben. Die Folge einer solchen Sozialisation ist dann die im Lehrerberuf zur bekannten Kopiermania gewordene Praxis; ebenso die Tendenz, besonders solche Fortbildungen zu schätzen, wo man etwas mitnehmen kann (gemeint ist dies in materieller Hinsicht) und eine im Allgemeinen so bezeichnete „Jäger und Sammler"-Mentalität im Berufsstand zu entwickeln.

Damit nun aber die eigene Kreativität im beruflichen Wirken der konkreten Pädagogik jeder Lehrkraft wieder zur Entfaltung kommen kann, müsste sich einiges ändern: dazu sollte vor allem das Deputat der zu haltenden Stunden deutlich reduziert werden. Nur dann kann die jeweilige Lehrkraft ihre eigene Fachkompetenz und Persönlichkeit vollumfänglich einbringen, sodass damit ganz besonders die Unterrichtsqualität gesteigert wird. Denn jeder Mensch kann etwas ganz besonders gut – nämlich das Eigene!

Von mancher Seite, die sich eine bessere Bildung für ihre Kinder wünscht, würde es einem als pädagogischem Buchautor gewiss leichtfallen, die Rolle eines geschäftsmäßigen Erretters zu spielen: als Vortragender, als Kinderfreund oder als Schulleiter. So etwas wäre allerdings nur eine Übertragung auf den vermeintlichen Heilsbringer – denn die tatsächliche Problemlösung steckt vor allem in jedem von uns selbst; weil nur dann, wenn wir unser Sein neu denken, sich unsere Gesellschaft entsprechend kindgerecht ausrichten kann!

10.5 In eigener Sache

"Ich sah ein, dass es höchste Zeit war, mich auf mich zurückzubringen."[14]

Meine Berufslaufbahn – von Karriere möchte ich in einem sozialen Beruf nicht sprechen – ging von Anfang an steil nach oben: Ich absolvierte das Staatsexamen mit einem Einser-Schnitt, wurde zu einer Zeit direkt übernommen, als die Einstellungsnote siebzig bis achtzig Prozent der Lehramtsabsolventen in meinem Beruf in einer längeren Warteschleife parkte, auf dem Abstellgleis einrangierte oder gar ganz aus der Bahn warf; dem folgte meine vorzeitige Verbeamtung. Kurz darauf schloss ich an der Universität meine Promotion an der Philosophischen Fakultät im Fachbereich Grundschuldidaktik ab, wurde Fachberater am Staatlichen Schulamt. In meinem fünften Berufsjahr als Lehrer war ich schon als Rektor vorgesehen, die betreffende Stelle wurde schließlich ein Jahr später freigemacht und ich erhielt sie wie (von mir nicht einmal) geplant. Meine Beurteilungen waren herausragend und jedermann hätte wohl gedacht, dass es in dieser Form weitergehen würde. Inhaltlich habe ich auch dementsprechend engagiert weitergemacht – ich habe z.B. vier internationale Comenius-Projekte durchgeführt. Es war dann allerdings so, dass ich von einer Person gleich zwei Beurteilungsstufen grundlos heruntergesetzt wurde: von der Notenstufe zwei auf die Vier (die Einordnung in Schulnotenstufen hinkt dabei etwas, weil es sich im Gegensatz zum sechsstufigen Schulnotensystem um sieben Notenstufen handelt); doch nicht nur die Übertrittseltern wissen, dass zwischen der Note zwei und der Note vier ein himmelweiter Unterschied besteht. Noch eine Anekdote dazu: Diese beurteilende (eigentlich: verurteilende) Person lief sogar schon durch mein Büro und sprach ernsthaft davon, welches Bild ihres Zukunftswunsches für meine Nachfolgerin bei meiner Demission an welcher Stelle hängen müsste. In anderen Worten: Mich überhaupt noch angesichts eines solchen Mobbings als Rektor halten zu können, war eine Riesenleistung; auch wenn ich den Begriff des Mobbings niemals verwendet habe, weil ich mich nicht als Opfer fühlen wollte; schließlich habe ich mich direkten Angriffen gegenüber stets gewehrt: Was hingegen hintenherum lief, dagegen kann selbst der aufrichtigste Mensch nichts tun, dann müsste er ein solches schmutziges Spiel ja mitmachen und wäre gezwungenermaßen selbst Teil des Ganzen geworden. Ich habe mich für die konsistente, authentische und gesunde Persönlichkeit entschieden und dies noch keinen Tag bereut! Das ist es, was ich jedem anderen der bald acht Milliarden Menschen ebenso wünsche – ganz besonders denen, die noch jung an Jahren sind.

10. Anhang

10.6 Hinweise und Dank

Nicht gekennzeichnete Sentenzen stammen vom Autor selbst.

Aus Gründen besserer Lesbarkeit werden wortwörtliche Zitate mit kurzen Auslassungen „(...)" ohne Klammersetzung wiedergegeben. Ebenfalls einem flüssigen Schreib- und Lesestil ist die Vorgehensweise geschuldet, sich bei Geschlechtsangaben zumeist auf eine Form zu beschränken.

Für die Inverlagnahme danke ich dem Academia/Nomos Verlag und dabei ganz besonders Frau Myriam Bittner und Frau Alexandra Beutelmann für die gute Zusammenarbeit!

Mein universeller Dank gilt vorrangig all den Pädagogen, Funktionsträgern und im pädagogischen Berufsbild besonders denjenigen, welche das praktizieren, was sie gelernt und studiert haben: nämlich immer vom Kinde aus zu denken und ihre humane Haltung gegen alle wirtschaftsliberal orientierten Widerstände durchstehen. Dieses Buch ist auch als kleine Große Ermutigung für Euch gedacht – lasst euch nicht unterkriegen!

Anmerkungen

1   Lafontaine, J. zit. nach Pawlak, M. : Zitate von A bis Z Herrsching 1989, S. 314
2   Anonymer Lehrer zit. nach Lauster, P.: Lassen Sie der Seele Flügel wachsen Wege aus der Lebensangst Reinbek bei Hamburg 2003, S. 77
3   Verfasser: Dr. A. D. Heinze
4   Verfasser: Dr. A. D. Heinze
5   Gamm, H.J.: Der Flüsterwitz im Dritten Reich, München 1963, S. 173
6   Bildquelle: Ulrich Peter Wolf
7   Besonders der Begriff des Schul- und Erziehungspraktischen wird heute von Universitätsseite – nicht nur im pädagogisch-didaktischen Fachbereich – immer wieder angeführt; beides ist wichtig und nicht eines kann das andere ersetzen, sondern vielmehr ist der gegenseitig befruchtende Dialog gefragt!
8   Vgl. Precht, D.: Anna, die Schule und der liebe Gott. Der Verrat des Bildungssystems an unseren Kindern München 2015, S. 12
9   Remarque, E.M.: Karl Broeger in Fleury In: Remarque, E.M.: Der Feind Köln 2007, 3. Aufl., S. 33
10 Man erkennt darüber hinaus auch hier den Wert positiver Verstärkung!
11 Von Horváth, Ö.: Jugend ohne Gott Frankfurt am Main 1992, S. 13 Der politisch Verfolgte jüdische Autor Ödön von Horvarth über die repressive Situation der Beamten im Dritten Reich.
12 Precht, D.: Anna, die Schule und der Liebe Gott Der Verrat des Bildungssystems an unseren Kindern München 2015, S. 268
13 Roth, E.: Werke München 1977, S. 43
14 Nietzsche, F.: Ecce homo Köln 2007, S. 43